复旦卓越·人力资源管理和社会保障系列教材

人力资源统计实务

（第二版）

郑振华　编著

复旦大学出版社

内容提要

本书主要针对高职人力资源管理专业学生，以"项目导向、任务驱动"的方式进行编写，采用活页式编排方式，以学生为中心，突出互动式学习设计。从实际岗位工作需要出发，精心设计典型的人力资源管理统计项目，以统计分析能力训练为宗旨，以项目为载体，利用工作情境导入，以工作流程为主线，以工作任务为驱动，将统计理论知识以知识链接的方式嵌入工作流程，实现理实一体化。在内容编排上，不仅涵盖描述统计等基础统计分析内容，而且根据项目需要考虑学生可持续发展能力的培养；涉及部分统计推断（如假设检验、因子分析等）等的高级统计分析内容，为避免深奥、复杂的统计理论公式，强调实用性和操作性，以软件（Excel软件为主、SPSS软件为辅）作为分析工具，着重培养学生利用软件进行数据处理和分析的能力；按步骤操作，循序渐进，注重能力由基础到高级的阶梯化训练，由简单应用到综合应用的全面化训练。

本书以人力资源管理项目为载体重点介绍统计原理和方法的应用，不仅可以作为高职高专院校人力资源管理专业的教材，也可以作为高职高专院校经济管理类专业乃至本科相关专业的参考教材，此外，还可以作为人力资源管理从业人员自学和培训的参考用书。

前 言（第二版）

本书是在 2013 年出版的《人力资源统计实务》的基础上进行修改的成果。《人力资源统计实务》经过十年的使用，广大读者提出了许多宝贵的意见和建议。第二版主要进行了如下修订。

第一，采用活页式教材。活页式教材是职业教育教学改革的新形态教材，实现了教材的结构化、模块化和重组化。此次修订以学生为中心，注重理实一体化培养，增加学习互动环节的留白设计，如思考、任务、课堂笔记、理论知识导图、理论知识测试、实践项目综合训练等，更加强调将教材变为学材的编排理念。

第二，突出校企深度融合。第二版采用的大部分案例数据来源于真实企业的数据。在此，感谢新道科技股份有限公司提供了大量真实的案例和数据，并给予技术指导。

第三，强调学习目标的完整统一性。在第一版知识和能力学习目标基础上，增加了素质目标，并将思政目标融入素质目标进行统一设计。强调以立德树人为根本任务，坚持育人导向，突出统计思维的培养，培养实事求是、严谨求真、诚实守信、团队合作、守法保密的职业道德和素质。

第四，数据资料更新。将旧数据、旧资料进行更新，并添加案例及范文作为参考，如调查方案、调查问卷等。

第五，内容重新组合。将第一版的项目二"人力资源动态统计分析"与项目七"人力资源需求总量预测"进行合并，以体现动态分析的完整流程，除此之外，对部分项目也进行了内容精简。

《人力资源统计实务(第二版)》的出版,得到了复旦大学出版社的大力支持,在此表示衷心感谢。编者力求编写符合高职人力资源统计教学需要和人力资源统计实务工作需要的用书,但限于水平和经验,书中难免有不当之处,恳请广大读者批评指正。

编 者

2024年4月于北京

目 录

项目 1 人力资源基础数据统计分析 ··· 1
工作情境 ··· 1
学习目标 ··· 1
工作流程 ··· 2

任务 1.1 利用 Excel 软件建立员工花名册 ··· 6
工作情境 ··· 6
工作任务 ··· 6
工作流程 ··· 7
 1.1.1 明确员工花名册的内容 ··· 7
 1.1.2 制作员工花名册表格 ··· 7
 1.1.3 录入或生成员工信息 ··· 13
 1.1.4 设置和修饰表格 ·· 14

任务 1.2 人力资源基础数据统计分析 ··· 15
工作情境 ·· 15
工作任务 ·· 15
工作流程 ·· 16
 1.2.1 审核数据 ··· 16
 1.2.2 分组汇总 ··· 18
 1.2.3 编制统计表 ··· 33
 1.2.4 绘制统计图 ··· 34
 1.2.5 计算描述统计量 ·· 44
 1.2.6 双变量交叉分析 ·· 55

任务1.3 撰写人力资源状况分析报告 ································ 64
  工作情境 ·· 64
  工作任务 ·· 64
  工作流程 ·· 64
    1.3.1 选题定向 ·· 64
    1.3.2 搜集资料 ·· 65
    1.3.3 拟定提纲 ·· 65
    1.3.4 起草报告 ·· 65
    1.3.5 修改定稿 ·· 66
 小结 ·· 67
 理论知识测试题目 ·· 69
 实践项目综合训练 ·· 71

项目2 人力资源动态统计分析 ·· 72
  工作情境 ·· 72
  学习目标 ·· 72
  工作流程 ·· 73
 任务2.1 员工总人数动态分析 ·· 74
  工作情境 ·· 74
  工作任务 ·· 74
  工作流程 ·· 74
    2.1.1 编制员工总人数的时间序列和图表 ·················· 74
    2.1.2 员工总人数水平指标分析 ····························· 76
    2.1.3 员工总人数速度指标分析 ····························· 81
 任务2.2 员工总人数预测分析 ·· 83
  工作情境 ·· 83
  工作任务 ·· 83
  工作流程 ·· 83
    2.2.1 判断变量间的相关关系 ································ 84
    2.2.2 建立回归模型进行预测 ································ 88
 任务2.3 员工流动情况分析 ··· 94
  工作情境 ·· 94
  工作任务 ·· 94
  工作流程 ·· 94
    2.3.1 搜集整理员工流动数据 ································ 94

2.3.2　计算员工流动情况指标 ································· 95
　　　2.3.3　重点分析员工流失情况 ································· 96
　小结 ·· 98
　理论知识测试题目 ·· 99
　实践项目综合训练 ·· 101

项目3　从业人员和工资总额报表填报 ································ 102
　工作情境 ·· 102
　学习目标 ·· 102
　工作流程 ·· 103
任务3.1　熟悉从业人员及工资总额报表制度 ······················ 104
　工作情境 ·· 104
　工作任务 ·· 104
　工作流程 ·· 104
　　　3.1.1　了解劳动工资统计报表制度 ························· 105
　　　3.1.2　初识从业人员和工资总额报表 ····················· 108
　　　3.1.3　明确从业人员和工资总额报表要求 ·············· 118
任务3.2　掌握从业人员和工资总额指标解释和计算口径 ······ 119
　工作情境 ·· 119
　工作任务 ·· 119
　工作流程 ·· 119
　　　3.2.1　掌握反映人数的指标 ·································· 119
　　　3.2.2　掌握反映工资的指标 ·································· 126
任务3.3　填报从业人员和工资总额报表 ····························· 130
　工作情境 ·· 130
　工作任务 ·· 130
　工作流程 ·· 130
　　　3.3.1　掌握报表填报的方法 ·································· 130
　　　3.3.2　避免填报中常见的问题 ······························ 131
　小结 ·· 131
　理论知识测试题目 ·· 132
　实践项目综合训练 ·· 134

项目4　员工工作时间统计分析 ··· 136
　工作情境 ·· 136

学习目标 ·· 136
　　工作流程 ·· 137

任务 4.1　核算工作时间构成指标 ································ 137
　　工作情境 ·· 137
　　工作任务 ·· 137
　　工作流程 ·· 137
　　　　4.1.1　掌握工作时间构成指标体系 ······················ 138
　　　　4.1.2　理解工作时间构成指标解释 ······················ 138
　　　　4.1.3　计算工作时间构成指标数值 ······················ 139

任务 4.2　统计工作时间利用状况 ································ 141
　　工作情境 ·· 141
　　工作任务 ·· 141
　　工作流程 ·· 141
　　　　4.2.1　工作时间利用基本分析 ·························· 141
　　　　4.2.2　加班加点程度分析 ······························ 142
　　　　4.2.3　工作时间损失分析 ······························ 143

任务 4.3　编制工作时间平衡表 ·································· 143
　　工作情境 ·· 143
　　工作任务 ·· 143
　　工作流程 ·· 143
　　　　4.3.1　制作工作时间平衡表 ···························· 144
　　　　4.3.2　填写工作时间指标数值 ·························· 144
　　　　4.3.3　计算比重指标数值 ······························ 144

小结 ·· 145
理论知识测试题目 ·· 145
实践项目综合训练 ·· 147

项目 5　员工满意度调查 ···································· 148
　　工作情境 ·· 148
　　学习目标 ·· 148
　　工作流程 ·· 149

任务 5.1　确定调查目的，设计调查方案 ·························· 149
　　工作情境 ·· 149
　　工作任务 ·· 149
　　工作流程 ·· 150

　　　　5.1.1　确定调查目的 ……………………………………………………………… 150
　　　　5.1.2　设计调查方案 ……………………………………………………………… 150
　　　　5.1.3　设计调查问卷 ……………………………………………………………… 159
　任务5.2　收集调查数据,实施调查 …………………………………………………… 173
　　工作情境 ……………………………………………………………………………… 173
　　工作任务 ……………………………………………………………………………… 173
　　工作流程 ……………………………………………………………………………… 173
　　　　5.2.1　选用合适的调查方式 ……………………………………………………… 173
　　　　5.2.2　选用合适的调查方法 ……………………………………………………… 180
　　　　5.2.3　调查过程中的质量控制 …………………………………………………… 181
　任务5.3　回收问卷,整理调查数据 …………………………………………………… 181
　　工作情境 ……………………………………………………………………………… 181
　　工作任务 ……………………………………………………………………………… 181
　　工作流程 ……………………………………………………………………………… 181
　　　　5.3.1　数据预处理 ………………………………………………………………… 181
　　　　5.3.2　数据分组汇总 ……………………………………………………………… 186
　　　　5.3.3　数据汇总结果的图表展示 ………………………………………………… 187
　任务5.4　分析调查数据,撰写分析报告 ……………………………………………… 189
　　工作情境 ……………………………………………………………………………… 189
　　工作任务 ……………………………………………………………………………… 190
　　工作流程 ……………………………………………………………………………… 190
　　　　5.4.1　信度和效度分析 …………………………………………………………… 190
　　　　5.4.2　描述统计分析 ……………………………………………………………… 193
　　　　5.4.3　推断统计分析 ……………………………………………………………… 196
　　　　5.4.4　撰写分析报告 ……………………………………………………………… 215
　小结 …………………………………………………………………………………………… 216
　理论知识测试题目 …………………………………………………………………………… 218
　实践项目综合训练 …………………………………………………………………………… 219

项目6　人力资源薪酬统计分析 ………………………………………………………… 220
　　工作情境 ……………………………………………………………………………… 220
　　学习目标 ……………………………………………………………………………… 220
　　工作流程 ……………………………………………………………………………… 221
　任务6.1　收集薪酬数据 ………………………………………………………………… 221
　　工作情境 ……………………………………………………………………………… 221

工作任务 ·· 221
　　工作流程 ·· 221
　　　6.1.1　收集内部薪酬数据 ·· 221
　　　6.1.2　收集外部薪酬数据 ·· 221
任务 6.2　分析薪酬数据 ··· 222
　　工作情境 ·· 222
　　工作任务 ·· 222
　　工作流程 ·· 223
　　　6.2.1　描述统计 ··· 223
　　　6.2.2　频率分析 ··· 223
　　　6.2.3　结构分析 ··· 223
　　　6.2.4　对比分析 ··· 223
　　　6.2.5　差异分析 ··· 224
任务 6.3　撰写薪酬分析报告 ·· 229
　　工作情境 ·· 229
　　工作任务 ·· 229
　　工作流程 ·· 230
　　　6.3.1　内部薪酬分析报告 ·· 230
　　　6.3.2　外部薪酬调查报告 ·· 230
小结 ··· 232
理论知识测试题目 ··· 233
实践项目综合训练 ··· 234

项目 7　人力资源产出效率分析 ·· 236
　　工作情境 ·· 236
　　学习目标 ·· 236
　　工作流程 ·· 237
任务 7.1　计算人力资源产出效率指标 ·· 237
　　工作情境 ·· 237
　　工作任务 ·· 237
　　工作流程 ·· 237
　　　7.1.1　掌握人力资源产出效率指标的含义 ································· 237
　　　7.1.2　计算人力资源产出效率指标数值 ··································· 238
任务 7.2　人力资源产出效率变动的指数分析 ······································ 239
　　工作情境 ·· 239

工作任务 ······ 239
工作流程 ······ 239
    7.2.1 建立劳动生产率的指数体系 ······ 241
    7.2.2 劳动生产率指数体系的因素分析 ······ 242
小结 ······ 243
理论知识测试题目 ······ 244
实践项目综合训练 ······ 245

主要参考文献 ······ 247

项目 1

人力资源基础数据统计分析

 工作情境

小新为人力资源管理专业的应届高职毕业生,经过三年的专业学习,最终成功应聘某IT公司人力资源部人力资源助理岗位,试用期三个月,从此开始了朝九晚六的白领生活。7月8日,小新前往公司报到,见到了自己的直属上司人力资源部郑主管和人力资源部最高领导李经理。

学习目标

知识目标

① 了解统计的三种含义——统计学、统计工作和统计资料,理解统计三种含义之间的关系,了解统计的认识过程,理解统计的工作过程;

② 了解总体和个体、指标和标志、变异和变量的定义及种类,理解总体与个体的关系、指标与标志的关系、总体的基本特征,能分辨和举例说明总体和个体、指标和标志;

③ 了解统计表的构成、分类,理解并掌握统计表的设计原则;

④ 了解数据的概念,理解数据的类型;

⑤ 了解统计整理的步骤,理解并掌握如何审核数据、分组汇总、编制汇总表和统计图的常用类型、绘制方法及步骤;

⑥ 了解总量指标、相对指标、平均指标、变异指标的概念及分类,重点理解和掌握总体单位总量、总体标志总量、算术平均数、众数、中位数、全距、最小值、最大值、标准差等常用描述统计量的含义及计算方法;

⑦ 了解双变量交叉分析方法的含义,能够针对不同变量类型进行交叉表的分析。

能力目标

1. 能根据统计表的设计原则设计调查表；
2. 能利用Excel软件通过录入或生成信息的方法建立员工花名册，并能设置和修饰表格；
3. 能根据审核数据的要求检查数据；
4. 能对品质标志和数量标志分组的数据利用Excel或SPSS软件进行汇总并编制汇总表，重点掌握组距变量数列的编制；
5. 能对定性数据和定量数据选择不同的图表类型利用Excel或SPSS软件绘制统计图；
6. 能对定量数据利用Excel或SPSS软件计算常用的描述统计量；
7. 能根据不同变量类型，利用Excel或SPSS软件进行双变量交叉分析；
8. 能根据分析报告写作流程，撰写结构合理、内容准确、语言通顺、格式规范、图文并茂的分析报告。

素质目标

1. 通过对数据真实性、准确性、及时性、完整性的学习，培养学生实事求是、守信守时的习惯；
2. 通过学习分组，训练对事物归类的思维；
3. 利用统计概念体会并内化归纳与演绎的辩证思想。

工作流程

企业人力资源基础数据统计分析流程包括三个步骤：❶ 利用Excel软件建立员工花名册，收集员工数据→❷ 人力资源基础数据统计分析，进行汇总分析→❸ 撰写人力资源状况分析报告，呈现分析结论。

企业中存在大量的人力资源数据需要进行统计。何为"统计"？不同场合下"统计"一词含义不同，具体来说有三种：统计工作、统计资料和统计学。这里所指的统计是统计工作，即收集、整理、分析数据的过程。

为了了解某企业所有员工（总体）的人力资源状况，首先要收集每名员工（总体单位）的基础数据，如性别、年龄、学历、工龄等，然后对数据进行统计分析，从而对企业人力资源状况有一个整体认识，这也是深入分析企业人力资源其他状况的基础。

知识链接 1-1

统计的三种含义及关系

(1) 统计的三种含义。

统计工作(statistical work),即统计实践活动,是指利用科学的方法收集、整理、分析数据并由数据得出结论的过程。例如,对企业人力资源状况进行统计。统计的过程包括统计的工作过程和认识过程。一般而言,统计的工作过程包括统计设计、统计调查、统计整理和统计分析四个阶段。统计虽然是对数据进行分析,侧重定量研究,但其认识过程是从定性认识到定量认识,再到定性认识与定量认识相结合,完成由质到量再到质的完整认识过程。

统计资料(statistics,复数形式),是在统计工作中取得的、反映社会经济现象的各项数据资料。例如,企业的员工花名册、企业人力资源月报表、企业人力资源状况分析报告。

统计学(statistics,单数形式),是指研究如何对数据进行收集、整理和分析的理论与方法的科学。例如,大学中开设的统计学课程。

(2) 统计三种含义间的关系。

统计的三种含义相互联系、密不可分。统计工作与统计资料的关系是统计活动与统计成果的关系;统计工作与统计学的关系是统计实践与统计理论的关系,统计学是统计工作的经验总结和理论提炼,统计工作又需要统计学予以指导;统计工作是先于统计学发展起来的,统计工作最早从"结绳记事"的计数阶段开始产生和发展,已有几千年历史,而统计学一般认为产生于17世纪中叶,至今只有三百多年的历史。统计学分为数理统计学和社会经济统计学:数理统计学是研究统计学的一般理论和方法,是理论统计学;社会经济统计学是研究如何应用统计方法解决实际问题,是应用统计学,人力资源统计便属于社会经济统计学。

知识链接 1-2

统计学中的基本概念

(1) 总体和总体单位。

① 总体。

总体(population):是指客观存在的、在某种共性基础上由许多个别事物结合起来的整体,具备同质性、大量性和差异性三个特征。例如,该企业的所有员工是总体,其共性为同属一个企业,该企业有大量员工,每个员工是个别事物,具有差异性。

② 总体单位。

总体单位(individual):又称个体,是构成统计总体的个别事物的总称。例如,该企业的每名员工。

③ 总体与总体单位的关系。

总体由总体单位构成,但随着研究目的的不同,两者可以变换。例如,若调查北京市所有企业的人力资源状况,则北京市所有企业的员工为总体,而每个企业的所有员工变成总体单位。

【思考】若调查本班同学人力资源统计课程的学习成绩,总体和总体单位分别是什么?

在实际中,由于时间、人力、物力等客观条件限制,有时不能调查总体的所有总体单位,需要从总体中抽取部分个体组成的集合体来代表总体,这种被抽取的集合体称为样本(sample),构成样本的每个个体称为样本单位(sample unit)。例如,从某公司1 000名员工中抽取200名员工进行调查,总体为该公司1 000名员工,200名员工是其中的一个样本,其中的每名员工为样本单位,样本量为200。在统计上,一般来说,样本量大于等于30称为大样本,小于30称为小样本。所谓大样本,是指样本量足够大时,无论原来的总体是否服从正态分布,样本均值的抽样分布都近似服从正态分布。

(2) 指标和标志。

① 指标。

指标(index):说明总体数量特征的概念。例如,分析该企业人力资源状况时,员工总人数、月工资总额、男员工比重、平均工资等就是指标。具体来说,包括指标名称和指标概念,例如,该公司员工的平均工资为4 238元。

② 标志。

标志(indication):说明总体单位特征的名称。在分析该企业人力资源状况时,每名员工的特征成为标志,例如,姓名、性别、年龄、学历、工龄、工资等。标志的具体表现是在标志名称后所标明的属性或数值,称为标志值。例如,小新的性别为男,年龄为22岁,"男"和"22岁"即为标志值。

按照标志的性质不同,可分为品质标志和数量标志。

品质标志(qualitative indication):表示事物的品质属性特征,用文字表示,如姓名、性别、学历等。

数量标志(quantitative indication):表示事物的数量特征,用数值表示,如年龄、工龄、工资等。

注意:在实际统计分析中,为了录入和分析方便,有时将品质标志的标志值进行编码录入,用数值表示。例如,男用"1"表示,女用"2"表示,但本质上仍为品质标志,而非数量标志。有些品质标志的标志值表现为数字,如手机号码、邮政编码等,但并非能够进行四则运算的数值。

【思考】在调查本班同学的学习成绩时,有哪些标志和指标?请举例说明。

标志:_____

指标:_____

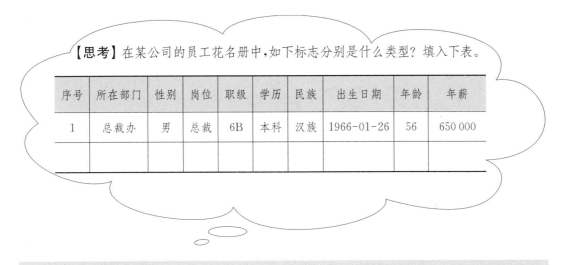

【思考】在某公司的员工花名册中,如下标志分别是什么类型?填入下表。

序号	所在部门	性别	岗位	职级	学历	民族	出生日期	年龄	年薪
1	总裁办	男	总裁	6B	本科	汉族	1966-01-26	56	650 000

③ 指标和标志的关系。

区别:一是指标说明总体特征,标志说明总体单位特征;二是标志可以用文字表示,也可以用数值表示,而指标必须用数值表示。

联系:一是许多指标的数值是从总体单位的数量标志值汇总而来的。例如,该企业所有员工的工资总额是每名员工的工资求和得到的。二是指标与标志之间存在变换关系。例如,在调查北京市所有企业员工的工资总额时,该企业员工的工资总额成为数量标志。

(3) 变异和变量。

① 变异。

变异(variation):标志在同一总体不同个体间的差别称为变异。例如,性别表现为男、女,年龄表现为22岁、30岁等。俗话说,天下没有两片相同的树叶,变异是普遍和客观存在的,这也是统计的前提,没有变异则失去了统计的意义。

标志按个体表现不同,分为不变标志和变异标志。例如,员工的隶属单位是不变标志,每名员工都一样,构成企业所有员工总体的同质性;而性别、年龄等为变异标志,构成个体的变异性。

② 变量。

变量(variable):习惯上将数量变异标志称为变量,其标志表现称为变量值。按照变量值的连续性可把变量分为连续变量(continuous variable)和离散变量(discrete variable)。

连续变量的数值是连续不断的,在一定区间内可任意取值,相邻两个数值可作无限分割,即可取无限个数值,通常通过测量和计量的方法取得。例如,年龄随着时间的推移可以在一定区间内任意取值。

离散变量的数值是断开的,按一定顺序可以一一列举其数值,只能按整数计算,不可能有小数,通常通过计数取得。例如,员工人数只能为整数,如100人、101人等,而不能为100.5人。

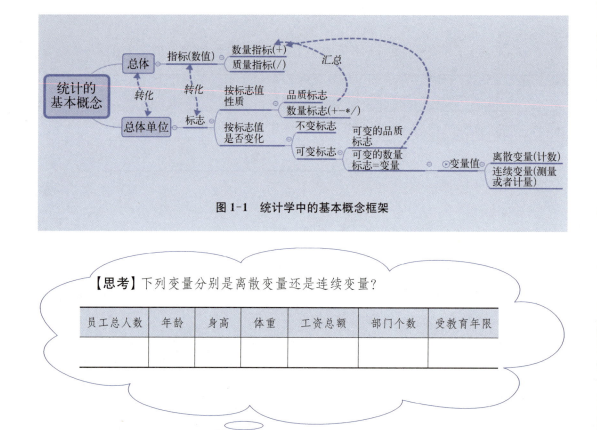

图 1-1 统计学中的基本概念框架

【思考】下列变量分别是离散变量还是连续变量？

员工总人数	年龄	身高	体重	工资总额	部门个数	受教育年限

任务 1.1　利用 Excel 软件建立员工花名册

工作情境

小新经过一周的新员工培训，熟悉了公司的发展概况、组织机构、岗位职责、规章制度、企业文化、业务流程，并接受了有效沟通、团队合作、时间管理、会议管理、商务礼仪等专题培训。7月15日，郑主管又详细向小新介绍了人力资源助理的岗位职责和工作要求，并安排了第一个工作任务："小新，作为人力资源助理，其中一项工作就是定期更新和管理员工档案，7月31日前把公司的员工花名册整理成 Excel 文件发到我的公司内部邮箱吧。"对于第一个任务小新充满期待也高度重视，向主管保证按时完成任务。回到座位后，小新马上联想到时间管理专题培训中时间管理四象限的方法，于是将任务录入手机的时间管理 App 中，以提醒自己如期完成任务。

工作任务

7月31日前将公司员工花名册整理成 Excel 文件发送至郑主管邮箱。

工作流程

建立员工花名册的流程包括：❶ 明确员工花名册的内容→❷ 制作员工花名册表格→❸ 录入或生成员工信息→❹ 设置和修饰表格。

数据是统计的研究对象，也是统计的核心，俗话说"巧妇难为无米之炊"，没有数据，统计便无用武之地。人力资源基础数据分析的数据来源于公司的员工花名册或员工档案，《中华人民共和国劳动合同法》（以下简称《劳动合同法》）中又称之为职工名册。

员工花名册是用人单位制作的用于记录本单位员工基本情况及劳动关系运行情况的材料。《劳动合同法》第七条规定："用人单位自用工之日起即与劳动者建立劳动关系。用人单位应当建立职工名册备查。"《中华人民共和国劳动合同法实施条例》第三十三条规定："用人单位违反劳动合同法有关建立职工名册规定的，由劳动行政部门责令限期改正；逾期不改正的，由劳动行政部门处 2 000 元以上 2 万元以下的罚款。"可见，职工名册不仅是企业人力资源管理重要的数据资料，而且是备查的法律依据。

员工花名册可通过单位的人力资源管理信息系统建立，也可利用 Excel 等软件建立。即便是在拥有人力资源管理信息系统的企业，Excel 软件也是人力资源管理工作中灵活运用的辅助软件。在此，以 Excel 2007 软件为例介绍员工花名册的建立。

1.1.1 明确员工花名册的内容

员工花名册通常以表格的形式表现，在制作表格前要先确定表格的内容，以确定需要的行数和列数以及行列标题的名称。员工花名册包含的内容应符合两个原则：一是合法，即符合法律规定；二是合情，即符合企业实际情况。

（1）合法。

《中华人民共和国劳动合同法实施条例》第八条规定："《劳动合同法》第七条规定的职工名册，应当包括劳动者姓名、性别、公民身份号码、户籍地址及现住址、联系方式、用工形式、用工起始时间、劳动合同期限等内容。"

（2）合情。

除法律规定的内容外，由于企业性质不同，员工花名册还可以结合企业客观实际情况，记载与用人单位或者员工有关的其他一些内容，这些内容可以通过员工入职时填写的"员工登记表"获得。表 1-1 为员工登记表示例。

1.1.2 制作员工花名册表格

表格是数据最常用的表现形式之一，在统计上又称为统计表，是以纵横交叉的线条所绘制的格子来表现统计资料。它能够将杂乱的数据有序地排列在简明的表格内，比较直观，一目了然，方便阅读和对照比较。

在确定员工花名册包含的内容后，便可以按照统计表设计的原则在 Excel 软件中创建员工花名册的空白表。通常在 Excel 软件工作表的第一行 A1 单元格录入表格的名称，即总标题，用来表示表格的主要内容。员工花名册的命名比较简单，如"××公司员工花名册"。为了美观，根据表格的整体宽度设置表格名称为合并后居中对齐，然后录入表格的各个项目

表1-1 员工登记表示例

姓　　名		性　　别		年　　龄		1寸近照
出生日期		民　　族		籍　　贯		
政治面貌		学　　历		婚　　姻		
身份证号				户口类型		
毕业院校				专　　业		
毕业时间		外语水平		计算机水平		
联系电话				E-mail		
户籍地址				现 住 址		
所属部门		职　　务		岗　　位		
入职日期		工　　龄		职称/技术等级		
合同类型		合同开始日		合同到期日		

教育经历	起止年月	毕业学校及专业	证明人

工作经历	起止年月	工作单位及职务	证明人

家庭主要成员	姓名	关系	工作单位及职务	联系电话

声明：
　　本人所填上述资料真实、有效，且本人与其他单位无任何商务、经济义务等纠纷。所填资料如有虚假成分，本人自愿承担一切责任。
员工签名：
日　　期：　　　年　月　日

（横行标题和纵栏标题），如表 1-2 所示。需要说明的是，由于对员工花名册数据的录入及分析可分为几种情况，因此很多数据的录入和分析具有相似性和重复性。这里仅选用员工花名册包含的部分内容进行举例介绍，旨在让学员掌握录入及分析的方法，实际工作中可根据法律要求和企业客观情况设计完整的内容。

表 1-2　员工花名册示例

序号	所在部门	性别	岗位	职级	学历	民族	出生日期	年龄	入司时间	司龄	参加工作时间	工龄	年薪
1	总裁办	男	总裁	6B	本科	汉族	1966-01-26	56	2005-04-01	16	1988-07-01	33	650 000
2	总裁办	男	高级副总裁	6A	硕士	汉族	1975-10-03	46	2005-02-21	17	1997-08-01	24	540 000
3	总裁办	男	副总裁	5B	硕士	汉族	1974-08-08	47	2008-09-24	13	1996-07-01	25	510 000
4	总裁办	男	副总裁	5B	博士	汉族	1972-05-18	49	2010-08-31	11	1999-01-21	23	580 000
5	总裁办	女	副总裁	5B	本科	汉族	1978-05-22	43	2011-08-10	10	2001-07-01	20	520 000
6	总裁办	女	副总裁	5B	硕士	汉族	1982-03-24	39	2012-10-25	9	2007-07-01	14	520 000
7	总裁办	男	助理总裁	5A	本科	汉族	1975-10-20	46	2001-11-22	20	1997-07-01	24	400 000

知识链接 1-3

统计表构成、分类及设计原则

(1) 统计表的构成。

从形式上看，统计表（table）由总标题、横行标题、纵栏标题和指标数值四部分构成。此外，有些统计表在表的最下方增加补充资料、注解、资料来源、指标的计算方法、填表单位、填表人以及填表日期等内容。

总标题是统计表的名称，简明扼要地说明全表的内容，位于表的上端中央。

横行标题是统计表横行的名称，通常用来表示各组的名称，如表 1-3 中的第一产业、第二产业和第三产业，一般位于表的左方。

表 1-3　2020 年北京市三次产业从业人员及构成

产业类别	从业人员（万人）	比重（%）
第一产业	41.3	3.3
第二产业	170.9	13.6
第三产业	1 047.2	83.1
合　　计	1 259.4	100.0

资料来源：《北京统计年鉴 2021》，中国统计出版社，2021 年。

纵栏标题是统计表纵栏的名称,通常用来表示统计指标的名称,如从业人员和构成,一般位于表的上方。

指标数值列在横行标题和纵栏标题的交叉处,具体反映其数值情况。

从内容上看,统计表由主体栏和叙述栏左右两部分组成。主体栏又称主词,反映要说明的总体、总体单位及分组的名称,如表1-3中的第一列"产业类别";叙述栏又称宾词,说明主体栏的各种统计指标,如表1-3中第二列"从业人员"和第三列"比重",用于说明第一列三次产业从业人员和占比的具体指标数值。

(2) 统计表的分类。

① 按作用不同分为调查表、汇总表(或整理表)、分析表。

调查表是指在统计调查中用于登记、搜集原始统计资料的表格。调查表只记录总体单位的特征,不能综合反映统计总体的数量特征。一般由表头、表体和表脚三部分构成。表头部分包括调查表的名称、调查单位名称及性质、隶属关系等内容,表体部分包括调查项目名称、栏号、计量单位等,表脚部分通常包括填报单位、填表人、填报日期等。调查表式一般有单一表和一览表两种。单一表是在一张调查表上只登记一个调查单位,调查项目较多时宜采用,如表1-4所示;一览表是在一张调查表上可以登记若干个调查单位的项目,调查项目较少时宜采用,如表1-5所示。

表1-4 城镇登记失业人员情况

表　　号:人社统EP2表
制定机关:人力资源社会保障部
批准机关:国家统计局
批准文号:国统制〔2021〕162号
有效期至:2024年12月

填报单位:　　　　　　20　年　月　　　　计量单位:人

项目	序号	登记失业人员上期结转人数	登记失业人员本期新增人数	女性	就业转失业	高校毕业生	港澳台人员	就业困难人员	残疾人	登记失业人员本期就业人数	女性	高校毕业生	港澳台人员	就业困难人员	残疾人	登记失业人员期末实有人数	女性	高校毕业生	港澳台人员	就业困难人员	长期失业者	残疾人
甲	乙	1	2	3	4	5	6	7	8	9	10	11	12	13	14	15	16	17	18	19	20	21
总计	1																					

补充资料:报告期内符合统计规定的其他失业人员_____人。

单位负责人签章:　　　处(科)负责人签章:　　　填表人签章:　　　报出日期:　年　月　日

说明：
审核列关系：(3)≤(2);(4)≤(2);(5)≤(2);(6)≤(2);(7)≤(2);(8)≤(2);(9)≤(1)+(2);(10)≤(9);(11)≤(9);(12)≤(9);(13)≤(9);(14)≤(9);(15)≤(1)+(2)−(9);(16)≤(15);(17)≤(15);(18)≤(15);(19)≤(15);(20)≤(15);(21)≤(15)。

表1-5 大学生体质健康状况调查表（一览表示例）

序号	姓名	性别	年龄	身高（厘米）	体重（公斤）	肺活量（毫升）	50米跑（秒）	立定跳远（米）

填表人：　　　　填表日期：　　　年　月　日

汇总表（或整理表）是指在统计汇总或整理过程中用来表现分组汇总或整理结果的表格。

分析表是指在统计分析中用于对整理所得的统计资料进行定量分析的表格，通常是整理表的延续。

【思考】员工花名册按作用分属于哪一类统计表？

② 按分组标志数量分为简单表、简单分组表、复合分组表。

简单表是指统计总体未经任何分组的统计表，将总体单位的名称或不同时间的指标值进行直接排列。

简单分组表是指统计总体按一个标志进行分组后形成的统计表，如表1-3所示，按产业类别一个标志进行分组。

复合分组表是指统计总体按两个或两个以上标志分组后形成的层叠式统计表，如表1-6所示，先按年龄分组，后按性别分组。

表1-6 某公司员工分组情况

分组	人数（人）	比重（%）
合计	48	100.00
男	18	37.50
女	30	62.50

续表

分组	人数(人)	比重(%)
25 岁以下	20	41.67
男	4	8.33
女	16	33.33
25～35 岁	16	33.33
男	6	12.50
女	10	20.83
35 岁以上	12	25.00
男	8	16.67
女	4	8.33

【思考】员工花名册按分组标志数量分,属于哪一类统计表?

③ 按统计数列时空性质分为空间数列表、时间数列表、时空数列结合表。

空间数列表是反映在同一时间下、不同空间范围内的统计数列的表格。

时间数列表是反映同一空间条件下、不同时间的统计数列的表格。若只反映北京市或上海市的职工年平均工资,则为时间数列表。

时空数列结合表是同时反映不同空间、不同时间的统计数列的表格,如表 1-7 所示。

表 1-7 2011—2020 年北京市和上海市城镇单位在岗职工年平均工资

单位:元

地区	年份									
	2011	2012	2013	2014	2015	2016	2017	2018	2019	2020
北京	75 835	85 306	93 997	103 400	113 073	122 749	134 994	149 843	173 205	185 026
上海	77 031	80 191	91 477	100 623	109 279	120 503	130 765	142 983	151 772	174 678

> 【思考】员工花名册按时空数列性质分,属于哪一类统计表?

(3) 统计表设计的原则。

无论是调查表、整理表还是分析表,在设计统计表时,一般应遵循科学、实用、简明、美观的原则。为了方便记忆,我们编写了统计表设计口诀以供学习参考。

```
          统计表设计口诀
    标题准确又简明,横行纵栏要对应。
    布局均匀又美观,顶线底线加粗线。
    左右两侧不要封,数字位数要对应。
    计量单位要注明,单位相同右上方。
    纵栏不同右下方,横行不同加一栏。
    栏目多时加序号,主体叙述栏不同。
    主体栏用甲乙丙,叙述栏用(1)(2)(3)。
```

图 1-2 统计表设计口诀

标题的要求:总标题、横行标题和纵栏标题要准确、简明地反映统计数据的内容,横行和纵栏的排列内容要一一对应。

布局的要求:要根据统计的内容,统筹考虑统计表的布局,使表的大小适当、比例合适、醒目美观。

边框的要求:顶线和底线用粗线,其他边线要用细线,纵栏各部分要用线分隔,表的左右两侧不画封口线。

计量单位的要求:表中的指标数值是有计量单位的,必须标明。计量单位都相同时,将其写在表的右上角;横行标题有计量单位,则在横行标题后加一列为计量单位栏,用于标记横行标题的计量单位;纵栏标题的计量单位不同时,将其标在纵栏标题的右方或下方。

序号的要求:当表中的栏数较多时,通常要编写序号,以方便查阅。一般是主体栏部分用甲、乙、丙等文字表明,叙述栏部分用(1)、(2)、(3)……数字序号表明。

填写数据的要求:表中数字应填写整齐,数字要对准位数。不允许表中有空白,当数字为0或因数小可忽略不计时,要写上0;当缺乏某项资料时,用符号"…"表示;不应有数字时用符号"—"表示。

1.1.3 录入或生成员工信息

员工花名册包含的员工信息需要录入,但有些信息也可通过选择或函数自动生成,以提高录入效率,同时也保证准确性。具体来说,在 Excel 中有直接录入、自动填充、利用【下拉列表】选择录入、利用【函数】自动生成四种情形。

(1) 直接录入。

录入文本：录入文本比较简单，如姓名、学历、部门、岗位等，直接录入即可。

录入数值：员工花名册的数据中有些是数值型数据，如工资，可以进行四则运算，可以直接录入。但有些数据虽然表现为数字，如身份证号、手机号码、邮政编码等，实际上是文本型，即品质型数据。人们习惯见到数字后直接录入，在 Excel 软件中若直接录入数字，则默认为数值型，右对齐。在直接录入身份证号、手机号码等信息时，往往不能正确显示。默认情况下，若单元格中输入的数字位数超过 11 位时，系统将以"科学记数"格式显示输入的数字；当输入的数字位数超过 15 位时，系统会将 15 位以后的数字全部显示为 0。这样一来，如果我们要输入 18 位的身份证号，便不能正确显示。可以通过在数字前加"'"或者设置单元格格式为"文本"后输入。

录入日期：Excel 软件中日期录入的格式若以数字录入，用"-"或"/"进行分隔，即必须使用"年/月/日"或"年-月-日"的格式，如 2012-9-1 或 2012/9/1。注意：人们习惯上录入的"2022.1.1"并不是 Excel 软件所认可的日期录入格式，无法进行日期的运算。

小技巧：若快速录入当前日期，可按住【Ctrl＋;】；录入当前时间，可按住【Ctrl＋Shift＋;】。若希望日期更新，可输入＝today()；若希望时间更新，可输入＝now()。

(2) 自动填充。

为方便管理和查询，通常会给员工编号，一般列为第一个项目。若 X 公司有 116 名员工，将员工工号按顺序编码，如 001-116。

(3) 利用【下拉列表】选择录入。

有些项目属于品质标志，如性别、学历、部门、民族，录入前便知有确定的类别，如性别分为男和女，可以通过【数据有效性】设置【下拉列表】的方式选择录入。

(4) 利用【函数】自动生成。

有些项目的信息可以通过其他项目提取获得或通过运算获得，无须录入便可生成。如身份证号可以生成地址、性别、出生日期等信息，通过出生日期可以计算年龄，通过入职日期可以计算工龄等。

1.1.4 设置和修饰表格

员工花名册表格的内容填充完毕后，需要对表格进行设置和修饰等操作，以方便浏览、打印输出等操作。通常包括设置单元格格式、表格样式及页面设置的操作。

(1) 单元格格式。

单元格格式设置包括对字体、字形、字号、颜色等的设置，以及数字的显示方式、对齐方式、边框及底纹的设置。

(2) 表格样式。

为了使表格设计得美观，方便浏览，Excel 软件提供了多种样式供使用，可以通过【开始】→【样式】→【套样表格样式】选择自己喜欢的样式，可以快速设置选中单元格区域的格式并实现隔行底纹不同，以防看错行，还可以显示为自动筛选，以方便选择需要的数据。

(3) 页面设置。

若希望将员工花名册打印出来，则需要通过【页面布局】→【页面设置】对表格进行调整。

纸张大小：根据需要设置纸张大小，默认为 A4 纸。

纸张方向：根据表格的宽度设置纸张方向，默认为纵向。

页边距：根据表格的高度和宽度调整页边距，使得表格适应打印纸张的要求。

打印标题：若表格的记录较多，通常就需要打印多页，但只有第一页显示标题。若希望其他各页均显示标题，则可通过【页面布局】→【打印标题】设置顶端标题行或左端标题行所在的单元格区域予以实现；若只为浏览阅读，不打印，则可通过【视图】→【冻结窗格】将标题行冻结，以方便阅读其他数据。

页眉/页脚：可以通过【页面布局】→【页面设置】→【页眉/页脚】来设置一些符合公司特色的个性化信息，如单位名称、单位 logo、联系方式、通信地址、页码、页数、日期等。

任务 1.2　人力资源基础数据统计分析

小新 7 月 25 日制作完员工花名册，对员工花名册进行了设置和修饰，并反复核对员工花名册的数据后，心想需要本月的数据，后面几天内会不会有员工变动呢？若有变动还需要修改，再等几天再发邮件吧。于是，在 7 月 30 日确认公司没有人员变动后，便将员工花名册以邮件形式发送给郑主管。次日早上一上班，小新打开公司内部的 OA 系统便收到郑主管的邮件。

发件人：郑主管
收件人：小新
发送时间：2012-7-31 09:05:14
主题：Re：员工花名册

小新：
　　员工花名册做得不错！看来 Excel 软件操作蛮熟练的嘛，继续努力呦！现在根据员工花名册的数据撰写一份目前公司的人力资源状况分析报告，一周内发给我。

8 月 6 日前将公司人力资源状况分析报告发送至郑主管邮箱。

HR 工作者需要经常或定期对单位的人力资源状况进行统计分析，以掌握最新的情况。人力资源状况分析主要是对当前员工的基础数据进行汇总统计，多角度分析，以便了解现状及存在问题。当建立员工花名册后，便拥有了统计分析的数据源。在此，对人力资源基础数据的分析只涉及最基本的静态统计分析方法（也称描述统计分析），并不涉及员工的人数变动等动态统计分析。

工作流程

人力资源基础数据统计分析的操作包括审核数据、整理数据和分析数据三个阶段，其中整理数据包括分组汇总、编制表和图呈现汇总的数据结果，分析数据是计算描述统计量来展现分析结果，具体来说，包括如下流程：❶ 审核数据→❷ 分组汇总→❸ 编制统计表→❹ 绘制统计图→❺ 计算描述统计量→❻ 双变量交叉分析。

1.2.1 审核数据

为了确保统计工作的质量，在数据整理前首先要做好对原始数据的审核工作，数据审核是整理数据的前提。在数据收集的阶段，要求数据有准确性、完整性、及时性和时效性，在审核时便要检查数据是否符合这三个要求。对于一手数据，着重从准确性和完整性进行审核，对于二手数据，还要着重审核其时效性。

（1）准确性。

准确性审核主要包括计算检查和逻辑检查。计算检查就是审核数据的统计口径和范围、计算方法和计量单位等是否符合要求，计算结果是否准确、符合实际情况。例如，在员工花名册中年龄、工龄是否计算准确。逻辑检查就是判断调查数据是否合乎逻辑，数据之间是否存在矛盾。例如，身份证号表明的性别与提取的性别是否一致。

（2）完整性。

完整性审核就是审核调查单位是否有遗漏或重复、调查项目是否填写齐全。

（3）及时性和时效性。

及时性就是审核数据是否按规定的时间上报或填写，如果迟报，就需要分析原因。时效性是数据是否过时，不符合时间要求。

知识链接 1-4

数据的概念及类型

（1）数据的概念。

数据（data）是收集、汇总、分析的用以描述总体或总体单位特征的具体表现。例如，小新的性别为男，公司员工月平均工资为 4 382 元。人们习惯上仅将具体表现值称为数据。例如，员工花名册中的姓名、性别、年龄等是描述总体单位的标志名称，在 Excel 软件中又称为字段，每名员工的姓名、性别、年龄的具体表现等为标志值，称为数据，在 Excel 软件中又称为记录。

（2）数据的类型。

数据按不同的分类方式，可以分为不同的类型，见图 1-3。在对数据进行统计分析前，首先要明确数据的类型，尤其是按计量尺度分类的数据类型，因为对不同类型的数据将采用不同的统计方法来处理和分析。

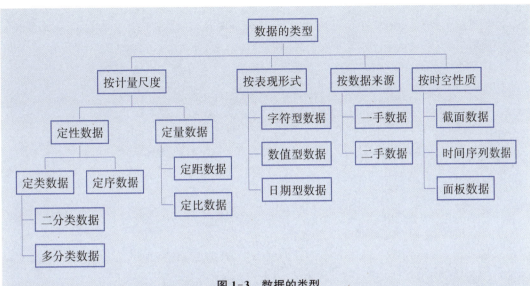

图 1-3 数据的类型

① 按计量尺度分。

数据是对现象进行观测和计量的结果,按计量尺度分,数据包括定性数据(qualitative data,又称品质型数据)和定量数据(quantitative data,又称数值型数据)。其中,定性数据包括定类数据(又称分类数据)和定序数据(又称顺序数据),定量数据包括定距数据和定比数据。

定类数据(nominal data):对事物的类别或属性测度的数据,按照事物的某种属性对其进行平行的分类或分组,没有顺序和等级。按照类别数量的不同还可分为二分类数据和多分类数据,二分类数据只包括两个类别,如性别仅分为男、女两类;多分类数据包括三个及以上类别,如民族可分为汉族、壮族、回族、满族等。

定序数据(ordinal data):对事物之间等级或顺序差别测度的数据,不仅包含类别的信息,还包括顺序的信息。例如,将学历由低到高分为小学、初中、高中、大学及以上,员工满意度调查中对公司总体的满意度按李克特五级量表设置为:1——非常满意,2——满意,3——一般,4——不满意,5——非常不满意。

定距数据(interval data):对事物类别或次序之间间距测度的数据,不仅可以区分为不同类型并进行排序,还可以准确指出类别之间的差距。通常以自然或物理单位为计量尺度,测量结果往往表现为数值,可进行加、减运算。例如,温度。

定比数据(ratio data):测算两个测度值之间比值的数据。与定距尺度同属定量数据,一般可不作区分,其计量结果也表示为数值,可进行加、减、乘、除运算。与定距变量的区别在于有一个固定的绝对零点,而定距变量没有。例如工资,是定比数据,若一名员工的工资为"0",则表示该员工没有工资,而定距数据温度为"0℃",并不表示没有温度,只代表温度的一种水平。在现实生活中,大多数数据是定比数据。

② 按数据表现分。

从数据的表现形式或存储类型来看,有三种基本类型:字符型、数值型和日期型。

字符型数据(string data):由字符串组成,如工号、姓名等,不能进行数学运算。

数值型数据(numeric data)：是最常用的数据类型,通常由0至9的阿拉伯数字和其他特殊符号(如美元符号、逗号或圆点)组成,如工资、年龄等,能进行数学运算。

日期型数据(date data)：用来表示日期或时间,有多种显示格式,通常用来进行时间序列分析。例如,公司近十年不同季度的销售额。

③ 按数据来源分。

数据最初都来源于直接的调查或实验。从使用者的角度来看,数据主要来源于两种渠道：一是直接通过调查、试验或观察得到的数据,是数据的直接来源,称为一手数据或原始数据；二是别人调查或试验的数据,是数据的间接来源,称为二手数据或次级数据。

④ 按时空性质分。

数据是在一定的时间和空间下对客观现象的测量结果。按数据的时空性质不同,可分为截面数据、时间序列数据和面板数据。

截面数据(cross-sectional data)：是指同一时点或近似同一时点上的数据,如表1-3关于2020年北京市三次产业从业人数及构成的数据。

时间序列数据(time series data)：按时间先后顺序排列的数据,如北京市或上海市2001—2011年的职工年平均工资数据。

面板数据(panel data)：截面数据与时间序列相结合的数据,如表1-7所示的数据。

1.2.2 分组汇总

社会经济现象之间常常存在某些共性,又存在种种差异。为了对总体现象有更深刻的认识,需要进行分组。例如,员工花名册中可按性别、年龄、学历等标志进行分组。而汇总是指分组后统计各组的总体单位数,汇总的结果通常以汇总表(又称次数分布表)和统计图的形式展现。

知识链接 1-5

分组的概念、意义、原则及方法

(1) 分组的概念。

所谓分组,是指根据研究目的需要,按照一个或几个分组标志将总体划分为几个组,使组与组之间具有差异性,而同一组内的单位具有同质性。

(2) 分组的意义。

通过分组,可以凸显社会经济现象的规律。例如,通过对性别的汇总,可以得知该企业男女员工孰多孰少,通过对年龄的汇总,可以得知年龄分布情况。

通过分组,可以划分社会经济现象的类型。例如,员工花名册按年龄分组,可以判断该企业属于年轻型还是年长型。

通过分组,可以反映社会经济现象的内部结构。例如,在分组基础上,可以进一步计算总体内部各部分所占的比重,从而揭示总体的内部结构,通过内部构成的动态变化,揭示现象发展变化的规律。又如,通过对性别比例变化的汇总,可以反映企业性别变化的规律,性别比例保持基本不变还是男员工所占比重逐年上升等规律。

通过分组,还可以分析现象之间的相互依存关系。例如,企业员工规模如何随总产值的变化而变化的。

(3) 分组的原则。

① 科学性。

分组要根据研究目的选择最能反映事物本质特征的分组标志。

② 完备性。

分组后要保证总体中的每一个个体有组可归,没有遗漏。例如,假设年龄分组为30岁以下、35—40岁、40—50岁、50岁以上四组,若某员工32岁,则无组可归,违反完备性原则。

③ 互斥性。

分组后要保证总体中的每一个个体都只能归属某一组,不能同时归属两组或更多的组。假设年龄分组为30岁以下、30—45岁、40—50岁、50岁以上四组,若某员工42岁,则既能归入30—45岁,又能归入40—50岁,违反互斥性原则。

(4) 分组的方法。

分组的关键在于分组标志的选择。按不同的分组标志可将总体分为不同的组,在选择分组标志时要遵循以下原则。

① 根据研究目的选择。

同一个总体由于研究目的的不同,需要选择的分组标志也不同。若分析企业员工的性别构成,则选择"性别"作为分组标志,若分析年龄构成,则选择"年龄"作为分组标志。

② 选择最能反映现象本质特征的标志。

在同一研究目的下,往往有很多种分组标志可供选择。此时,应选择最能反映现象本质的标志作为分组标志。例如,研究员工家庭的收入水平时,可以选择家庭总收入作为分组标志,也可以选择家庭人均收入作为分组标志,但总收入并不能真正反映家庭真实的收入水平,应选用家庭人均收入作为分组标志。

③ 根据现象所处的社会历史经济条件选择。

社会经济现象是随着时间、地点、条件变化而变化的,现象所处的社会历史条件改变,则所选的分组标志也应随之改变。例如,学生登记表中的家庭出身最早是指贫农、中农、富农等,后又指工人、农民、干部、军人等,现已不再具备时代特征,则不应再按此分组。

由于标志分为品质标志和数量标志,分组也可分为品质标志分组和数量标志分组,品质标志分组汇总所形成的次数分布又称品质数列,数量标志分组汇总所形成的次数分布又称变量数列,而两种分组方式在计算机汇总的具体操作上有不同的处理方式。在此分别以Excel2007软件和SPSS18.0软件为例介绍如何利用计算机进行分组汇总。

拓展材料1

Excel、SPSS软件及其他统计软件简介

Excel软件:严格来说并不是统计软件,但作为电子表格软件,有一定的统计计算功能,能满足基本的数据统计处理分析需求。而且,但凡有Microsoft Office的计算机,基本安装了Excel软件,在实际工作中应用十分广泛。需要注意的是,很多数据分析的功能需要通过加载数据分析的宏才能使用。

> SPSS 软件：在 1968 年由斯坦福大学的 3 名研究生开发，由于其界面友好、容易操作、功能齐全、有自己的程序语言，且基本上"傻瓜化"，因此对于非专业统计工作者是很好的选择，已成为世界上应用最广泛的专业统计软件之一。最早其名为 Statistical Package for Social Science，意为"社会科学统计软件包"。后来随着 SPSS 产品服务领域的扩大和服务深度的增加，2002 年 SPSS 公司将其英文全称更改为 Statistical Product and Service Solution，意为"统计产品与服务解决方案"。2009 年 9 月，SPSS 公司被 IBM 收购，将软件命名为"IBM SPSS Statistics"，软件也由之前的红色风格改为 IBM 的蓝色风格。SPSS 大约一年时间就会推出一个新版本，目前已推出最新版本 SPSS 28，自第 17 版开始提供简体中文的多语言界面。
>
> 其他的统计软件还包括马克威软件、SAS、S-plus、R 软件、Minitab、Stata、EViews、GAUSS、FORTRAN、MATLAB 等。其中，马克威软件是中国第一套大型统计分析软件，在设计上充分考虑中国用户的实际情况和使用习惯，包括数据输入、数据处理、数据分析、数据挖掘、统计制图、统计报表六个模块。SAS 软件功能非常齐全，但需要一定训练才能掌握。S-plus 是统计学家喜爱的软件，功能齐全且具有强大方便的编程功能。R 软件是免费的由志愿者管理的软件，需要进行编程操作，可以在网上下载不断更新和增加的软件包和程序，是发展最快的软件，但对于非统计工作者来说，主要问题是没有"傻瓜化"。EViews 是计量经济分析常用软件，处理回归和时间序列等问题很方便。

(1) 品质标志分组汇总。

按品质标志分组汇总的数据包括定类数据和定序数据，操作上基本类似。在此以"性别"为例介绍。

① Excel 软件操作方法。

在 Excel 中主要有数据透视表、函数和分类汇总的方法。分类汇总的方法稍显烦琐，在此仅介绍前两种常用的方法。数据透视表的方法操作简单，适用单列数据，Countif 函数的方法对数据的排列没有特殊要求，结果能够实时更新，适合经常性的数据汇总工作。

↳ 方法一：数据透视表。

❶【插入】→【数据透视表】。

将光标定位于数据区域内，选择功能区中【插入】选项卡中的【数据透视表】，Excel 软件会自动扩展选择需要进行数据透视的区域，单击【确定】按钮后默认为在新工作表中进行数据透视表的设置。

❷ 设置【数据透视表】的字段。

在新工作表中，将"性别"字段拖动至左侧行字段位置，将"性别"再拖动两次至数据项，将第二个计数项的值显示方式修改为"列汇总的百分比"，如图 1-4 对话框所示，则会显示分组汇总的结果，如图 1-5 所示。

↳ 方法二：Countif 函数。

在 O2 单元格输入函数【=countif(C：C,P2)】，然后拖动鼠标至 O3，最后求和，比例数用人数除以总人数即可计算，如图 1-6 所示。需要注意的是，按照统计表的规范要求，比例数仅保留百分号前面的数字，故在计算时乘以 100。此外，计算比例时应将合计数固定（按

图 1-4 【数据透视表】对话框

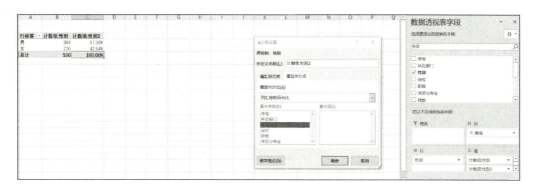

图 1-5 【数据透视表】字段设置及结果呈现

F4 键)或者直接除以 530 计算获得,数据选择范围为 C:C,代表选择 C 列所有单元格,目的是使用该列所有单元格,以考虑日后员工人数变动而自动更新汇总结果。

图 1-6 【数据透视表】字段设置及结果呈现

Countif 函数的功能及参数

功能:对区域中满足单个指定条件的单元格进行计数。

语法及参数:=COUNTIF(range,criteria)

Range:必需。要对其进行计数的一个或多个单元格,其中包括数字或名称、数组或包含数字的引用。空值和文本值将被忽略。

Criteria:必需。用于定义将对哪些单元格进行计数的数字、表达式、单元格引用或文本字符串。

② SPSS软件操作方法。

❶ 选择菜单【分析】→【描述统计】→【频率】。

❷ 在弹出的【频率】对话框中选择需要汇总的变量"性别",单击【确定】即可,汇总结果如图1-7所示。

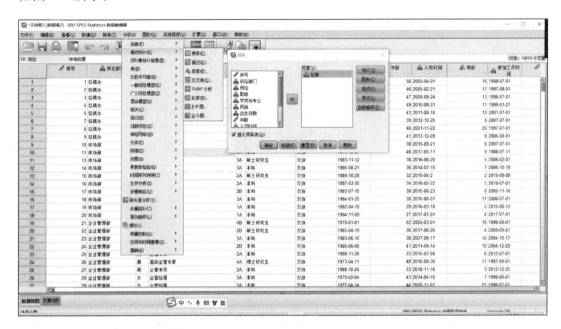

图1-7　SPSS软件操作过程

表1-8　性别频率统计

		频率	百分比(%)	有效百分比(%)	累计百分比(%)
有效	男	304	57.4	57.4	57.4
	女	226	42.6	42.6	100.0
	总计	530	100.0	100.0	

结果解释:在表1-8中,频率即各类别的计数结果,如男员工304人。百分比是各组人数与总人数的比例,如男员工所占比重为47.4%,在此只显示"%"前面的数值。有效百分比为去除缺失数据后,各类别在有效数据中所占的比例,在本例中由于性别没有缺失值,因此,百分比与有效百分比的数值相同。累计百分比为按照类别自上而下的累计,累计到最后一项时,就是100。由于定类变量各类别之间没有顺序或等级,累计百分比对于定类数据一般没有意义,对于定序数据和定量数据可以计算,如表1-9中大专以下学历累计所占比重为10.2%。

(2) **数量标志分组汇总**。

按数量标志分组可分为两种情况:一是用一个值代表一个组,如表1-10所示。主要应用情形是变量值的变动范围不大、个数较少时,通常是离散型变量,汇总后形成的数列称为

表1-9 学历频率统计

		频率	百分比(%)	有效百分比(%)	累计百分比(%)
有效	博士研究生	2	0.4	0.4	0.4
	硕士研究生	62	11.7	11.7	12.1
	本科	412	77.7	77.7	89.8
	大专	53	10.0	10.0	99.8
	中专	1	0.2	0.2	100.0
	总计	530	100.0	100.0	

单项变量数列。如表1-11所示,及格课程数共7组,为1—7门,此种情形的分组汇总与品质标志分组汇总相同,不再赘述;二是变量值变动的范围代表一个组,又称为组距分组,如20—30岁、30—40岁,组距和组数需要人为判断,如表1-12所示,对员工花名册中的年龄进行分组汇总。主要应用情形是变量值的变动范围较大、个数较多时,通常是连续型变量,汇总后形成的数列称为组距变量数列,如在员工花名册中员工的最小年龄为24岁,最大年龄为56岁,适合编制组距变量数列。

表1-10 某班同学期末考试及格课程门数统计

学号	及格课程数	学号	及格课程数	学号	及格课程数
1	5	11	7	21	1
2	7	12	7	22	2
3	7	13	7	23	6
4	2	14	7	24	7
5	1	15	7	25	6
6	3	16	6	26	7
7	7	17	5	27	6
8	6	18	5	28	4
9	6	19	7	29	6
10	7	20	6	30	7

表 1-11　某班同学期末考试及格课程门数分布(单项变量数列示例)

及格课程门数(门)	人数(人)	及格课程门数(门)	人数(人)
1	2	5	3
2	2	6	8
3	1	7	13
4	1	合计	30

表 1-12　某公司员工的年龄构成(组距变量数列示例)

年龄	人数(人)	年龄	人数(人)
30 岁以下	17	50—60 岁	28
30—40 岁	27	60 岁以上	17
40—50 岁	27	合计	116

知识链接 1-6

组距变量数列的相关概念、编制步骤及要求

(1) 组距变量数列的基本概念。

① 组限。

组限即各组的界限。如表 1-12 中的 30—40 岁这一组,30 岁和 40 岁就是组限。组限分为上限和下限:上限是每组的最大值,如 40 岁;下限是每组的最小值,如 30 岁。如果该组的组限都齐全,就称为闭口组,如 30—40 岁;如果该组的组限不齐全,就表现为缺上限或缺下限,称为开口组,如 60 岁以上。

在划分连续型变量的组限时,由于连续型变量两个整数间有小数,为避免遗漏通常采用重叠分组,即相邻组的上下限重叠,但在计算重叠组限的次数时采用"上限不在内"的原则。例如 30—40 岁,40—50 岁,40 岁重叠,在计数时,40 岁应计入 40—50 岁这一组。

在划分离散型变量的组限时,相邻组的组限应不重叠,但在实际中为求简便,有时也采用重叠分组。

② 组距与组数。

组距是每组的下限和上限之间的距离,即组距=上限-下限。在组距变量数列中,若各组组距都相等,则叫等距数列,如表 1-12 所示;若各组组距不相等,则叫不等距数列,如人口按 0—14 岁、15—64 岁、65 岁以上采用不等距分组。

组数是指分组的个数,如在表 1-12 中组数为 5 组。在同一个组距变量数列中,组数与组距成反比关系,即组数越多,组距越小,组数越少,组距越大。

③ 组中值。

组中值是每组下限与上限的中点值组中值用来代表各组数值平均水平。

在闭口组中,组中值的计算公式为:

$$组中值=(上限+下限)/2$$

在开口组中,因缺少下限或上限,在计算组中值时采用如下公式:

$$缺下限组的组中值=该组上限-相邻组组距/2$$

例如,30 岁以下的组中值为: $30-(40-30)/2=25$(岁)。

$$缺上限组的组中值=该组下限+相邻组组距/2$$

例如,60 岁以上的组中值为: $60+(60-50)/2=65$(岁)。

注意:组中值是为了反映各组变量值的一般水平,是各组的代表值。利用组中值的前提是假定各组变量值的分布是均匀的或对称的,但实际上大多数数值并非如此,因此,组中值只是一个近似值。

(2) 编制组距变量数列的步骤及要求。

① 确定变量数列的形式。

首先,应对数据进行分析,一般而言,要"三看",即看是否为连续变量、看变动范围大否、看数据个数多否,从而确定是否适合编制组距变量数列。

② 确定组数或组距。

确定组数或组距是编制组距变量数列的关键。组距(i)=全距(R)/组数(k),所谓全距是指数值变动的最大范围,即最大值与最小值之差。一旦组数确定,组距便能确定,或者组距确定了,组数便能确定。需要注意的是,确定组数或组距时,一般应遵循两个原则:一是要能区分总体内部各个组成部分的性质差异,二是要能准确清晰地反映总体单位的分布特征。

在确定组数或组距时,通常有两种方法。

一是根据实际经验确定。如在本例中,通常年龄习惯上以 10 岁为距离,因此将组距定为 10 岁,最大年龄为 67 岁,最小年龄为 22 岁,则组数=$(67-22)/10=4.5$,即需要组数为 5 组。

二是根据斯德吉斯(H. A. Sturges)组数公式确定。$k=1+3.322\log n$,其中 k 为组数,n 为数据个数。此公式可为确定组数提供一定参考,具体操作时可结合具体情况自行确定。一般而言,组数应至少 3 组,最多不超过 15 组。

③ 确定组限。

组距、组数确定后,接下来就是确定组限。确定组限时,应注意:
- 最小组的下限要略低于最小变量值,最大组的上限要略高于最大变量值;
- 组限的确定应当有利于表现总体单位分布的规律性;
- 对于等距数列,如果组距是 5,10,…,100,…,则每组的下限最好是它们的倍数。

④ 计算各组次数。

一旦组数、组距、组限确定,便可以计算各组的次数以及频率。计算各组次数可由计算机汇总完成。

⑤ 编制组距变量数列。
根据统计表及变量数列的相关要求,编制组距变量数列。

从组距变量数列编制的步骤来看,前面三步需要在进行计算机汇总前思考确定,第四步以及第五步计算各组次数、编制组距变量数列可由计算机完成。在此,以员工花名册的年龄为例,设置组距为 10 岁,分为 30 岁以下、30—40 岁、40—50 岁、50—60 岁 4 组,介绍组距分组汇总的操作方法。

① Excel 软件操作方法。

↳ 方法一:使用数据透视表。

❶【插入】→【数据透视表】。

❷ 设置【数据透视表】的字段。

前两步同性别汇总的操作相同,将年龄字段分别拖放至行字段和数据项所在处(见图 1-8)。

❸ 设置【求和项】为【计数项】。

由于年龄是数值,因此数据透视表的汇总方式默认为求和项,双击【求和项】,在弹出的【值字段设置】对话框中选择汇总方式为"计数"。

❹ 设置【组合】,对年龄进行分组。

在年龄所在列单击右键,在弹出的快捷菜单中选择【组合】。系统默认为起始于最小值,终止于最大值,并会给出默认步长(即组距)。在本例中,由于组限为 10 的整数倍,因此将起始于"22"修改为"20"即可(见图 1-9)。

图 1-8 数据透视表字段

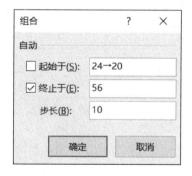

图 1-9 组合对话框设置

❺ 单击【确定】按钮后,便可显示对年龄的分组汇总结果,如图 1-10 所示。

行标签	计数项:年龄	计数项:年龄2
20-29	80	15.09%
30-39	327	61.70%
40-49	115	21.70%
50-59	8	1.51%
总计	530	100.00%

图 1-10 年龄分组汇总结果

➷ **方法二：利用 Frequency 函数。**

❶ 设置各组上限（分段点）。

首先，在工作表单元格 P2 至 S6 中输入各组的上限（Excel 软件中又称为分段点）（见图 1-11）。

	A	B	C	D	E	F	G	H	I	J	K	L	M	N	O	P	Q	R	S
1	序号	所在部门	性别	岗位	职级	学历与专业	民族	出生日期	年龄	入司时间	司龄	参加工作时间	工龄	年薪		分段点	年龄段	人数	比例
2	001	总裁办	男	总裁	6B	本科	汉族	1966-01-26	56	2005-04-01	16	1988-07-01	33	650000		29	20-30		
3	002	总裁办	男	高级副总裁	6A	硕士研究生	汉族	1975-10-03	46	2005-02-21	17	1997-08-01	24	540000		39	30-40		
4	003	总裁办	男	副总裁	5B	硕士研究生	汉族	1974-08-08	47	2008-09-24	13	1996-07-01	25	510000		49	40-50		
5	004	总裁办	男	副总裁	5B	博士研究生	汉族	1972-05-18	49	2010-08-31	11	1999-01-21	23	580000		59	50-60		
6	005	总裁办	女	副总裁	5B	本科	汉族	1978-05-22	43	2011-08-10	10	2001-07-01	20	520000			合计		
7	006	总裁办	女	副总裁	5B	硕士研究生	汉族	1982-03-24	39	2012-10-25	9	2007-07-01	14	520000					
8	007	总裁办	男	助理总裁	5A	本科	汉族	1975-10-20	46	2001-11-22	20	1997-08-01	24	400000					
9	008	总裁办	男	助理总裁	5A	硕士研究生	汉族	1980-11-03	41	2013-10-09	8	2005-08-01	16	420000					

图 1-11　分段点设置

❷ 选中年龄所在列，插入【函数】→【Frequency 函数】。

由于 Frequency 函数是数组函数，在使用前应先选中需要计算结果的单元格区域，然后通过查找选择 Frequency 函数，第一个参数选择年龄所在的单元格区域 I：I，第二个参数选择年龄分段点所在的单元格区域 P2：P5（见图 1-12）。

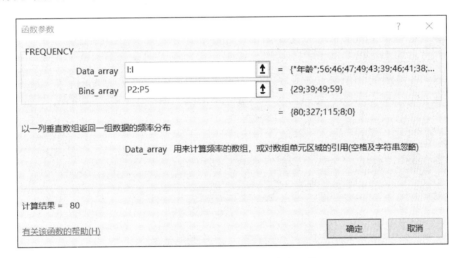

图 1-12　Frequency 函数参数设置

❸ 同时按住 Ctrl+Shift+Enter，输出函数计算结果（见图 1-13）。

需要特别注意的是，该函数输出单元格区域的计算结果，应同时按住 Ctrl+Shift+Enter 三个键，才能正确输出。建议先按住 Ctrl 和 Shift 键，最后按 Enter 回车键。

分段点	年龄段	人数	比例
29	20-30	80	15.1
39	30-40	327	61.7
49	40-50	115	21.7
59	50-60	8	1.5
	合计	530	100.0

图 1-13　利用 Frequency 函数汇总年龄段人数

> **Frequency 函数的功能及参数**
> 功能：计算数值在某个区域内的出现频率，然后返回一个垂直数组。
> 语法及参数：＝FREQUENCY(data_array,bins_array)
> Data_array：是一个数组或对一组数值的引用，要为它计算频率。
> Bins_array：是一个区间数组或对区间的引用，用于对 data_array 中的数值进行分组。

方法三：【数据分析】→【直方图】。

❶【数据】→【数据分析】→【直方图】。

在【数据】选项卡中选择数据分析工具，选择【直方图】的分析工具。

❷ 设置【直方图】对话框。

在弹出的直方图对话框中，输入区域选择单元格区域 I：I，接受区域选择单元格区域 P2：P5，即各年龄组的分段点。默认输入选项为"新工作组"，表示在新的工作表显示分析结果。此种方法除能输入表格且能显示累计百分比外，还能输出图表。图表有两种显示方式：一种为按组名排序输出的直方图，操作时直接选择"图表输出"即可；另外一种为按各组次数从多到少排列形成的柏拉图，操作时需同时选择"柏拉图"和"图表输出"。

❸ 单击【确定】按钮后，便可以显示输出结果。

图 1-14 为只选择"图表输出"选项的显示结果，左侧为各年龄组的人数及累计百分比，右侧为输出的直方图，即按年龄组名称排序的各组人数分布的柱形图，并显示累计百分比的折线。

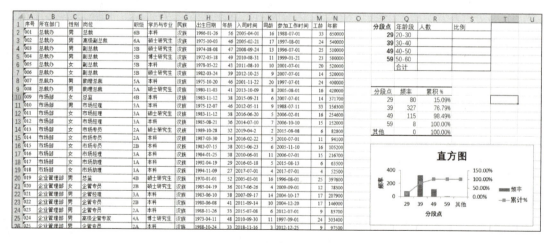

图 1-14 直方图显示结果 1

图 1-15 为同时选择"柏拉图"和"图表输出"选项的显示结果，左侧不仅显示按年龄组名称排序的人数及累计百分比，还显示按频率（即各组人数）由高到低排序的人数及累计百分比，右侧为输出的柏拉图，即各组频率由高到低排序的柱形图，并显示累计百分比的折线，又称柏拉图曲线。

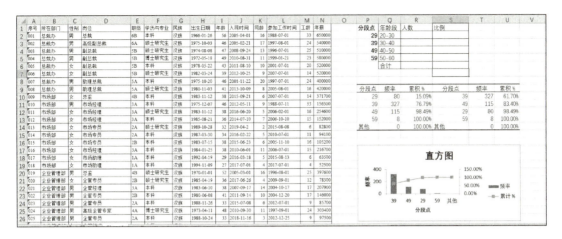

图 1-15　直方图显示结果 2

> **拓展材料 2**

柏拉图与二八原则

柏拉图又称排列图,是为寻找影响产品质量的主要问题,按从高到低的顺序排列成矩形,表示各原因出现频率高低的一种图表,是意大利经济学家维尔弗雷多·帕累托(Vilfredo Pareto,又译柏拉图)在分析社会财富分配时设计出的一种统计图,美国质量管理之父约瑟夫·朱兰(Joseph Juran)将之应用到质量管理中。柏拉图能够充分反映出"少数关键、多数次要"的规律,也就是说,柏拉图是一种寻找主要因素、抓住主要矛盾的手法,遵循二八原则。

所谓二八原则,又称80/20定律。帕累托认为在任何一组东西中,最重要的只占其中一小部分,约20%,其余80%尽管是多数,却是次要的。生活中普遍存在"二八定律"。例如,20%的人掌握社会财富的80%;商家80%的销售额来自20%的商品,80%的业务收入是由20%的客户创造的;在销售公司里,20%的推销员带回80%的新生意;80%的人只会使用 Excel 软件中20%的功能。

↘ **方法四:Countif 函数(Countifs 函数)。**

由于 Countif 函数只能针对单一条件进行计数,如在统计 30—40 岁组的人数时需要既大于等于30岁又小于40岁两个条件,且通过减法才能实现,操作起来比较复杂。Countifs 函数是 Excel 2007 软件之后版本新增的函数,是 Countif 函数的扩展,可以实现多个条件同时求得结果,比 Countif 函数操作简便。具体操作时与 Countif 函数类似,只是多了计数条件而已,操作如图 1-16 所示,图 1-17 为最后显示结果,S2:S5 单元格为函数的输入示例。操作步骤如下。

❶ 列出条件表达式。

在 O 列和 P 列先列出各组上下限的条件表达式。

❷ 输入 Countifs 函数及参数。

在 S2 单元格中输入函数 Countifs 及其参数,其中第一个数据区域为 I:I,条件表达式为 P2 单元格">=20",第二个数据区域同样为 I:I,条件表达式为 O2 单元格"<30",如图 1-16 所示。

	A	B	C	D	E	F	G	H	I	J	K	L	M	N	O	P	Q	R	S	T
1	序号	所在部门	性别	岗位	职级	学历	民族	出生日期	年龄	入司时间	司龄	参加工作时间	工龄	年薪		下限	上限	年龄段	人数	比例
2	001	总裁办	男	总裁	6B	本科	汉族	1966-01-26	56	2005-04-01	16	1983-07-01	33	650000		>=20	<30	20-30	=COUNTIFS(I:I,P2,I:I,Q2)	=S2/$S$6*100
3	002	总裁办	男	高级副总裁	6A	硕士研究生	汉族	1975-10-03	46	2005-02-21	17	1997-08-01	24	540000		>=30	<40	30-40	=COUNTIFS(I:I,P3,I:I,Q3)	=S3/$S$6*100
4	003	总裁办	男	副总裁	5B	硕士研究生	汉族	1974-08-08	47	2008-09-24	13	1996-07-01	25	510000		>=40	<50	40-50	=COUNTIFS(I:I,P4,I:I,Q4)	=S4/$S$6*100
5	004	总裁办	男	副总裁	5B	博士研究生	汉族	1972-05-18	49	2010-08-31	11	1999-01-21	23	580000		>=50	<60	50-60	=COUNTIFS(I:I,P5,I:I,Q5)	=S5/$S$6*100
6	005	总裁办	女	副总裁	5B	本科	汉族	1978-05-22	43	2011-08-10	10	2001-07-01	20	520000				合计	=SUM(S2:S5)	=S6/$S$6*100
7	006	总裁办	女	副总裁	5B	硕士研究生	汉族	1982-03-24	39	2012-10-25	9	2007-07-01	14	520000						
8	007	总裁办	男	助理总裁	5A	本科	汉族	1975-10-20	46	2001-11-22	20	1997-07-01	24	400000						

图 1-16 Countifs 函数设置

❸ 显示所有年龄组人数。

拖动 S2 单元格至 S5 单元格即可显示其他年龄组人数的计数结果，如图 1-17 所示。

O	P	Q	R	S	T
	下限	上限	年龄段	人数	比例
	>=20	<30	20-30	80	15.1
	>=30	<40	30-40	327	61.7
	>=40	<50	40-50	115	21.7
	>=50	<60	50-60	8	1.5
			合计	530	100.0

图 1-17 Countifs 函数计算结果

Countifs 函数的功能及参数

功能：

将条件应用于跨多个区域的单元格，并计算符合所有条件的次数。

语法及参数：

=COUNTIFS(criteria_range1，criteria1，[criteria_range2，criteria2]…)

criteria_range1：必需。在其中计算关联条件的第一个区域。

criteria1：必需。条件的形式为数字、表达式、单元格引用或文本，可用来定义将对哪些单元格进行计数。

criteria_range2，criteria2，…：可选。附加的区域及其关联条件。最多允许 127 个区域/条件。

注：每一个附加的区域无须与参数区域彼此相邻。

除了以上所列的方法外，不排除有其他方法同样可以实现对数量标志分组汇总，例如 Sumproduct 函数等。

② SPSS 软件操作方法。

↳ 方法一：【转换】→【可视分箱】。

❶ 选择【转换】→【可视分箱】，将"年龄"选择要离散的变量，如图 1-18 所示。

❷ 通过【可视分箱】对话框设置离散的变量名、组限、组距、组数。

设置离散的变量名为：年龄分组，然后单击生成分割点按钮，设置组限、组距和组数。

❸ 在【生成分割点】对话框中，第一个分割点位置输入"29"，宽度即组距输入"10"，单击分割点数量的输入框，则会自动计算显示为"3"，单击该对话框中的应用按钮，在界面中单击【生成标签】按钮，则在"值"下方的位置会显示每组的分割点（上限），标签下方的位置会显示

图 1-18 可视分箱对话框

该组的范围，如值显示为"29"的组，该组的标签显示为"≤29"，如图 1-19 所示。

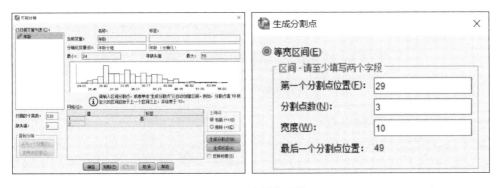

图 1-19 分割点设置

❹ 对分组的变量进行【频率】分析。

选择菜单【分析】→【描述统计】→【频率】，统计年龄分组后新变量的频率，如表 1-13 所示。

表 1-13 年龄分组汇总

		频 率	百分比(%)	有效百分比(%)	累计百分比(%)
有效	≤29	80	15.1	15.1	15.1
	30—39	327	61.7	61.7	76.8
	40—49	115	21.7	21.7	98.5
	50+	8	1.5	1.5	100.0
	总　计	530	100.0	100.0	

↳ 方法二：【转换】→【重新编码变量】。

❶ 选择【转换】→【重新编码为相同变量】或【重新编码为不同变量】。

重新编码为相同变量将在原始数据上直接修改进行编码，在此，选择【重新编码为不同变量】，以保留原始数据。

❷ 设置【重新编码为不同变量】对话框。

在弹出的【重新编码为不同变量】对话框中，更改输出变量的名称为"年龄段"，标签为"年龄分组"，用于解释新变量，如图1-20所示，然后单击【旧值和新值】按钮。

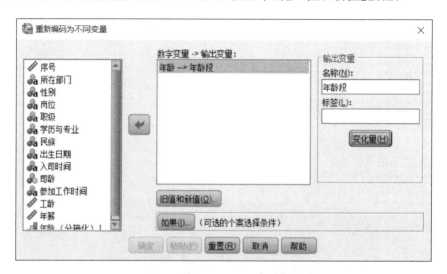

图 1-20　【重新编码为其他变量】对话框

❸ 通过【旧值和新值】对话框设置各组组限及组别。

如表1-21所示，依次设置各组组限和组别，例如，30岁以下这一组，在左侧的【旧值】设置区域选择"范围，从最低到值"，输入"29"。需要注意的是，所有的范围都包含该点数值，输

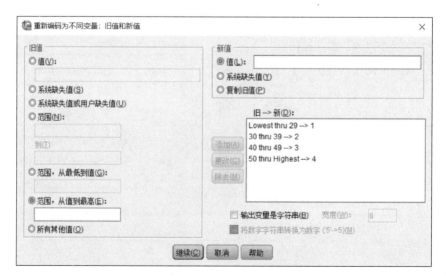

图 1-21　旧值和新值设置

入"29",意味着该组范围为小于等于29岁,然后在【新值】设置中输入"1",意味着年龄组别为"1"。实质上,这是将定量数据转化为定序数据。

❹ 对新变量进行【频率】分析。

选择菜单【分析】→【描述统计】→【频率】,统计分组后新变量 age 的频率,与汇总性别人数的操作方法相同。需要注意的是,此种方法与可视分箱的输出结果不同,并没有显示具体的年龄段,而是显示定义的组号,可以手动修改年龄段,如表1-14所示。

表1-14 年 龄 段

		频率	百分比	有效百分比	累计百分比
有效	1.00	80	15.1	15.1	15.1
	2.00	327	61.7	61.7	76.8
	3.00	115	21.7	21.7	98.5
	4.00	8	1.5	1.5	100.0
	总计	530	100.0	100.0	

SPSS软件中对数量标志汇总除上述两种方法外,还可以通过【转换】→【计算变量】实现,但操作过程稍显烦琐,感兴趣的可自行查阅资料学习如何操作。

1.2.3 编制统计表

分组汇总完成后可以通过表格或图表的形式表示汇总结果。汇总后的表格又称次数分布表(分布数列)或汇总表(整理表),根据分组标志不同,又分为品质标志汇总表和数量标志汇总表。

汇总表的编制首先要符合统计表设计的规范,其次应具备汇总表本身的特点。汇总表从内容构成上来看,主要包括两大部分:总体按某标志的分组和各组单位数(次数)。此外,通常还会增加一行合计和一列频率(又称比例、比重),以用于了解总体的情况以及各组的比例构成情况。在对定序数据或定距数据编制汇总表时,通常还会计算累计频数(累计次数)和累计频率(累计比例)。表1-15和表1-16分别是按性别和年龄对该公司员工人数进行汇总的次数分布表。

(1) 编制品质标志汇总表。

表1-15 某公司员工性别构成

性别	人数(人)	比重(%)
男	304	57.4
女	226	42.6
总计	530	100.0

通过表 1-15 可以发现,该公司男员工比例高于女员工,男员工占 57.4%,接近 60%。

(2) 编制数量标志汇总表。

表 1-16　某公司员工年龄构成

年龄	频数(人)	频率(%)	向上累计		向下累计	
			频数(人)	频率(%)	频数(人)	频率(%)
30 岁以下	80	15.1	80	15.1	530	100.0
30—40 岁	327	61.7	407	76.8	450	84.9
40—50 岁	115	21.7	522	98.5	123	23.2
50—60 岁	8	1.5	530	100.0	8	1.5
合计	530	100.0	—	—	—	—

注:表中频率数据由于四舍五入合计不等于 100%。

由于年龄数据是定量数据,因此可以计算累计频数或频率。所谓累计频数或频率,就是将各组的频数或频率逐级累加起来,有向上累计和向下累计两种方法。向上累计是指以变量值小的组为下,变量值大的组为上,即由 30 岁以下的组向 50 岁以上的组累计。向下累计是指由变量值最大的一组逐组累计,即由 50 岁以上的组向 30 岁以下的组累计。

累计频数或频率的意义是很明显的,相当于将各组进行合并,计算累计频数或频率,从而进一步反映总体内部的数据分布特征。例如,在向上累计中,有 407 人的年龄在 40 岁以下,占总人数的 76.8%,说明大部分员工的年龄在 40 岁以下;在向下累计中有 450 人在 30 岁以上,占总人数的 84.9%。

1.2.4　绘制统计图

图表是语言的一种重要形式,非常直观,一目了然,可视化程度高。如果运用得当的话,就比用表格能更鲜明、清晰地表示数据,便于展示和沟通。

(1) 图表的类型。

① Excel 软件和 SPSS 软件中的图表类型。

Excel 软件和 SPSS 软件中都提供了丰富的图表类型,如图 1-22、图 1-23 和表 1-17 所示。Excel 软件中通过【插入】图表来设置,除图 1-22 所列的图表外,还包括数据分析工具中提供的直方图。SPSS 软件通过【图形】菜单中的【图表构建程序】或【旧对话框】(SPSS 之前版本中的图形菜单选项)中所列图表来设置,除了图 1-23 所涉及的图表类型外,在【分析】菜单中还有茎叶图、箱图、控制图、排列图(帕累托图)、ROC 曲线图等专业统计图表。

② 常用图表类型。

虽然图表类型众多,但总的来看,常用的图表类型主要有三大类别,即矩形图、点状图和圆形图,其中尤以柱形图、条形图、饼图、散点图和折线图五种图表类型应用较多(详见表 1-17)。

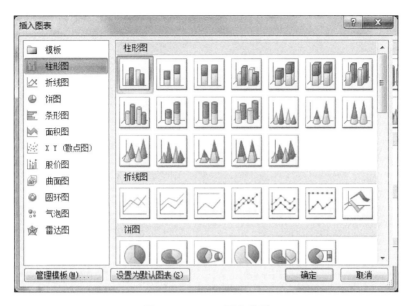

图 1-22　Excel 图表类型

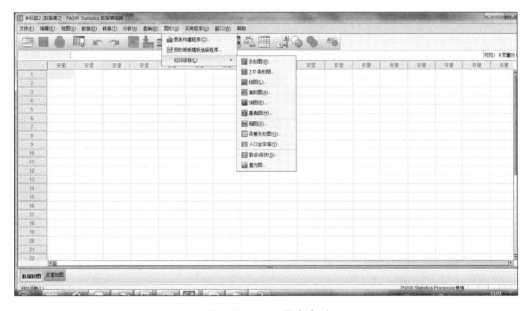

图 1-23　SPSS 图表类型

表 1-17　Excel 常用图表类型

图表类别	图表类型	图表功能	使用说明
矩形图	柱形图	擅长比较数据间的多少与大小关系	使用柱形图和条形图时，柱体之间的距离应小于柱体本身
	条形图	柱形图的横置，擅长比较数据间的多少与大小关系	在坐标轴标签文字较多时，用条形图比柱形图表示更便于清晰辨认

续 表

图表类别	图表类型	图表功能	使用说明
矩形图	直方图	用矩形的宽度和高度表示频数分布，横轴表示数据分组，纵轴表示频数或频率	用矩形的面积表示各组的频数分布，矩形间没有间隙
	股价图	用于说明股票价格	数据需按一定顺序排列，还可用来绘制箱图
圆形图	饼 图	也称扇形图，适用于描述数据之间的比例关系	同时显示数值与数据标识，可以更为清晰地显示比例关系
	圆环图	类似于饼图，可以描述多个系列数据的比例关系	可比较多个总体的比例，每一个总体的数据为一个环，总体的每一部分数据用环中的一段表示
点 图	散点图	比较成对的数据之间的关系	揭示两个变量间的关系
	折线图	描述数据按时间或类别变化的趋势线	通过把若干个坐标点连接成一条折线，从中可以找到数据状态的改变
	面积图	类似折线图，描述数据按时间或类别变化的趋势线	通过显示所绘制的值的总和，可以显示部分与整体的关系
	气泡图	类似散点图，比较成组的三个数据	第三个数据用于显示气泡的大小，气泡越大则表示数值越大
	雷达图	显示和比较相对于中心点的多组数据	拥有多个坐标轴，坐标轴上点的连线形成的面积大小可用来表示整体的状况

③ 其他图表类型。

除了常用的统计图表外，数据越来越倾向于往可视化的方向发展，即借助图形化手段清晰有效地传达与沟通信息，越来越多地用于新闻、媒体、展示、交流等。例如，象形图、数据地图、信息图表和文字云。

• 象形图。

所谓象形图，就是利用现象本身的图形来显示统计数据，使数据更加形象具体、简明生动、通俗易懂、一目了然。图1-24为利用北京市职工年平均工资制作的象形图，用金币形象化地代表工资，能够加深人们对图表的记忆和理解。

• 数据地图。

有时会遇到数据与地区有关的情况，如果将数据和地图结合起来，就会使得数字更为明确和直观。如图1-25用颜色的深浅表示生态环境质量指数的高低，指数越高，颜色越深。

• 信息图表。

信息图表是指信息、数据、知识等的视觉化表达，通常用于将复杂信息高效、清晰地进行传递，在计算机科学、数学以及统计学领域有广泛应用，以优化信息的传递。图1-26为2013年腾讯财经通过超过1 000家企业招聘需求趋势调研绘制的信息图表，显示六成企业扩招，销售人才最抢手。

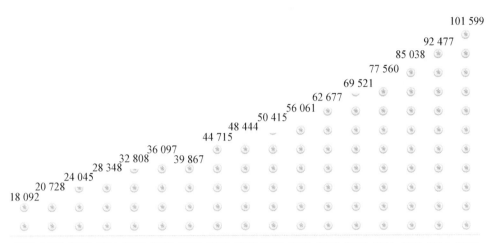

图 1-24　象形图

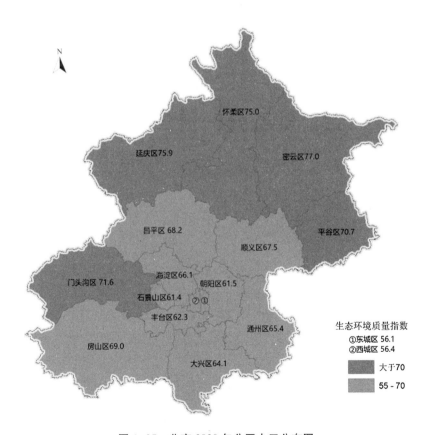

图 1-25　北京 2020 年分区人口分布图

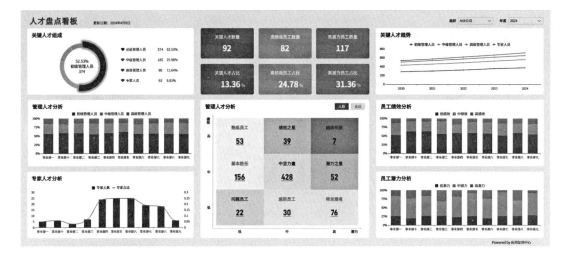

图 1-26 信息图表

图 1-27 某班级学生姓氏词云

- 文字云。

文字云也称标签云、词云,是近几年流行的可视化图表。"词云"这个概念由美国西北大学新闻学副教授、新媒体专业主任里奇·戈登(Rich Gordon)提出。词云就是对网络文本中出现频率较高的关键词予以视觉上的突出,形成关键词云层或关键词渲染,从而过滤掉大量的文本信息,使浏览网页者只要一眼扫过文本就可以领略文本的主旨。图 1-27 便是某班级学生姓氏词云。

(2) 绘制图表的步骤。

在此,以常用的图表类型为例介绍绘制图表的步骤。

① 选择合适图表。

麦肯锡的《用图表说话》一书中指出:决定图表形式的不是数据,也不是尺寸,而是你想说明的主题、你想指出的内容要点。图表类型有很多,同样的数据可以用不同的图表类型表达,而如何选择合适的图表取决于你想说明的主题即目的所在。选择合适图表遵循一个基本的原则:根据要表达的主题即数据之间的关系进行选择。如表 1-18 所示,数据之间的关系包括六种:成分、排序、时间序列、频率分布、相关性和多重数据比较。

表 1-18 数据间关系的六种类型

类型	说明	常用图表类型
成分	占总体的百分比,用来比较比例大小	饼图
排序	反映排名情况,比较高低、大小和多少	柱形图或条形图

续　表

类型	说明	常用图表类型
时间序列	反映数据如何随时间变化	折线图
频率分布	反映数据的分布情况	直方图
相关性	反映变量之间的关系	散点图
多重数据比较	比较多种类别不同数据	雷达图

除了常用的图表类型外，其他的图表类型也可选择。图1-28给出了数据间关系对应可供选择的图表类型。

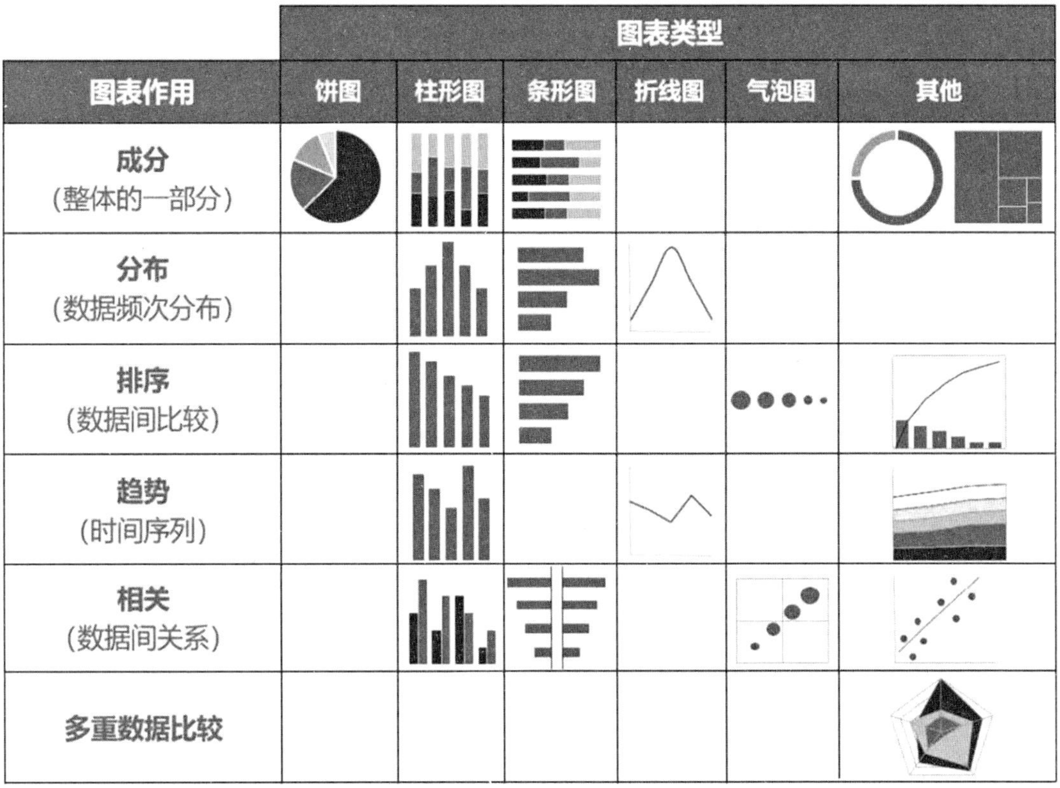

图表作用	图表类型					
	饼图	柱形图	条形图	折线图	气泡图	其他
成分（整体的一部分）	●	●	●		●	●
分布（数据频次分布）		●	●	●		
排序（数据间比较）		●	●		●	●
趋势（时间序列）		●		●		●
相关（数据间关系）		●	●		●	●
多重数据比较						●

图1-28　图表类型的选择

来源：http：//blog.sina.com.cn/xiaowenzi22（小蚊子乐园新浪博客）。

② 制作规范图表。

图1-29为不规范图表。规范的图表通常包括标题、图例、计量单位、脚注、资料来源五个要素，如图1-30所示，如果只有一个系列的数据，标题足以说明数据系列，可以省略图例。

- 标题：简明扼要地说明图表的主题。

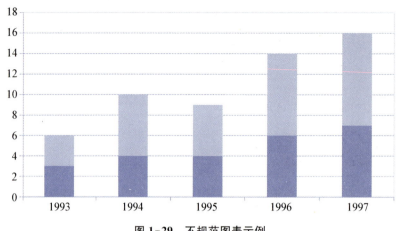

图 1-29 不规范图表示例

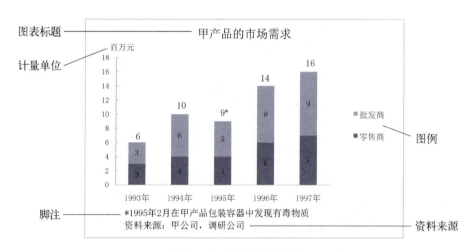

图 1-30 规范图表要素

- 图例：说明图表中数据系列的名称。
- 计量单位：说明数据的计量单位。
- 脚注：对图表中的异常数据等情况做出解释和说明。
- 资料来源：说明图表中的数据来源，增强可信度。

③ 设计美化图表。

在制作完图表后，需要调整图表大小、排列布局、合理配色，设计美化图表时要遵循简洁、专业、美观的原则。所谓简洁，就是指图表要简约整洁，图表简单又能有效传递信息，排列不能杂乱无章，配色要统一协调；所谓专业，就是指图表应符合制图规范；所谓美观，就是指图表整体上应赏心悦目，让人感觉舒服。设计美化图表并非一日之功，需要大量模仿、不断学习和反复练习。可以借鉴财经类期刊、杂志或者网站等（如《财经周刊》《华尔街日报》《财富》《经济学人》《第一财经周刊》等），进行模仿和创作。

(3) 定性数据的图表表示及绘制。

对定性数据的汇总通常只计算频数和频率，在绘制图表时显示各组的频数或频率，对频数的大小通常用柱形图、条形图表示,对频率即比重通常用饼图、圆环图表示。如利用表1-15"某公司员工性别构成"绘制图表,图1-31表示不同性别的人数,表1-32表示性别构成。

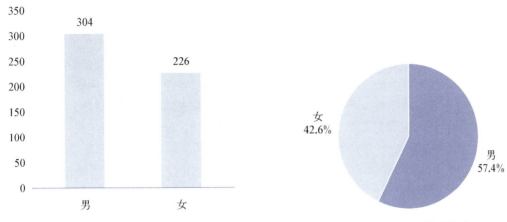

图 1-31　某公司不同性别员工人数　　　　图 1-32　某公司性别构成

① Excel 软件操作方法。

用 Excel 软件绘制图表步骤基本类似,在此以图 1-32 为例介绍图表制作,其中第一步和第二步的顺序可以互换。

❶ 选择制图数据。选择用于制作饼图的数据。

❷ 插入图表类型。选择【插入】→【图表】,选择图表类型【饼图】二维饼图中的第一个类型。

❸ 设置图表要素。根据图表的要素设置图表的标题、图例、数据标签等内容。

❹ 调整美化图表。通过调整图表大小、更改配色方案、设置字体字号等,进一步美化图表。

② SPSS 软件操作方法。

↳ 方法一:【分析】→【描述统计】→【频率】→【图表】,首先将性别选择要进行频率分析的变量,然后在"图表"对话框中选择合适的图表类型,如饼图,图表值选择频率或百分比,频率即频数,百分比即比重。

↳ 方法二:【图形】→【图表构建程序】,进行交互型图表设置。

↳ 方法三:【图形】→【旧对话框】→【饼图】,定义饼图相关选项进行设置。

(4) 定量数据的图表表示及绘制。

若对分组后的定量数据制图,则可以像定性数据一样计算频数和频率,用柱形图、条形图表示频数大小或用饼图或圆环图表示比例构成。除此之外,对分组的定量数据还可以用直方图显示频数分布特征,还可以添加累积分布曲线,用以判断正态分布特征,在 SPSS 软件中对于未分组的数据软件将会自动计算分组区间。若对未分组的定量数据制图,则通常使用茎叶图和箱图来反映数据的分布。

对于 Excel 软件制作直方图的操作前面已经介绍,茎叶图非 Excel 软件中的标准图表,箱图虽然可以通过股价图制作,但相对 SPSS 软件来讲制作麻烦。在此,以年龄为例利用

SPSS软件介绍直方图、茎叶图和箱图的制作。

① 直方图。

直方图是表示定量数据最常用的图表之一,在实际应用中常用于考察变量的分布是否服从某种分布类型,如正态分布。直方图是用矩形的宽度和高度(面积)表示频数分布,横轴表示数据分组,纵轴表示频数或频率。对于等距分组的数据,矩形的高度表示各组的频数,但对于不等距分组的数据,要用矩形的面积表示各组的频数分布,或根据频数密度(密度=频数/组距)来绘制直方图。实际上,无论等距分组还是不等距分组数据,用矩形的面积或频数密度来表示各组的频数分布都更为合适,因为这样使直方图下的总面积等于1。

直方图与柱形图看上去有些相似,但是有明显的区别。首先,柱形图用柱形的高度表示各类别频数多少,其宽度(即类别)是固定的,直方图的高度表示频数或频率,宽度表示各组组距,其高度和宽度均有意义。其次,柱形图的矩形是分开排列的,直方图通常反映的是连续变量,各矩形是连续排列的。

在SPSS软件中绘制直方图有三种方法。

⤷ 方法一:【分析】→【描述统计】→【探索】→【绘制】→【直方图】。将"年龄"选作因变量,在选项【绘制】的对话框中选择【直方图】,便可以输出直方图,输出的直方图中可以选择显示分布曲线,图中同时会显示均值、标准偏差及个案数。

⤷ 方法二:通过【图形】→【图表构建程序】,选择【直方图】,进行交互型图表设置,输出效果如图1-33所示。

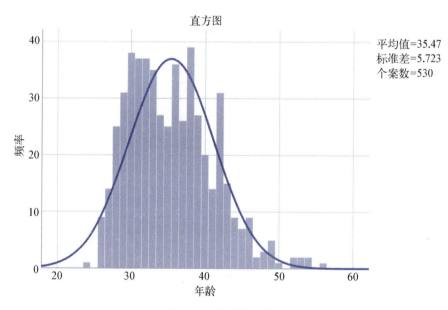

图1-33 年龄的直方图

⤷ 方法三:通过【图形】→【旧对话框】→【直方图】,选择"年龄"作为变量即可。

② 茎叶图。

茎叶图是通过茎和叶两部分构成,是一种文本化的图形,它不仅能显示数据的分布,而且能显示原始数据,能更精确地描述数据。在 SPSS 软件中,通过【分析】→【描述统计】→【探索】过程实现,同绘制直方图类似,在选项【绘制】的对话框中选择【茎叶图】,便可以输出茎叶图,如图 1-34 所示。茎叶图实际上可以近似看出直方图横向放置的结果。内容主要分为 3 列。

第 1 列为频率,表示所在行数据的频率。

第 2 列为茎,表示实际数据除以图下方的茎宽(此图为 10)后的整数部分。如第一行第二列中的"2",表示 20。

第 3 列为叶,表示实际数据除以茎宽后的小数部分。如"2.4"表示 20+4=24,频率为 1,代表此组内共 1 个年龄。

```
频率     Stem & 叶
  .00    2 .
 1.00    2 . 4
23.00    2 . 66666666677777777777777
56.00    2 . 8888888888888888888899999999999999999999999999999999999999
75.00    3 . 000000000000000000000000000000000001111111111111111111111111111111111111111
72.00    3 . 222222222222222222222222222222223333333333333333333333333333333333333333
52.00    3 . 4444444444444444444444444445555555555555555555555
62.00    3 . 66666666666666666666666666666666777777777777777777777777777777
66.00    3 . 888888888888888888888888888888888888888899999999999999999999999999
34.00    4 . 0000000000000000000001111111111111
46.00    4 . 2222222222222222222222222222223333333333333333
16.00    4 . 4444444445555555
11.00    4 . 66666666677
 8.00    4 . 88899999
 1.00    5 . 0
 7.00 极值    (>=52)

主干宽度:   10
每个叶:    1 个案
```

图 1-34 年龄的茎叶图

③ 箱图。

箱图又称为箱线图、盒形图,常用于反映定量数据的分布,从而反映数据的离散程度。它由一个箱形和两边各一条线组成,共显示最大值、最小值、中位数、25%分位数、75%分位数五个值,其最大优势是可以进行多组数据分布特征的比较。如将年龄按不同学历绘制箱图进行比较。

在 SPSS 软件中绘制箱图同绘制直方图的三种操作方法基本相同,只是选择的图形不同而已,不再赘述。此外,绘制直方图时只有一个变量,绘制不同学历年龄的箱图,只需将学历选作"因子"或"类别轴"即可。图 1-35 为箱图的显示效果。

图 1-35 中每个箱形都由最中间的粗线、一个方框、外延出来的两条细线和最外端可能有的单独散点组成。箱形中间的粗线表示当前数据的中位数,方框的两端分别表示上、下四分位数(即 25%和 75%分位数),两者之间的距离即箱形的高度为四分位距,方框外的上、下两个细线分别表示除去异常值的最大值、最小值(此图没有异常值,即为实际的最大值、最小值),凡是与四分位数值的距离超过 1.5 倍四分位间距的会被定义为异常值,离方框上下界的距离超过四分位数间距 1.5 倍的为离群值,图中用圆点表示,超过 3 倍的则为极值,用"×"表示。

从图 1-35 中可以看出,大专学历的年龄比较分散(箱形较长),博士学历的年龄较大(中位数较高),中专学历的年龄较小(中位数较低)。

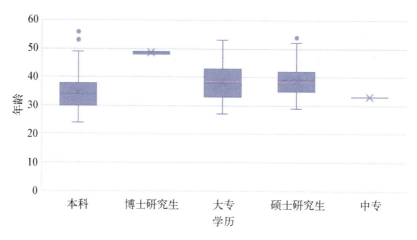

图 1-35　不同学历和年龄的箱图

1.2.5　计算描述统计量

除了用表格或图表的形式表示数据外,还可以通过计算统计量来描述数据。由于定性数据不能进行算术运算,因此主要进行频数和频率分析。对于描述统计量的计算是针对定量数据而言的,描述统计分析方法通常又称综合指标分析方法,即计算各类指标以描述总体的数据特征。在此,以单变量年龄为例介绍。

(1) Excel 软件操作方法。

↳ 方法一:利用【数据分析】工具。

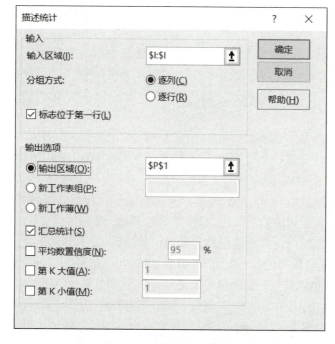

图 1-36　描述统计对话框

❶ 选择【数据】→【数据分析】→【描述统计】。

在弹出的描述统计对话框中(图 1-36)进行设置,选择年龄所在的单元格区域,在"标志位于第一行"前面的方框内打钩,输出选项默认为新工作表组,在此选择在当前工作表自 P1 单元格输出,在"汇总统计"前面打钩。

❷ 单击【确定】后,显示描述统计结果。

对年龄的描述统计结果如图 1-37 所示。

↳ 方法二:利用【函数】计算。

利用数据分析工具计算描述统计量时,若数据发生改变则需要重新计算。利用函数进行计算时,若数据发生改变则会自动更改显示结

项目 1 人力资源基础数据统计分析

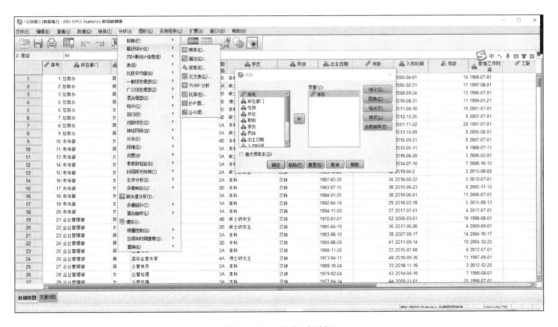

图 1-37 描述统计分析结果

果。所使用的函数如图 1-37 所示,函数计算结果为使用 S 列的函数计算公式得到的,与使用数据分析工具结果完全一样。

(2) SPSS **软件操作方法**。

在 SPSS 软件中计算描述统计量有三种方法,每种方法输出的统计量略有不同,其中通过频率分析计算的描述统计量较为全面,在此重点介绍方法一,其余两种方法为了对照仅输出显示结果。

↳ **方法一:【分析】→【描述统计】→【频率】**。

❶ 选择【分析】→【描述统计】→【频率】,将年龄拖至分析的变量框内,如图 1-38 所示。

图 1-38 频率对话框

❷ 在频率对话框中选择【统计量】选项,在弹出的统计量对话框中进行设置如图 1-39 所示,选择百分位值、集中趋势、离散、分布四个区域中相应的选项,单击【继续】按钮。

❸ 单击【确定】后,输出结果如表 1-19 所示。

图 1-39　描述统计量设置

表 1-19　年龄描述统计量

描述统计量		数值	描述统计量		数值
个案数	有效	530	峰度		0.139
	缺失	0	峰度标准误差		0.212
平均值		35.47	范围		32
平均值标准误差		0.249	最小值		24
中位数		35.00	最大值		56
众数		38	总和		18 800
标准 偏差		5.723	百分位数	25	31.00
方差		32.749		50	35.00
偏度		0.614		75	39.00
偏度标准误差		0.106			

↳ 方法二：【分析】→【描述统计】→【描述】。

此种方法输出结果如表 1-20 所示。

↳ 方法三：【分析】→【描述统计】→【探索】

通过探索过程输出的描述统计量如表 1-21 所示，与表 1-19 的不同在于此种方法还能输出 95% 概率水平下均值区间估计的结果。

表 1-20　年龄描述统计量

	N	范围	最小值	最大值	合计	均值		标准偏差	方差	偏度		峰度	
	统计	统计	统计	统计	统计	统计	标准错误	统计	统计	统计	标准错误	统计	标准错误
年龄	530	32	24	56	18 800	35.47	0.249	5.723	32.749	0.614	0.106	0.139	0.212
有效个案数（成列）	530												

表 1-21　年龄描述统计量

	描述		统计	标准误差
年龄	平均值		35.47	0.249
	平均值的95%置信区间	下限	34.98	
		上限	35.96	
	5%剪除后平均值		35.21	
	中位数		35.00	
	方差		32.749	
	标准偏差		5.723	
	最小值		24	
	最大值		56	
	范围		32	
	四分位距		8	
	偏度		0.614	0.106
	峰度		0.139	0.212

知识链接 1-7

综 合 指 标

指标在前面已经介绍过，是用来反映总体的数量特征，是十分重要的统计学概念。对于指标的理解和使用方法有两种：一种是指标名称，另一种是指标名称和具体数值。一个指标只能反映总体某一方面的数量特征。要对总体现象进行全面了解，就需要许多相互联系、相互制约的统计指标组成的统计指标体系。按照不同的角度，指标可以分为几个种类：

按反映总体现象数量特征的性质不同，可分为数量指标和质量指标。数量指标用来说明总体规模、多少、大小，用绝对数表示，并有计量单位，又称总量指标。质量指标说明总体内部数量关系和总体单位水平，通常以相对数和平均数表示。

按指标作用和表现形式不同，可分为总量指标、相对指标、平均指标、变异指标四类，分别反映现象的规模和水平、结构和比例、集中趋势和离散程度。

(1) 总量指标。

① 概念。

总量指标(total amount index)是反映社会经济现象在一定时间、空间条件下的总规模或总水平,用绝对数表示。如某企业的员工总人数、工资总额等。

② 种类。

- 按反映总体现象的内容不同,分为总体单位纵栏和总体标志总量。

总体单位总量是指总体内总体单位的个数,通过计数获得,通常用 N 表示。如图1-37中的"观测数"为530,则 N 为530。总体标志总量是指总体中各总体单位某种标志值的总和,通过求和获得,用 $\sum X$ 表示。如图1-37中的年龄"求和"为18 800岁。

- 按反映总体现象的时间状态不同,分为时期指标和时点指标。

时期指标是说明现象在一段时间内发展变化的总量指标,如某企业的总产值。时点指标是说明总体现象在某一时刻上的总量指标,如某企业的员工人数。要注意时期指标和时点指标的区别,以便选择不同的分析方法。其区别主要表现在三个方面,如表1-22所示。

表1-22　时期指标与时点指标的区别

指标类别	区别一	区别二	区别三
时期指标	具可加性	数值大小与时期长短有关系	通常通过连续登记获得
时点指标	不具可加性	数值大小与间隔时间长短无关	通常通过间断登记获得

- 按计量单位不同,分为实物指标、价值指标和劳动指标。

实物指标是根据事物本身的属性和特点,采用自然度量的物理的计量单位表示的总量指标,如员工总人数。价值指标是以货币为计量单位的总量指标,如工资总额。劳动指标是以劳动时间为计量单位的总量指标,通常用工日、工时作为计量单位,如出勤工日。

(2) 相对指标。

① 概念。

相对指标(relative index)是反映社会经济现象中某些相关事物间数量对比关系的指标,其表现形式为相对数,如比重、比例、速度等。根据是否有计量单位,分为有名数和无名数两类:有名数有计量单位,是分子分母的复合计量单位,如人口密度的计量单位为人/平方公里;无名数是一种抽象化的数值,常用倍数、系数、成数、百分数、千分数、百分点、翻番数表示。表1-23给出了无名数的种类及使用情形。

② 种类。

- 结构相对指标。

结构相对指标就是将总体内部的各个组成部分与总体对比求得的比重,用于反映总体内部结构,通常用百分数表示。其计算公式为:

$$结构相对指标 = \frac{总体部分数值}{总体全部数值}$$

表 1-23　无名数的类型及使用情形

类型	含义	举例	使用情形
系数	对比的基数抽象化为1	如一公司2023年产值是150万元,二公司2023年是200万元,则一公司产值：二公司产值＝150：200＝0.75	分子分母对比的两个指标数值相差不大时
倍数	对比的基数抽象化为1	如某企业2023年的产值是2 000万元,2000年是200万元,则2023年产值是2000年产值的10倍,即2 000：200＝10：1	分子较分母大很多时
成数	对比的基数抽象化为10	如今年的粮食产量比去年增长一成,即增长1/10	分子较分母较小时
百分数	对比的基数抽象化为100	如男生人数有16人,全班人数为40人,则男生的比重为：16/40＝40%	常用的表示结构、比例、动态或计划完成程度相对指标
百分点	一个百分点相当于1%	如增速比上年提高1个百分点,意味着比上年提高1%	通常用于经济分析中,分析增长速度等
千分数	对比的基数抽象化为100	如某厂共10 000名员工,其中男员工10名,则男员工比重为：10/1 000＝1‰	分子较分母小很多时
翻番数	按2^n倍增长	如翻一番即是基期数值的2^1倍,即增长1倍;翻两番,即是基期数值的2^2倍,即增长3倍	分子比分母大很多时

例如,在表1-15某公司员工性别构成中,男员工所占比重＝304/530×100%＝57.4%,即为结构相对指标。

- 比例相对指标。

比例相对指标将总体内部各组成部分的数值进行对比,用于反映总体内部各组成部分之间数量联系程度和比例关系,通常用系数或倍数表示。其计算公式为：

$$比例相对指标 = \frac{总体中某一部分数值}{总体中另一部分数值}$$

例如,在对性别进行汇总时,在表1-15某公司员工性别构成中,男女性别比＝304/226×100%＝135%。

若将三个或三个以上的指标进行对比,通常就使得比值加起来等于10或100,除反映各组成部分之间的比例关系外,还能反映内部构成比例。例如,2020年北京市三次产业从业人员比例为3.3：13.6：83.1。

- 比较相对指标。

比较相对指标将同一时间内不同空间条件下两个性质相同、不同总体的指标进行对比,俗称横向对比,反映事物发展的差别程度,通常用系数或倍数表示。

$$比较相对指标 = \frac{某条件的某类指标数值}{另一条件下同类指标数值}$$

例如,某企业2021年员工的月平均工资为5 687元,该地区职工月平均工资为4 672元,则该企业员工月平均工资与该地区职工月平均工资之比＝5 687/4 672＝1.2,说明该企业员工月平均工资是该地区职工月平均工资的1.2倍。

- 动态相对指标。

动态相对指标将同一总体同一指标在不同时间上的数值进行对比,俗称纵向对比,反映事物发展的速度和趋势,用来作为比较标准的时期称为基期,把和基期进行对比的时期称为报告期,通常用百分数表示。

$$动态相对指标 = \frac{报告期指标数值}{基期指标数值}$$

例如,某企业2020年员工的月平均工资为5 120元,则2021年月平均工资与2010年月平均工资之比＝5 687/5 120×100%＝111.1%。通常在实际应用时,习惯上用111.1%－100%＝11.1%进行描述,即2011年月平均工资比2010年增长了11.1%。

由于实际工作中很多数据是随着时间变化的,动态相对指标应用很广,在后面项目中涉及的动态分析方法中将做进一步的详细介绍。

- 强度相对指标。

强度相对指标将两个性质不同但相互有联系的总量指标进行对比,用来反映现象的强度、密度等,通常为有名数。

$$强度相对指标 = \frac{某一总体总量指标}{另一有联系而性质不同的总体总量指标}$$

例如,我国国土面积为960万平方公里,2021年第七次人口普查总人数(包括大陆31个省、自治区、直辖市和现役军人的人口)为14.1亿人,则人口密度＝14.1亿人/960万平方公里＝147(人/平方公里),理论上也可以计算为:人口密度＝960万平方公里/14.1亿人＝68(平方公里/万人)。

强度相对指标的分子分母可以互换,有正、逆指标两种计算方法。对于人口密度的第一种计算方法为逆指标,指标数值越小越好;第二种计算方法为正指标,指标数值越大越好。

- 计划完成程度相对指标。

计划完成程度相对指标将某一时期内同一总体的实际数与计划数进行对比,用来反映计划执行的情况,通常用百分数表示。

$$计划完成程度相对指标 = \frac{实际完成数}{计划数}$$

例如,某企业2021年计划招聘20人,实际招聘16人,则招聘人数的计划完成程度相对指标＝16/20×100%＝80%,说明未完成计划。

计算计划完成程度相对指标时,分子、分母既可以是绝对数,又可以是相对数或平均数。需要注意的是,计划完成程度大于100%并非一定超额完成计划:如果是产值、利润等以最低限额规定的指标,则大于100%就是超额完成计划;如果是成本、费用等以最高限额规定的指标,则小于100%才算超额完成计划。

(3) 平均指标(集中趋势)。

平均指标(average index)在实际中应用广泛,主要用于反映社会经济现象总体各单位某一数量标志在一定时间、地点、条件下所达到的一般水平,是将各单位标志值差异抽象化但又代表总体的一般水平,用来反映总体的集中趋势,又称平均数。根据度量方法的不同,平均数又分为数值平均数和位置平均数。数值平均数是根据每个数值计算的平均数,包括算术平均数、调和平均数和几何平均数;位置平均数是根据某数值所处的位置而确定的平均数,包括中位数、众数等。各种平均数的计算方法不同,应用情形也不同,应结合具体情况使用。

① 算术平均数(arithmetic mean)。

算术平均数是最常用、最基本的平均指标,是总体标志总量除以总体单位总量。根据掌握的数据和计算方法的不同,分为简单算术平均数和加权算术平均数两种。

- 简单算术平均数。

适用情形:若已掌握各总体单位的标志值,即数据未进行分组,则可以采用简单算术平均数计算,其计算公式为:

$$\bar{x} = \frac{x_1 + x_2 + \cdots + x_n}{n} = \frac{\sum x}{n}$$

例如,在员工花名册中已掌握每名员工的年龄,在计算平均值时,图1-39中的平均35.47和表1-19中的平均值35.47即为算术平均数。

- 加权算术平均数。

适用情形:很多情况下不能掌握每个总体单位的标志值,但掌握分组的数据资料,可以采用加权算术平均数计算,其计算公式为:

$$\bar{x} = \frac{x_1 f_1 + x_2 f_2 + \cdots + x_n f_n}{f_1 + f_2 + \cdots + f_n} = \frac{\sum xf}{\sum f} = \sum x \cdot \frac{f}{\sum f}$$

其中,x为不同总体单位的标志值,f为不同标志值出现的次数,又称权数。通过计算公式可见,加权算术平均数的大小受两个因素影响:一是各组变量值x的大小;二是各组权数或权数比重的大小,实质上是取决于权数比重的大小,权数比重大,则其对应的变量值对平均值的影响就大,反之影响就小。

在具体计算时分为两种情形:一是单项变量数列,如表1-11某班同学期末考试及格课程门数分布;二是组距变量数列,如表1-12某公司员工的年龄构成。

情形一:单项变量数列计算加权算术平均数

已知不及格门数及人数分布情况,则计算平均数为:

$$\bar{x}=\frac{\sum xf}{\sum f}=\frac{1\times2+2\times2+3\times1+4\times1+5\times3+6\times8+7\times13}{30}=5.6(门)$$

情形二：组距变量数列计算加权算术平均数

在组距变量数列情形下，由于不知道每个数值 x 具体是多少，因此关键是要选择一个代表值。通常假定各单位标志值在组内分布是均匀的，这样，我们就用组中值代表组的一般水平来计算加权算术平均数，转化为情形一进行计算（对于组中值的计算在前面已经介绍过）。在此，假定只掌握年龄分组数据，而不掌握每名员工的年龄。

$$\bar{x}=\frac{\sum xf}{\sum f}=\frac{25\times17+35\times27+45\times27+55\times28+65\times17}{116}=45.1(岁)$$

通过加权算术平均数的计算公式可以发现，若不知道权数（或次数、频数）但知道比重（或频率），同样可以计算。如知道表1-13某公司员工年龄构成中的频率数据而不知道频数的情况下，计算如下：

$$\bar{x}=\sum x\cdot\frac{x}{\sum f}=25\times15.1\%+35\times61.7\%+45\times21.7\%+55\times1.5\%=36.0(岁)$$

② 调和平均数（harmonic mean）。

调和平均数实质上是算术平均数的一种变形，完全可以按算术平均数的计算公式推导出来，是各个标志值倒数的算术平均数的倒数，又称倒数平均数。它也可分为简单调和平均数和加权调和平均数，实际工作中应用较少，在此不做详细介绍。

适用情形：在不掌握各组次数及总体单位总量，只掌握各组标志值及标志总量、总体标志总量的条件下，则用调和平均数进行计算。

③ 几何平均数（geometric mean）。

几何平均数是 n 个变量值连乘积的 n 次方根，也可以分为简单几何平均数和加权调和平均数。此平均指标是动态分析方法中重要的指标，在后面的项目中将详细介绍。

适用情形：计算随着时间变化的数据，计算其平均速度或平均比率。例如，计算某公司近五年员工工资的平均发展速度。

④ 众数（mode）。

众数是指总体中出现次数最多的标志值。总体中可以有多个众数。

适用情形：一般来说，只有在数据量较大，而且数据的分布有明显的集中趋势的情况下，众数才有意义；如果没有明显的集中趋势，则不存在众数。其特点是不受极端值的影响，若数据存在极端值时，则可考虑选择众数或中位数。例如，网上流传一首打油诗：张家有钱一千万，九个邻居都是穷光蛋，平均起来算一算，个个都是张百万。由于10个数据中存在极端值，此时的平均数100万元就缺乏代表性，而众数0元更具代表性。

⑤ 中位数（median）。

中位数是指将总体各单位的标志值按大小排列后，处于中间位置的那个标志值。中位数不受极端值的影响，较为稳健。若总体单位数为奇数，则中位数是中间位置上的数值;若总体单位数为偶数,则为中间两个数值的平均数。

适用情形:当数据中含有极端值时,可以考虑选择中位数,在研究收入分配、工资水平时很有用。

(4) 变异指标(离散程度)。

变异指标(variability index)是反映总体各单位标志值差异程度的指标,说明总体各单位之间的离散趋势。通常将平均指标和变异指标结合起来分析,变异指标可以说明平均指标的代表性和现象的稳定性或均衡性。变异指标越大,平均指标代表性就越小,稳定性或均衡性越差;反之,变异指标越小,平均指标代表性就越大,稳定性或均衡性越好。

常用的变异指标包括全距(极差)、平均差、标准差和方差、离散系数(变异系数),此外还有异众比率、四分位差(四分位距)等。

① 全距(range)。

全距也称为极差,是总体各单位标志值中的最大值与最小值之差,一般用 R 表示,如最小年龄为 24 岁,最大年龄为 56 岁,则全距为 32 岁。全距是描述离散程度最简单的指标,计算简单直观,易于理解,但数值大小易受极端值的影响,不能全面准确反映数据的离散程度。其计算公式如下:

$$R = \max(x) - \min(x)$$

② 平均差(mean deviation)。

平均差是总体中各单位标志值与平均值离差绝对值的算术平均数,即各单位标志值与平均值距离的平均数,用 AD 表示。所谓离差,是总体各单位标志值与平均值之差,即 $(x-\bar{x})$,离差绝对值 $|x-\bar{x}|$ 即为标志与平均值的距离。它根据所有标志值计算,能够综合反映各标志值的离散程度。根据掌握数据情况的不同,其计算公式分为简单平均差和加权平均差两种计算方式。

若是未分组的数据,则采用简单平均差计算。

$$AD = \frac{\sum |x-\bar{x}|}{n}$$

若是分组的数据,则采用加权平均差计算。

$$AD = \frac{\sum |x-\bar{x}| f}{\sum f}$$

平均差虽然计算意义清楚,能全面准确反映数据间的差异,但由于平均差是用绝对值消除离差正负号进行运算,不宜于代数处理,在实际应用上有很大的限制,因此,在实际中很少使用,多使用标准差。

③ 标准差(standard deviation)和方差(variance)。

由于平均差计算的局限性,考虑如何不用绝对值,无须考虑正负号,将计算绝对值转化为计算标志值与平均数离差的平方,然后开方,从而消除平方的影响,这样不仅方便计算,而且能够反映数据间的差异,经过这样计算得到的指标叫作标准差。

所谓标准差,就是总体各单位标志值与平均值离差平方的算术平均数的平方根,通

常用 σ 表示,是实际中应用最广泛的反映离散程度的指标。所谓方差,就是平均差的平方,即总体各单位标志值与平均值离差平方的算术平均数,用 σ^2 表示,方差实际上没有什么意义,但在计算过程中有时比标准差方便。根据掌握数据情况的不同,其计算公式分为简单标准差(简单方差)和加权标准差(加权方差)两种计算方式。由于方差是标准差的平方,因此在此只给出标准差的计算公式。

若是未分组数据,则采用简单标准差计算。

$$\sigma = \sqrt{\frac{\sum(x-\bar{x})^2}{n}}$$

若是分组数据,则采用加权标准差计算。

$$\sigma = \sqrt{\frac{\sum(x-\bar{x})^2 f}{\sum f}}$$

需要注意的是,标准差的计算分为总体标准差和样本标准差两种计算方法。上面的公式给出了总体标准差的计算。在计算样本标准差时,通常用 S 表示,上面公式中的分母由"n"变为"$n-1$","$n-1$"又称自由度,是一组数据中可以自由取值的个数。当 n 很大时,样本标准差与总体标准差的计算结果相差很小。在大多数统计应用中,需要分析的是样本数据,从而用样本数据估计总体数据,当用样本标准差估计总体标准差时,S 是 σ 的无偏估计量。实际上,图 1-39 和表 1-19 中所计算的标准差是按样本标准差计算的,即分母除以的是 $n-1$。当两组数据平均数相等时,可以用标准差比较平均数的代表性,标准差越大,平均数代表性越差,标准差越小,平均数代表性越好。

例如,若甲公司和乙公司员工的平均年龄均为 36 岁,甲公司员工年龄的标准差为 8.4 岁,乙公司员工年龄的标准差为 9.2 岁,则说明甲公司的平均年龄更有代表性,其年龄离散程度小,年龄分布更稳定、更均衡。

④ 离散系数(coefficient of variation)。

当两组数据平均数不同时,为了消除平均数的影响,用离散系数比较平均数代表性大小或数据的离散程度。离散系数又称变异系数、标准差系数,是标准差与平均数的比值,是无名数,用来比较不同水平的总体数据的差异程度,用 v_σ 表示。其计算公式为:

$$v_\sigma = \frac{\sigma}{\bar{x}} \times 100\%$$

例如,若甲公司和乙公司员工的平均年龄分别为 28 岁、36 岁,则甲公司员工年龄的标准差为 8.4 岁,乙公司员工年龄的标准差为 9.2 岁。利用公式计算得到甲公司员工年龄的离散系数为 30.0%,乙公司员工年龄的离散系数为 25.6%,说明乙公司的平均年龄的代表性高于甲公司。

(5) 偏度与峰度。

集中趋势和离散程度是数据分布的两个重要特征,但要全面了解数据分布的特点,就需要知道数据分布的形状是否对称、偏斜程度及扁平程度。

① 偏度(skewness)。

偏度是对分布偏斜方向及程度的度量,用偏度系数表示。如图 1-40 所示,若偏度系数＝0,说明分布对称,如图中Ⅰ所示;若偏度系数＞0,说明分布右偏,长尾在右,如图中Ⅱ所示;若偏度系数＜0,说明分布左偏,长尾在左,如图中Ⅲ所示。图 1-37 和表 1-19 中的偏度为 0.614,说明分布呈右偏,年龄较小的员工较多。

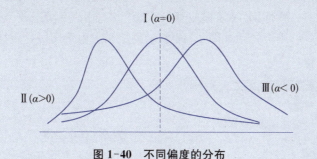

图 1-40　不同偏度的分布

② 峰度(kurtosis)。

峰度是指数据分布的集中程度或分布曲线的尖峭程度,用峰度系数表示。如图 1-41 所示,若峰度系数＝0,是正态分布;若峰度系数＞0,是尖峰分布,如图中Ⅱ所示;若峰度系数＜0,是平峰分布,如图中Ⅲ所示。图 1-38 和表 1-19 中的峰度为 0.139,说明平峰分布,年龄分布比较分散。

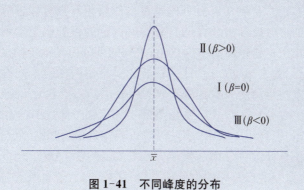

图 1-41　不同峰度的分布

1.2.6　双变量交叉分析

上面的描述统计分析是针对单变量计算的,为了发现不同变量之间的联系,通常将两个有一定联系的变量及其数值交叉排列在一张表格内,形成交叉表。在此,仅介绍两个变量的交叉分析,所形成的交叉表称为二维表,如图 1-42 所示。根据变量性质不同,可以分为定性变量与定性变量交叉、定性变量与定量变量交叉、定量变量与定量变量交叉,对于定量变量与定量变量的关系通常用相关分析的方法,在此,只介绍前面两种情况。

(1) 定性变量与定性变量交叉分析。

定性变量与定性变量交叉所形成的表又称为列联表,是由变量进行交叉分类的频数分布表。例如,将员工的性别与学历进行交叉分析,从而发现不同性别的学历分布是否相关。

① Excel 软件操作方法。

对于性别和学历的交叉分析使用【数据透视表】进行操作，前面已介绍过数据透视表的操作方法，相似步骤在此不再赘述。

❶【插入】→【数据透视表】。

❷ 设置【数据透视表】的字段。

前面无论对性别还是年龄汇总时，均是同一个字段，进行交叉分析时有性别和学历两个字段。在设置字段时，将"性别"字段拖放至行字段，将"学历"字段拖放至列字段，再次将"学历"字段拖放至数据项，则会显示如图1-42所示的结果。由于学历是定性变量，因此系统默认的汇总方式为计数。

计数项:学历	列标签					
行标签	本科	博士研究生	大专	硕士研究生	中专	总计
男	244	2	28	29	1	304
女	168		25	33		226
总计	412	2	53	62	1	530

图 1-42 数据透视表结果

❸ 设置汇总方式和值显示方式。

图1-42中虽然给出了不同性别不同学历的人数，但利用绝对人数还不方便进行不同学历和不同性别之间的对比，若能知道百分比则可以使用相对数直接进行对比。百分比包括占行的百分比，占列的百分比和占总计的百分比。占行的百分比是指不同学历在性别中所占的比重，如在男员工中本科学历所占的比重；占列的百分比是指不同性别在学历中所占的比重，如本科学历中男、女的比重；占总计的百分比是指不同学历不同性别的人数占总人数的比重，如男生且为本科学历的人数占总人数的百分比。

若想显示"占行的百分比"，则只需要在图1-42中双击"计数项:学历"，在弹出的"值字段设置"对话框中单击"值显示方式"标签，选择"占同行数据总和的百分比"即可。若想显示"占列的百分比"和"占总计的百分比"，操作方法与"占行的百分比"相同，就只需要选择"占同列数据总和的百分比"和"占总和的百分比"。要注意的是，若更改值字段设置则会覆盖之前的显示结果，即若选择显示"占行的百分比"，则计数结果将会被替换。若想显示计数结果还想显示百分比的结果，则可以将"学历"字段再次拖放至数据项的位置，然后更改"值显示方式"即可。图1-43为显示计数、占行百分比、占列百分比、占总计百分比的结果，根据分析需要，只选择某种百分比也可以。

② SPSS 软件操作方法。

↘ 方法一：通过【交叉表】进行快速设置。

❶ 选择【分析】→【描述统计】→【交叉表】，在弹出的交叉表对话框中将"性别"选至行变量列表框，"学历"选至列变量列表框，如图1-44所示。

❷ 单击"单元格"选项，在单元显示对话框的百分比中选择行，单击【继续】，确定后显示输出结果。通过交叉表的设置不仅能够输出表格，如表1-24所示，而且系统默认显示复式条形图，方便直观对比，如图1-45所示。

项目1 人力资源基础数据统计分析

	A	B	C	D	E	F	G
1							
2							
3		列标签					
4	行标签	本科	博士研究生	大专	硕士研究生	中专	总计
5	男						
6	计数项:学历	244	2	28	29	1	304
7	计数项:学历2	80.26%	0.66%	9.21%	9.54%	0.33%	100.00%
8	女						
9	计数项:学历	168		25	33		226
10	计数项:学历2	74.34%	0.00%	11.06%	14.60%	0.00%	100.00%
11	计数项:学历汇总	412	2	53	62	1	530
12	计数项:学历2汇总	77.74%	0.38%	10.00%	11.70%	0.19%	100.00%
13							

图1-43 性别与学历交叉分析结果

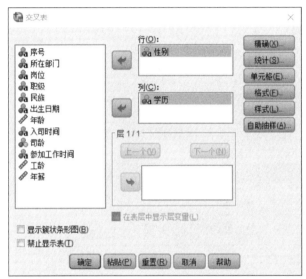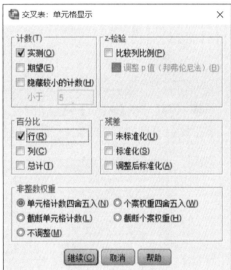

图1-44 交叉表设置

表1-24 性别和学历交叉表

			学历					总计
			本科	博士研究生	大专	硕士研究生	中专	
性别	男	计数	244	2	28	29	1	304
		占行的百分比	80.3%	0.7%	9.2%	9.5%	0.3%	100.0%
	女	计数	168	0	25	33	0	226
		占行的百分比	74.3%	0.0%	11.1%	14.6%	0.0%	100.0%
总计		计数	412	2	53	62	1	530
		占行的百分比	77.7%	0.4%	10.0%	11.7%	0.2%	100.0%

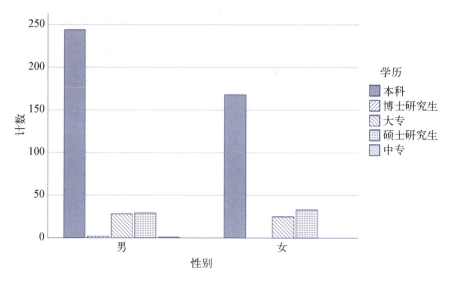

图 1-45 性别与学历的复合条形图

↳ 方法二：通过【设定表】进行交互表设置。

❶ 选择【分析】→【表】→【设定表】。

在设定表格的对话框中，将性别拖放至行区域，学历拖放至列区域，如图 1-46 所示。

图 1-46 设定表格行、列区域

❷ 定义"摘要统计量"和"分类和总计"。

若想输出同一样的结果,在定义"摘要统计量"的对话框中选择行 N%、列 N% 和表 N%,如图 1-47 所示,在定义"分类和总计"对话框中,选择显示"总计",最后将摘要统计量的位置更改为"行",则会显示如表 1-25 所示的交叉表结果。

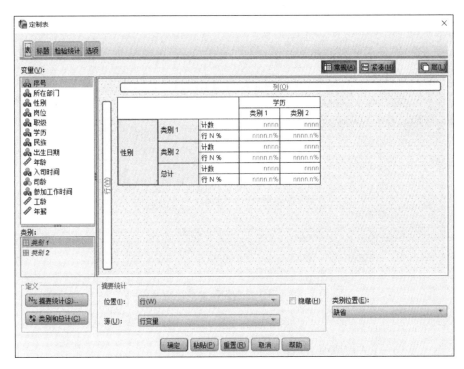

图 1-47 摘要统计量设置

表 1-25 不同性别的学历

			学历				
			本科	博士研究生	大专	硕士研究生	中专
性别	男	计数	244	2	28	29	1
		行 N%	80.3%	0.7%	9.2%	9.5%	0.3%
	女	计数	168	0	25	33	0
		行 N%	74.3%	0.0%	11.1%	14.6%	0.0%
总计		计数	412	2	53	62	1
		行 N%	77.7%	0.4%	10.0%	11.7%	0.2%

(2) 定性变量与定量变量交叉分析。

以性别和年龄为例介绍定性变量与定量变量的交叉分析。

① Excel 软件操作方法。

对于性别与年龄的交叉分析仍使用数据透视表的方法,与性别与学历交叉基本类似。

❶【插入】→【数据透视表】。

❷ 设置【数据透视表】的字段。

将"性别"拖放至行字段,将年龄拖放至数据项,由于年龄是数值,所以系统默认的汇总方式为:求和项,也可以将求和项更改为平均值、最大值、最小值、标准差等描述统计量,便于对比分析。若想显示多个描述统计量,则可以将"年龄"多次拖放至数据项即可,显示效果如图1-48所示。

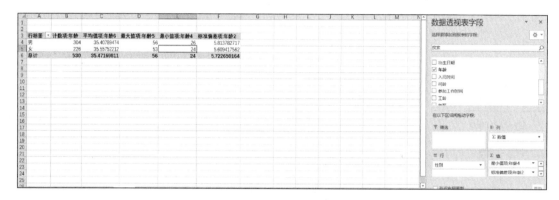

图 1-48　不同性别的年龄描述统计量

② SPSS 软件操作方法。

↳ 方法一：通过【比较均值】设置。

❶ 选择【分析】→【比较均值】→【均值】。

在弹出的均值对话框中,将"性别"选至自变量列表,将年龄选至因变量列表,如图1-49所示。

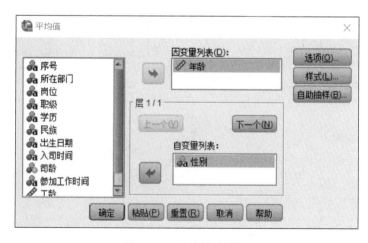

图 1-49　平均值对话框

❷ 在均值对话框中单击"选项"按钮,选择要显示的统计量,默认的统计量有平均值、个案数和标准差,如图1-50所示。单击【继续】按钮,最后确定后,显示结果如表1-26所示。

项目 1 人力资源基础数据统计分析 61

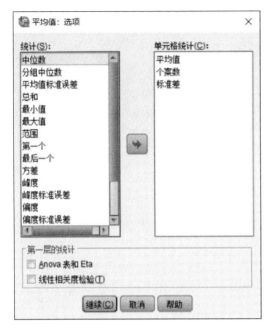

表 1-26 不同性别的年龄描述统计量

性别	平均值	个案数	标准差
男	35.41	304	5.814
女	35.56	226	5.609
总计	35.47	530	5.723

图 1-50 平均值选项设置

➡ 方法二：通过【设定表】设置。

❶ 选择【分析】→【表】→【设定表】。

在设定表格的对话框中，将性别拖放至行区域，年龄拖放至列区域，系统默认为计算年龄的均值。

❷ 设置【摘要统计量】。

若想显示其他的描述统计量，则可根据需要通过摘要统计量进行设置。如图 1-51 所示，选择显示计数、平均值、中位数、众数、标准偏差、最大值、最小值、范围。应用选择确定后，便会显示表 1-27 的结果。

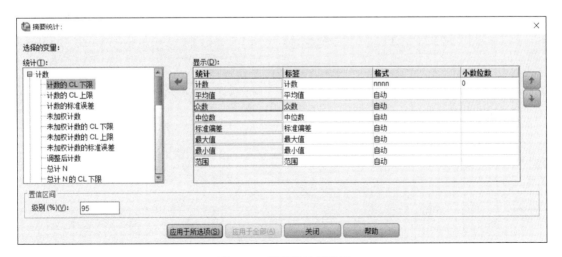

图 1-51 摘要统计量设置

表 1-27 性别与年龄设定表分析结果

		年 龄							
		计数	平均值	中位数	众数	标准偏差	最大值	最小值	全距
性别	男	304	35	35	30	6	56	26	30
	女	226	36	35	31[a]	6	53	24	29

a. 存在多个众数,显示了最小的值。

(3) 定量变量与定量变量分析。

在此,以工龄、司龄和年薪为例,分析两个定量变量之间的关系,以观察工龄和司龄对年薪的影响。

① Excel 软件操作方法。

❶ 选择【数据】→【数据分析】→【相关系数】,需要注意的是,在 Excel 软件中需要将三列数据并排。

❷ 设置【对话框】,如图 1-52 所示,输入区域选择三列数据,标志位于第一行前面的□打钩,输出区域选择工作表 Q1 单元格的起始位置。通过表 1-28 的结果显示,年薪与工龄相关系数更大些,为 0.58,与司龄的相关系数为 0.48。

图 1-52 相关系数对话框

表 1-28 相关系数结果

	工 龄	年 薪	司 龄
工 龄	1		
年 薪	0.583 987	1	
司 龄	0.583 397	0.480 077	1

② SPSS 软件操作方法。

❶【分析】→【相关】→【双变量】,将工龄、司龄和年薪选至变量框,如图 1-53 所示。

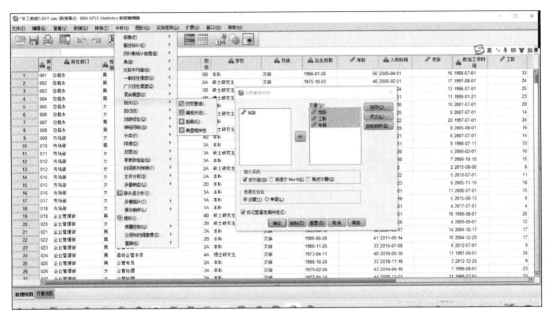

图 1-53 双变量相关性对话框

❷ 输出结果,解读结果。

可见,在 $\alpha=0.01$ 的水平下,工龄、司龄与年薪显著相关,其中,工龄与年薪的相关程度高于司龄与年薪的相关程度,如表 1-29 所示。

表 1-29 相 关 性

		司 龄	工 龄	年 薪
司 龄	皮尔逊相关性	1	0.583**	0.480**
	Sig.(双尾)		0	0
	个案数	530	530	527
工 龄	皮尔逊相关性	0.583**	1	0.584**
	Sig.(双尾)	0		0
	个案数	530	530	527
年 薪	皮尔逊相关性	0.480**	0.584**	1
	Sig.(双尾)	0	0	
	个案数	527	527	527

**. 在 0.01 级别(双尾),相关性显著。

任务1.3 撰写人力资源状况分析报告

 工作情境

小新经过一个星期的努力终于完成了人力资源数据的分析,并写了一份分析报告,反复核对数据及文字后,于8月4日晚上发给了郑主管。但他心里仍不免忐忑,比较担忧自己的写作能力,因为打从小学起小新就害怕写作文。第二天上午,郑主管把小新叫到办公室。

郑主管语重心长地说:"小新,报告我看了,数据分析得还不错,但文字功底需要加强啊。要学会分析报告的写法,尽量避免口语,分析结论多结合数据进行定量分析,注意总结提炼标题,而非几大段话的堆积,否则读者看起来比较累。另外,注意一下细节和规范,如标点符号,该用句号的不要用圆点。"

小新不免有点脸红,心里努力记下每一个字,诚恳地说:"主管,我好好改改再给您发一份吧。"

郑主管看小新心情有点沮丧,宽慰地说:"小新,没关系的,大家都是从新人做起的,你做得已经很不错了。写作能力也非一日之功就可以提高的,经过不断的磨炼,相信你有一天会做得很好的,加油!回去好好看看分析报告写作的相关材料,一周内把修改稿发给我吧。"

 工作任务

8月12日前将公司人力资源状况分析报告修改稿发送至郑主管邮箱。

 工作流程

统计分析报告是根据统计分析原理和方法,运用数据来反映、研究和分析事物的现状、问题、原因、本质和规律,并得出结论或做出预测,提出解决问题办法的一种分析应用文体,用来展示分析结果、验证分析质量和提供决策依据。统计分析报告的写作主要包括如下流程:❶ 选题定向→❷ 搜集资料→❸ 拟定提纲→❹ 起草报告→❺ 修改定稿。这些具体的步骤,最终形成一个有机的整体,选题决定了文章的方向,提纲体现了文章的逻辑框架,资料为文章提供有力的论据,文字内容将观点和论据按逻辑顺序串联。

1.3.1 选题定向

分析报告无非是发现问题、提出问题、分析问题和解决问题。发现问题并提出问题是解决问题的前提,只有正确地提出问题,才能科学地解决问题。选题时应结合企业实际工作、结合个人专长和兴趣,选题切忌贪大求全,但要力求有新意、有价值。

1.3.2 搜集资料

资料是作者为了撰写分析报告,从不同渠道使用不同方法搜集而来的文字、数据和图表等相关材料。从搜集方法来看,对资料的搜集包括一手资料和二手资料的搜集。

(1) 一手资料的搜集方法。

一手资料的搜集主要包括观察法、访问法、问卷调查法、实验法。观察法是通过调查者的感官和辅助工具,有目的、直接地、有针对性地了解正在发生、发展和变化的社会现象,观察过程中应做好随时记录。例如,对学生上课行为状态(如认真听讲、睡觉、玩手机等)的观察。访问法是调查者有计划地通过与被调查者的直接交谈来获取调查资料,包括个别访谈和集体访谈。问卷调查法是社会调查中常用的一种资料搜集方法,通过调查者事先精心设计的问卷为工具,通过被调查者对文件中问题的回答来了解情况、征询意见,从而测量人们的行为、态度和社会特征,获得有关社会现象和社会行为的各种资料。实验法是通过改变某种控制因素,观察事物的变化,进而分析原因,常用于自然科学领域。

(2) 二手资料的搜集方法。

二手资料的搜集通常通过文献调查法,根据一定的调查目的,通过收集和分析各种相关文献,以获得需要资料。所谓文献,就是人们用一定的技术手段建立起来的储存与传递信息的载体,如文字、数据、图像、符号、音频、视频等多种信息载体。例如,报纸杂志、书籍、档案、统计报表、工作记录等。

1.3.3 拟定提纲

拟定提纲的过程实际上就是把调查材料进一步分类、构架的过程,是报告构思的关键环节,也是写好报告的前提和基础。提纲相当于文章的骨架,表明写作的逻辑思维和结构布局。

1.3.4 起草报告

这是调查报告写作的行文阶段,通常也称为初稿写作阶段。要根据已经确定的主题、选好的材料和写作提纲,按照分析报告的写作结构有条不紊地行文。写作结构从顺序上依次包括:标题、导语、主体、结尾四个部分,此外还包括参考文献、附录等内容。

(1) 标题。

标题是对分析报告的高度凝练和概况,是一种语言艺术,好的标题不仅能表现分析主题,而且能激发读者兴趣。应遵循简洁、直接、确切、新颖的基本要求。具体来说,标题的形式有四种类型。

① 揭示主题,如《外来就业人口对北京市经济发展的贡献研究》《中国人力资源服务行业 40 年发展报告》。

② 表明观点,如《中国人力资源服务行业迎来高质量发展的新时代》。

③ 概括内容,如《2021 年一季度某地区农村居民人均现金收入增长 9.4%》。

④ 提出问题,如《人力资源外包能降成本吗》。

(2) 导语。

导语也称为引言,是报告的开头,是作者表达观点的主要部分,可以帮助读者迅速了解报告的主要内容。导语要遵循开门见山、高度概括、提纲挈领的要求。在写作时,常见的导语有四种类型。

① 介绍分析对象基本情况。
② 概括主要内容。
③ 揭示基本观点。
④ 阐述分析意义。

(3) 主体。

主体的任务是分析问题,用数据和事实说明和阐述观点。客观事物的发展离不开时、空,即纵、横两个方面。因此,在写作时,有三种结构可供参考。

① 纵式结构:按照客观事物发展阶段或实践先后顺序安排组织内容,也可按事物的逻辑关系安排材料。

② 横式结构:按事物的构成安排材料,即把构成整体的各个部分逐一展开予以分析和说明。

③ 交叉式结构。它是纵式结构和横式结构的结合。在实际的分析报告中,一般没有纯粹的纵式结构或横式结构,而是两种基本结构的复合体。

(4) 结尾。

结尾是对全文的综合、总结、深化和提高,是得出结论、提出建议、解决问题的重要部分。结尾的写作没有固定的形式,可灵活选择。如可以通过分析得出结论;可以总结成绩和问题并明确努力方向;可以在分析现状基础上预测未来发展趋势;可以提出针对性、系统性、政策性及可操作性建议,进行决策咨询。

此外,在学术研究中通常会在文章后按要求的文献格式列出参考的文献资料。与报告有关的具有科学价值的重要原始资料、数据,如调查问卷、访谈提纲、复杂的公式推导、计算程序、各类统计表、统计图等都可以放在附录中,既有利于说明和理解分析报告,又可提供有用的科学信息。

1.3.5 修改定稿

好的文章是改出来的。初稿要成为定稿,需要经过润色修改的过程。要改好一篇分析报告,一要掌握修改的方法,二要明确修改的内容。

(1) 掌握修改的方法。

① 征求意见。广泛征求、虚心听取身边的人的意见。同时,细心甄别正确的意见与合理的建议,充分吸收消化。

② 自我推敲。对自己的文章反复多角度深入推敲,对观点、结构、资料、文字等反复斟酌。

③ 对比衡量。收集与选题近似或相关的报告进行比较,博采众长、积极创新。

(2) 明确修改的内容。

① 审核观点。重点审核观点的正确性。还要看观点是否与文章题目匹配,是否符合实际情况,是否在数据文字资料的基础上提炼而来,是否存在主观偏见,是否观点鲜明等。

② 核实资料。核实资料的真实性、准确性、完整性等,关键是资料是否真实可靠,能够

支持观点,使得文章有说服力。

③ 优化结构。优化结构在于合理布局文章的章节和整体结构。如是否符合逻辑思维,文章整体结构是否完整,章节排列是否层次分明,文字比重是否协调。

④ 斟酌文字。斟酌文字在于力求语言通顺、简洁明了。如用词是否贴切、简洁、严谨,语言是否规范,是否有错别字、生僻字等。

⑤ 排版格式。文章的排版格式是否符合规范和要求。如标点符号是否使用恰当,图表标题是否符合要求,字体字号是否统一,排版是否整洁等。

⑥ 选择方法。选择方法在于选择合理有效的论证方法。分析报告有其特有的论证方法,包括提问和定义、分类和举例、比较和引用、假设和推断、数字和图表等。要看文章所选用的方法是否科学、合理、可行。

小　　结

项目1　工作流程总览

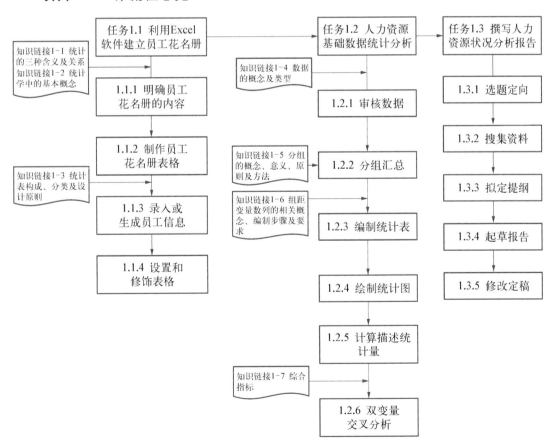

项目1　理论知识导图

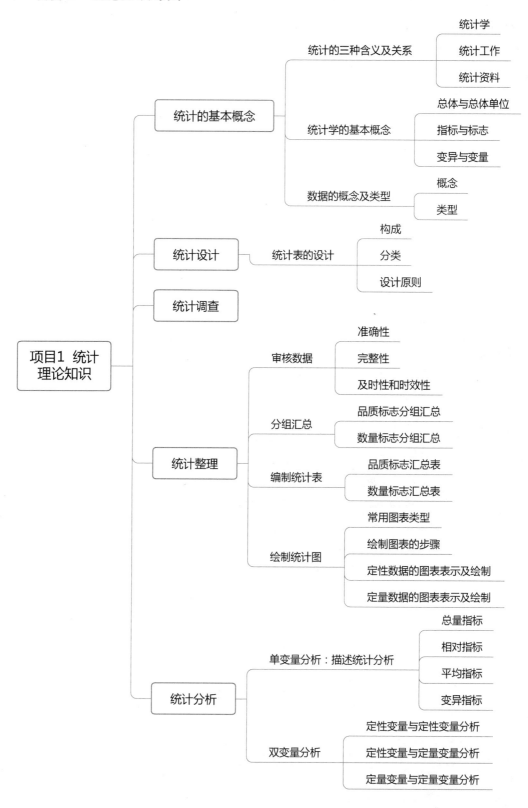

理论知识测试题目

一、判断题

1. 统计学是先于统计工作而发展起来的。（ ）
2. 总体的同质性是指总体中的各个单位在所有标志上都相同。（ ）
3. 总体与总体单位，标志与指标的划分都具有相对性。（ ）
4. 指标是说明总体特征的，而标志是说明总体单位特征的。（ ）
5. 数据仅仅是描述总体单位的。（ ）
6. 对于一个特定研究总体而言，总体单位总量和总体标志总量可以有若干个。（ ）
7. 平均指标就是算术平均数。（ ）
8. 平均指标是将一个总体内每个单位在某个标志上的差异抽象化，以反映总体一般水平的综合指标。（ ）
9. 可以用标准差直接比较不同水平的总体标志变动的大小。（ ）
10. 在变量数列中，影响平均数大小的是次数本身。（ ）

二、单选题

1. 统计的含义包括（　　）。
   A. 统计理论与统计实践　　　　　B. 统计设计、统计调查与统计整理
   C. 统计工作、统计资料与统计学　D. 统计分析报告与统计预测模型
2. 构成总体，必须同时具备（　　）。
   A. 总体性、数量性与同质性　　　B. 总体性、同质性与差异性
   C. 社会性、同质性与差异性　　　D. 同质性、大量性与差异性
3. 要了解某公司的工资水平，则总体单位是（　　）。
   A. 该公司的全部员工　　　　　　B. 该公司的每一个员工
   C. 该公司每一个员工的文化程度　D. 该公司全部员工的平均文化程度
4. 下列选项中，属于品质标志的是（　　）。
   A. 身高　　　　B. 工资　　　　C. 年龄　　　　D. 文化程度
5. 某职工月工资为16 000元，"工资"是（　　）。
   A. 品质标志　　B. 数量标志　　C. 变量值　　　D. 指标
6. 总量指标按其反映的时间状况不同可分为（　　）。
   A. 预计指标和终期指标　　　　　B. 时点指标和时期指标
   C. 基期指标和报告期指标　　　　D. 先行指标和滞后指标
7. A公司和B公司员工的平均年龄分别为36.5岁和35.4岁，标准差分别为5.8岁和6.7岁，则（　　）。
   A. A公司员工的平均年龄代表性高于B公司
   B. B公司员工平均年龄的代表性高于A公司
   C. 两家公司员工平均年龄的代表性相同
   D. 两家公司员工平均年龄的代表性无法比较

8. 反映同一总体在不同时间上的数量对比关系的是(　　)。
　　A. 计划完成程度相对指标　　　　B. 比较相对指标
　　C. 动态相对指标　　　　　　　　D. 比例相对指标
9. 请判断如下是定序数据的是(　　)。
　　A. 性别　　　　B. 学历　　　　C. 工资　　　　D. 部门
10. 下列指标中,属于数量指标的是(　　)。
　　A. 利润总额　　B. 平均工资　　C. 人均成本　　D. 劳动生产率

三、多选题

1. 下列标志中属于数量标志的有(　　)。
　　A. 工资总额　　B. 工龄　　C. 面试通过率　　D. 离职率
　　E. 离职类型
2. 对于一家公司而言,下列说法正确的有(　　)。
　　A. 员工总人数是总体　　　　　　B. 每个员工是总体单位
　　C. 男员工人数是统计指标　　　　D. 员工的平均年龄是统计指标
　　E. 员工性别比是总体的品质标志
3. 下列变量中,属于离散变量的有(　　)。
　　A. 员工总人数　　B. 平均工资　　C. 年龄　　D. 部门数
　　E. 学历
4. 标准差系数是(　　)。
　　A. 平均数和标准差的比值
　　B. 可衡量平均指标不同的总体标志变动度的大小
　　C. 标准差和平均数的比值
　　D. 用相对数表现的标志变动度指标
　　E. 离散系数
5. 时期指标的特点有(　　)。
　　A. 不同时期的指标数值可以相加
　　B. 不同时期的指标数值不能相加
　　C. 某时期的指标数值与该期时间长短有直接关系
　　D. 某时期指标数值的大小与该期时间长短无关
　　E. 更长时期的指标数值可通过连续相加得到

四、名词解释

1. 总体和总体单位
2. 标志和指标
3. 时期指标和时点指标

五、简答题

1. 举例说明总体与总体单位的关系。
2. 举例说明标志和指标的关系。
3. 简述时期指标和时点指标的区别。
4. 解释变异指标的含义及类型。

实践项目综合训练

项目名称：某公司人力资源状况分析报告

内容要求：

1. 任务要求：根据给定的员工数据删除自己学号后进行分析，运用所学的分组汇总、描述统计分析、双变量分析等方法，制作规范的统计表和统计图，撰写分析报告。

2. 评分标准：方法恰当(30分)、结论准确(30分)、结构合理(10分)、逻辑清晰(10分)、排版规范(10分)、图文并茂(10分)，满分100分。

评 分 标 准

序号	分项	分值	分档		
1	分析方法恰当	30	30—20	20—10	10—0
2	分析结论准确	30	30—20	20—10	10—0
3	报告结构合理	10	10—8	8—6	0—6
4	思路逻辑清晰	10	10—8	8—6	0—6
5	排版格式规范	10	10—8	8—6	0—6
6	图文形式并茂	10	10—8	8—6	0—6
7	合计	100	A档	B档	C档

项目 2

人力资源动态统计分析

 工作情境

小新经过一周的努力学习和认真修改,终于将报告如期交给郑主管,虽然写作能力难以在短时间内提高,但还是有很大进步,比初稿好多了。8月12日,郑主管又交给小新一个新任务,分析公司近五年员工总人数的变化。公司准备制订明年的需求计划,根据公司总产值对未来需求总量进行预测,郑主管要求小新辅助收集数据进行预测。近期员工流失率比较高,要求小新对上半年员工流动情况作专题分析,尤其是员工流失情况。

学习目标

知识目标

① 了解时间序列的定义、作用、分类及编制原则;

② 了解发展水平、平均发展水平、逐期增长量和累计增长量、平均增长量的定义,理解逐期增长量和累计增长量的关系,掌握平均发展水平、增长量、平均增长量的计算,重点掌握时点序列平均发展水平的计算方法;

③ 了解发展速度和增长速度、平均发展速度和平均增长速度的定义,理解环比发展速度和定基发展速度的关系,掌握发展速度和增长速度、平均发展速度和平均增长速度的计算方法;

④ 掌握员工流入率、流出率指标传统和修正的计算方法,理解不同计算方法适用的情形;

⑤ 掌握员工流失情况分析的不同方法,如分组分析、时间分析、原因分析等,能够通过图表、表格、文字展示分析结论;

⑥ 理解并掌握相关系数的含义,了解相关系数的种类及计算公式,能通过散点图和相关系数判断变量间的相关关系;

⑦ 理解并掌握一元线性回归模型的含义,了解回归系数的计算公式,理解因变量、自变量的含义,了解回归模型检验的方法,能根据回归模型进行预测分析。

能力目标

① 根据统计表设计原则,编制时间序列;根据统计图表选择的方法,绘制合适的统计图表;
② 根据水平指标的计算公式,能用 Excel 软件计算逐期增长量、累计增长量、平均发展水平、平均增长量;
③ 根据速度指标的计算公式,能用 Excel 软件计算发展速度和增长速度、平均发展速度和平均增长速度;
④ 根据员工流入率、流出率指标传统和修正的计算公式,能用 Excel 软件计算流入率和流出率指标;
⑤ 根据员工流失情况分析方法,能用 Excel 软件通过绘制图表、编制表格等从不同角度分析员工流失情况;
⑥ 利用 Excel 或 SPSS 软件绘制相关表、散点图,计算相关系数;
⑦ 利用 Excel 或 SPSS 软件进行一元线性回归分析,对输出结果进行解释和分析,并根据回归模型进行预测。

素质目标

① 培养学生用发展的眼光看问题的辩证唯物主义观;
② 培养学生热爱劳动、爱岗敬业精神;
③ 培养学生谨慎探索、求真务实的科学精神。

 工作流程

根据郑主管布置的任务,此次主要是针对员工人数的变化进行动态分析,主要工作流程包括两个步骤:❶ 员工总人数动态分析→❷ 员工流动情况分析(重点分析员工流失情况)。

企业人力资源管理过程中,很多指标是随着时间的变化而变化的,如员工人数、工资水平、离职率等。除了掌握项目一对数据的静态分析方法外,还应掌握动态分析的方法,分析数据变化的方向、速度及趋势,从而了解过去、评价当前和预测未来。

任务 2.1　员工总人数动态分析

 工作情境

小新在接到主管布置的任务后，心想，要对近五年的员工总人数的变化进行动态分析，首先要解决"米"的问题吧，巧妇难为无米之炊啊！如何获得这些数据呢？他灵机一动，想起上课时学过公司需要报送"从业人员和工资总额年报"，报表里都有每年人数的数据，问题就迎刃而解了。剩下的问题就是怎么进行动态分析了，他印象中有水平指标和速度指标的分析，不过还要再看看书学习一下具体该怎么做。

 工作任务

郑主管要求 8 月 28 日前完成任务，小新自己权衡这两项任务，觉得对近五年的员工总人数进行动态分析的任务相对简单些，就将完成期限定为 8 月 18 日前完成。

 工作流程

小新经过认真思考，认为对员工总人数的变化进行动态分析的工作流程应该包括以下步骤：❶ 编制员工总人数的时间序列和图表→❷ 员工总人数水平指标分析→❸ 员工总人数速度指标分析。

员工总人数在一定程度上反映了企业的规模，是人力资源管理重要的总量指标。随着时间的变化，人员将会发生流动，导致员工总人数也处于变化中。对员工总人数的动态分析，有助于企业了解用工规模和变化趋势，进行人才需求预测等。

2.1.1　编制员工总人数的时间序列和图表

（1）编制员工总人数的时间序列。

编制员工总人数的时间序列是将不同年份的员工总人数按统计表的设计原则编制成表，如表 2-1 所示。

表 2-1　公司 2007—2011 年员工总人数变化

年　份	2007	2008	2009	2010	2011
年末总人数（人）	88	90	98	105	116

知识链接 2-1

时间序列的相关概念

(1) 定义。

将同一指标数值按其发生的时间先后顺序排列而成的数列称为时间序列(time series),也称动态数列或时间数列,如表2-1所示。

(2) 作用。

① 反映社会经济现象的发展变化过程,描述现象的发展状态和结果。
② 研究社会经济现象的发展趋势和发展速度。
③ 探索现象发展变化的规律,进行预测。
④ 对比分析不同的时间序列。

(3) 分类。

时间序列包括两个要素:现象所属的时间和指标数值。根据指标分类的不同,时间序列分为总量指标时间序列、相对指标时间序列、平均指标时间序列,其中总量指标时间序列又可分为时期序列和时点序列。

① 总量指标时间序列。

时期序列:反映社会经济现象在某一段时期内发展过程的总量时,这种总量指标时间序列称为时期序列,如企业近五年的总产值。

时点序列:反映社会经济现象在某一时点上所达到的水平时,这种总量指标时间序列称为时点序列,如我国2001—2010年的年末人口数。

【思考】表2-1所列出的时间序列属于时期序列还是时点序列?

② 相对指标时间序列。

将同一相对指标的数值按其发生时间先后顺序排列而成的数列叫作相对指标时间序列,如北京市近十年第三产业从业人员所占比重。

③ 平均指标时间序列。

将同一平均指标的数值按其发生时间先后顺序排列而成的数列叫作平均指标时间序列,如近十年北京市和上海市的职工年平均工资。

(4) 编制原则。

在编制时间序列时,应做到四个"一致",以保证同一指标在不同时点上的可比性。

① 总体范围一致。

所谓总体范围一致,是指现象的空间范围,各项数据的总体范围前后必须一致,否则各项数值不能直接对比。若要对比,就必须进行相应的调整。例如,北京市2010年设立新的北京市东城区,以原东城区、崇文区的行政区域为东城区的行政区域;设立新的北京市西城区,以原西城区、宣武区的行政区域为西城区的行政区域。在与2010年前后的区县数据对比时就应注意行政区划的范围一致。

② 指标内涵一致。

不同时间上的指标内涵应相同,应使用同一指标。例如,不能某些时间上使用员工年末总人数,而某些时间上使用员工平均人数。

③ 时期长短或时间间隔力求一致。

对时期序列而言,指标数值大小与时期长短直接相关,因此所属时间的长短应一致,否则不便于对比分析。对时点序列而言,虽然指标数值与时点间隔长短无关,但为了反映现象发展变化情况,时点间隔最好一致。

④ 指标计算方法、价格和计量单位一致。

指标的计算方法也称计算口径,有的指标名称只有一个,但其计算口径却有多个。例如,劳动生产率指标,有按实物量计算的,有按价值量计算的。计算价格有按可比价格计算的,有按不变价格计算的。计量单位更有多种,有按人计算的,有按千人、万人计算的。

(2) 编制员工总人数变化的图表。

根据项目一中介绍的选择图表类型的原则,数据间的关系为时间序列,通常用折线图表示,还可以用柱形图或面积图表示。由于五年的数据较少,因此选用柱形图,在Excel软件中绘制图表如图2-1所示。

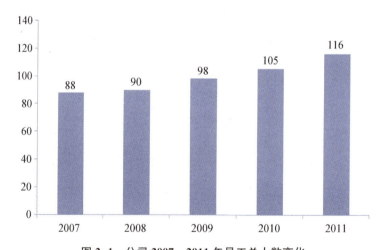

图2-1 公司2007—2011年员工总人数变化

从图2-1中可以看出,2007—2011年员工总人数呈现逐年增长的态势。

2.1.2 员工总人数水平指标分析

(1) 发展水平和平均发展水平。

① 发展水平。

员工总人数在2007—2011年的发展水平分别为88人、90人、98人、105人、116人,其中,最初水平为88人,最末水平为116人。

② 平均发展水平。

由于仅知道每年年末人数,若计算近五年平均人数时应使用间隔相等间断时间序列的平均发展水平计算方法,可采用"首尾折半法"计算得出结果为 99 人,具体 Excel 软件中的计算结果如图 2-2 所示,计算公式如图 2-3 所示。

	A	B	C	D	E	F	G
1	年份	符号	2007	2008	2009	2010	2011
2	员工总人数(人)	—	88	90	98	105	116
3	发展水平(人)	a	a_1	a_2	a_3	a_4	a_5
4	平均发展水平(人)	$\bar{a}$		98.75			
5	逐期增长量(人)	a_i-a_{i-1}	—	2	8	7	11
6	累计增长量(人)	a_i-a_1	—	2	10	17	28
7	平均增长量		计算方法一:	7	计算方法二:		7
8	环比发展速度(%)	a_i/a_{i-1}	—	102.3	108.9	107.1	110.5
9	定基发展速度(%)	a_i/a_1	—	102.3	111.4	119.3	131.8
10	环比增长速度(%)	$a_i/a_{i-1}-1$	—	2.3	8.9	7.1	10.5
11	定基增长速度(%)	a_i/a_1-1	—	2.3	11.4	19.3	31.8
12	平均发展速度(%)		计算方法一:	107.2	计算方法二:		107.2
13	平均增长速度(%)			7.2			

图 2-2 员工总人数的水平指标和速度指标计算结果

	A	B	C	D	E	F	G
1	年份	符号	2007	2008	2009	2010	2011
2	员工总人数(人)	—	88	90	98	105	116
3	发展水平(人)	a	a_1	a_2	a_3	a_4	a_5
4	平均发展水平(人)	$\bar{a}$		=((C2+D2)/2+(D2+E2)/2+(E2+F2)/2+(F2+G2)/2)/4			
5	逐期增长量(人)	a_i-a_{i-1}	—	=D2-C2	=E2-D2	=F2-E2	=G2-F2
6	累计增长量(人)	a_i-a_1	—	=D2-$C$2	=E2-$C$2	=F2-$C$2	=G2-$C$2
7	平均增长量		计算方法一:	=AVERAGE(D5:G5)	计算方法二:		=G6/4
8	环比发展速度(%)	a_i/a_{i-1}	—	=D2/C2*100	=E2/D2*100	=F2/E2*100	=G2/F2*100
9	定基发展速度(%)	a_i/a_1	—	=D2/$C$2*100	=E2/$C$2*100	=F2/$C$2*100	=G2/$C$2*100
10	环比增长速度(%)	$a_i/a_{i-1}-1$	—	=D8-100	=E8-100	=F8-100	=G8-100
11	定基增长速度(%)	a_i/a_1-1	—	=D9-100	=E9-100	=F9-100	=G9-100
12	平均发展速度(%)		计算方法一:	=(D8*E8*F8*G8/(100*100*100*100))^(1/4)*100	计算方法二:		=(G9/100)^(1/4)*100
13	平均增长速度(%)		=D12-100				

图 2-3 员工总人数的水平指标和速度指标计算公式

(2) 增长量和平均增长量。

① 增长量。

从图 2-2 中得知,五年间员工人数逐年增加,2008 年比 2007 增加 2 人,2009 年比 2008 年增加 8 人,2010 年比 2009 年增加 7 人,2011 年比 2010 年增加 11 人,2011 年比 2007 年共增加 28 人。

② 平均增长量。

从图 2-2 中得知,五年间平均每年增加 7 人。

知识链接 2-2

时间序列的水平指标

(1) **发展水平**(level of development)。

在时间序列中一般用 t_i 表示指标所属的时间,a_i 表示不同时间的指标数值,也称为发展水平,用 a 表示。其中,第一个指标数值称为最初水平,用 a_1 表示,有时也将最初水平用 a_0 表示,最后一个指标数值称为最末水平,用 a_n 表示,其余各个指标数值称为中间水平。

在动态分析中,常常将两个时期的发展水平进行对比,将作为比较基准用的时期水平称为基期水平,将研究的时期水平称为报告期水平。

(2) **平均发展水平**(average level of development)。

平均发展水平是将不同时期的发展水平加以平均得到的平均数,也称为动态平均数或序时平均数,用 $\bar{a}$ 表示。根据指标类型的不同分为总量指标时间序列的平均发展水平、相对指标时间序列的平均发展水平和平均指标时间序列的平均发展水平,由于相对指标和平均指标是由总量指标得来的,因此,总量指标的平均发展水平是后两者计算的基础。

① 总量指标时间序列的平均发展水平。

- 时期序列的平均发展水平

$$\bar{a} = \frac{\sum a}{n}$$

其中,a 代表各时期的发展水平,n 代表时期项数。

例如,已知公司 2007—2011 年近五年的总产值水平,求平均总产值,则用五年总产值相加除以时期数即 5 年即可。

- 时点序列的平均发展水平。

若计算时点序列的平均发展水平时,需根据给出资料的不同情况进行不同方法的计算。由于时点指标是瞬时数据,每时每刻都在发生变化,在计算时点数列的平均发展水平时,以日(天)为单位,若以日给出的数列认为是连续时点数列,以月、季、年等给出的数列,认为是间断时间数列。

连续时间序列的平均发展水平又可分为间隔相等(见表 2-2)和间隔不等(见表 2-3)两种情形,表 2-2 给出每天的人数,表 2-3 只给出人员变动时的人数,间隔天数不等。

表 2-2 某企业周出勤人数情况

日 期	周一	周二	周三	周四	周五
人 数	116	114	115	116	112

表 2-3　某企业 5 月份人员变动情况

日 期	5月1日	5月11日	5月16日	5月20日	5月30日
人 数	114	115	112	114	116

间隔相等连续时间序列的平均发展水平计算公式为：

$$\bar{a} = \frac{\sum a}{n}$$

其中，a 代表各时点的发展水平，n 代表总的时间间隔长度。

根据计算公式，若计算表 2-2 中该企业一周平均出勤人数，则

$$\bar{a} = \frac{\sum a}{n} = \frac{116+114+115+116+112}{5} = 115(人)$$

间隔不等连续时间序列的平均发展水平计算公式为：

$$\bar{a} = \frac{\sum at}{\sum t}$$

其中，t 为两个时点之间的时间间隔长度。

根据计算公式，若计算表 2-3 中该企业 5 月份平均人数，则

$$\bar{a} = \frac{\sum at}{\sum t} = \frac{114 \times 10 + 115 \times 5 + 112 \times 4 + 114 \times 10 + 116 \times 2}{10+5+4+10+2} = 114(人)$$

间断时间序列的平均发展水平也分为间隔相等（见表 2-4）和间隔不等（见表 2-5）两种情形。

在计算间隔相等间断时间序列的平均发展水平时，如表 2-4 所示，计算上半年的平均人数。以 1 月份为例，由于不知道 1 月份其他日期的人数，只知道 1 月初即上年末的人数 105 人，1 月末的人数 114 人，因此，在计算 1 月份平均人数时，根据（月初人数＋月末人数）/2 计算，类似于组距变量数列中组中值的计算，其他月份以此类推，最后将得到的各月平均人数加起来除以 6 个月，得到上半年月平均人数。计算公式为：

$$\bar{a} = \frac{\frac{a_1+a_2}{2} + \cdots + \frac{a_{n-1}+a_n}{2}}{n-1} = \frac{\frac{a_1+a_n}{2} + \sum_{i=2}^{n-1} a_i}{n-1}$$

表 2-4　某企业 2011 年员工期末人数

月　份	上年末	1月	2月	3月	4月	5月	6月
月末人数	105	114	112	110	115	115	116

根据公式,若计算该企业上半年员工平均人数为:

$$\bar{a}=\frac{\frac{105+116}{2}+114+112+110+115+115}{6}=113(人)$$

此方法又称为首尾折半法,即将最初水平和最末水平加起来除以2,再与其他各期水平相加求算术平均数,可以简化计算过程。

【思考】第一季度的平均人数如何计算?

在计算间隔不等间断时间序列的平均发展水平时,如表2-5所示,计算年平均人数。由于不知道每个月的月末人数,根据已知的月末人数可以计算几个月的平均人数,如1月份的月平均人数为(105+114)/2,2—3月份两个月的平均人数为(114+110)/2,即2月份平均人数为(114+110)/2,3月份平均人数也为(114+110)/2,以此类推,如表2-6所示。然后乘以相应的月份数,最后计算平均发展水平。计算公式为:

$$\bar{a}=\frac{\frac{a_1+a_2}{2}t_1+\cdots+\frac{a_{n-1}+a_n}{2}t_{n-1}}{t_1+t_2+\cdots t_{n-1}}=\frac{\sum_{i=1}^{n-1}\frac{a_i+a_{i+1}}{2}t_i}{\sum_{t=1}^{n-1}t_i}$$

表2-5　某企业2011年员工月末人数

月　份	上年末	1月	3月	6月	10月	12月
月末人数	105	114	110	116	114	116

表2-6　某企业2011年员工平均人数计算

月　份	月份数	月平均人数
1月	1	(105+114)/2
2—3月	2	(114+110)/2
4—6月	3	(110+116)/2
7—10月	4	(116+114)/2
11—12月	2	(114+116)/2

根据计算公式,计算2011年该公司员工平均人数为:

$$\bar{a} = \frac{\dfrac{a_1+a_2}{2}t_1 + \cdots + \dfrac{a_{n-1}+a_n}{2}t_{n-1}}{t_1+t_2+\cdots t_{n-1}}$$

$$= \frac{\dfrac{105+114}{2}\times 1 + \dfrac{114+110}{2}\times 2 + \dfrac{110+116}{2}\times 3 + \dfrac{116+114}{2}\times 4 + \dfrac{114+116}{2}\times 2}{1+2+3+4+2} = 114(人)$$

【思考】上半年的平均人数如何计算?

② 相对指标、平均指标时间序列的平均发展水平。

不论是相对指标动态数列还是平均指标动态数列,都是由具有联系的两个总量指标动态数列对比构成的,因此,在计算平均发展水平时,根据是时期数列还是时点数列,可以分别计算出两个总量指标动态数列的平均发展水平,然后进行对比即可。

(3) 增长量和平均增长量。

① 增长量。

增长量是报告期水平与基期水平之差,根据采用基期水平不同,分为逐期增长量和累计增长量。

逐期增长量是报告期水平与前一时期水平之差,用 $a_i - a_{i-1}$ 表示,$i=2,3,\cdots,n$。

累计增长量是报告期水平与固定时期水平(通常为最初水平)之差,用 $a_i - a_1$ 表示,$i=2,3,\cdots,n$。

逐期增长量和累计增长量之间具有一定关系,即累计增长量等于逐期增长量之和,相邻时期的累计增长量相减等于相应时期的逐期增长量。

② 平均增长量。

平均增长量是一定时期内平均增长的数量。平均增长量有两种计算公式:一是逐期增长量之和除以逐期增长量个数;二是累计增长量除以时间序列项数减1。

2.1.3 员工总人数速度指标分析

(1) 发展速度和增长速度分析。

由图2-2得知,员工总人数五年间共增长31.8%,其中2011年环比增长最快,比上年增长10.5%。

拓展材料 1

同比与环比

2023年8月份,从环比看,北京市居民消费价格总水平(简称CPI)环比上涨0.1%,涨幅比上月回落0.3个百分点。其中,受天气、收储政策等因素影响,鲜菜、猪肉价格明显上涨,带动食品价格由上月环比下降1.4%转为环比上涨0.1%,影响CPI上涨约0.01个百分点。食品中,猪肉、鲜菜和鸡蛋价格环比分别上涨11.7%、8.3%、4.8%;应季水果上市量增加,带动鲜果价格环比下降9.0%。

从同比看,同比上涨0.3%。其中,其中,食品价格同比下降1.2%,降幅比上月收窄0.6个百分点,影响CPI下降约0.17个百分点。食品中,鲜菜价格由上月同比下降7.2%转为同比上涨1.4%;猪肉价格同比下降15.1%,降幅比上月收窄11.2个百分点;鸡蛋价格同比上涨2.2%,涨幅比上月扩大1.9个百分点;鲜果价格由上月同比上涨5.4%转为同比下降1.7%。

资料来源:北京市统计局 国家统计局北京调查总队

在政府公布的数据资料中,经常会看到"同比"和"环比"的字样。所谓同比是指与去年同期水平进行比较得到的数值。在实际工作中,经常使用这个指标,如某年、某季、某月与上年同期对比计算的发展速度,就是同比发展速度。例如,"2022年5月份,北京市居民消费价格总水平同比上涨2.7%",指的是与2022年5月份相比上涨2.7%。所谓环比,是指与前一时期水平进行对比得到的数值,表明现象逐期的发展速度,如计算一年内各月(各季)与前一个月(季)对比。例如,"5月份,北京市居民消费价格总水平环比下降0.9%。"指的是比2023年4月份下降0.9%。

(2) 平均发展速度和平均增长速度分析。

由图2-2得知,员工总人数五年间平均发展速度为107.2%,每年平均增长7.2%。

知识链接 2-3

时间序列的速度指标

(1) 发展速度(speed of development)。

发展速度是报告期水平除以基期水平,根据采用基期不同,分为环比发展速度和定基发展速度。

环比发展速度是报告期水平与前一期水平之比,用 a_i/a_{i-1} 表示, $i=2,3,\cdots,n$。

定基发展速度是报告期水平与某一固定时期水平(通常是最初水平)之比,用 a_i/a_1 表示,$i=2,3,\cdots,n$。

环比发展速度和定基发展速度之间也具有一定关系,即环比发展速度的连乘积等于定期发展速度,相邻时期的定基发展速度相除等于相应时期的环比发展速度。

(2) 增长速度(speed of growth)。

增长速度在描述现象发展变化时实际上比发展速度用得还频繁,是根据增长量与基期水平对比求得,等于发展速度减1。根据采用基期不同,分为环比增长速度和定基增长速度。

(3) 平均发展速度(average speed of development)和平均增长速度(average speed of growth)。

平均发展速度表明现象在一个较长时期内逐期平均发展变化的程度,即环比发展速度的几何平均数。在计算时通常采用水平法,其计算公式为:

$$\bar{x} = {}^{n-1}\!\sqrt{\frac{a_2}{a_1} \cdots \frac{a_n}{a_{n-1}}} = {}^{n-1}\!\sqrt{\prod_{i=2}^{n} x_i} = {}^{n-1}\!\sqrt{\frac{a_n}{a_1}} = {}^{n-1}\!\sqrt{R}$$

其中,x_i 代表各环比发展速度,R 代表总速度,n 代表时间序列的时期项数。

由计算公式可知,根据已知的数据不同可以采用不同的方法计算平均发展速度。

平均增长速度表明现象逐期平均增长变化的程度,等于平均发展速度减1。

【思考】计算并比较北京市和上海市近十年职工年平均工资的平均增长速度。

任务 2.2　员工总人数预测分析

工作情境

公司准备制订明年的需求计划,要对未来需求总量进行预测,郑主管要求小新辅助收集数据进行预测。

工作任务

收集公司总产值和总人数历史数据,建立一元线性回归模型进行预测。

工作流程

人力资源需求预测是估算公司未来需要的员工数量和能力组合,是编制人力资源规划的核心和前提。人力资源需求预测包括总量预测和结构预测。在此,重点介绍总量预测。对于人力资源需求总量预测包括定性分析和定量分析多种方法,在此仅以一元线性回归分析预测方法为例进行分析。其工作流程包括：❶ 判断变量间的相关关系→❷ 建立回归模型进行预测。

回归分析预测方法是指利用多个变量的历史数据资料,分析寻找变量间的相关关系,以预测变量未来趋势的一种方法,包括一元回归分析和多元回归分析。当人力资源总量历年数据呈现有规律的近似直线趋势分布时,例如,人力资源总量随产值的增长而增加,可以用一元线性回归方程来预测未来的人力资源需求。

2.2.1 判断变量间的相关关系

判断变量间相关关系的工作流程包括:❶制作相关表→❷绘制散点图→❸计算相关系数。

(1) 制作相关表。

为了进行回归预测分析,需要明确要收集的数据,例如,收集历年公司的总产值和总人数数据,根据总产值和总人数之间的关系进行预测。假设公司近14年的总产值和总人数数据如表2-7所示。

表2-7 某公司1999—2012年总产值与总人数

年　份	总产值（万元）	总人数（人）	年　份	总产值（万元）	总人数（人）
2009	8 440	7 063	2016	18 493	7 358
2010	8 967	7 109	2017	21 631	7 399
2011	9 921	7 159	2018	26 581	7 444
2012	10 965	7 201	2019	31 404	7 493
2013	12 033	7 236	2020	34 090	7 532
2014	13 582	7 267	2021	40 151	7 576
2015	15 987	7 302	2022	47 288	7 624

拓展材料2

啤酒与尿布的故事

啤酒与尿布的故事产生于20世纪90年代的美国沃尔玛超市中,沃尔玛的超市管理人员分析销售数据时发现了一个令人难于理解的现象:在某些特定的情况下,啤酒与尿布两件看上去毫无关系的商品会经常出现在同一个购物篮中,这种独特的销售现象引起了管理人员的注意,经过后续调查发现,这种现象出现在年轻的父亲身上。

在美国有婴儿的家庭中,一般是母亲在家中照看婴儿,年轻的父亲前去超市购买尿布。父亲在购买尿布的同时,往往会顺便为自己购买啤酒,这样就会出现啤酒与尿布这两件看上去不相干的商品经常会出现在同一个购物篮的现象。如果这个年轻的父亲在卖场只能买到两件商品之一,则他很有可能会放弃购物而到另一家商店,直到可以一次同时买到啤酒与尿布为止。沃尔玛发现了这一独特的现象,开始在卖场尝试将啤酒与尿布摆放在相同的区域,让年轻的父亲可以同时找到这两件商品,并很快地完成购物;而沃尔玛超市也可以让这些客户一次购买两件商品,而不是一件,从而获得了很好的商品销售收入,这就是啤酒与尿布故事的由来。研究啤酒与尿布相关联的方法称为购物篮分析。

(2) **绘制散点图**。

选择总产值和总人数两列数据，在 Excel 软件中绘制散点图，如图 2-4 所示。由于绘制散点图较为简单，因此对于 SPSS 软件绘制散点图在此不再赘述，读者可自行绘制。散点图通常用于展示数据间的相关关系，又称相关散点图。根据相关点分布的规律来判断相关关系是否密切，如大致为一条直线，则表明现象间存在相关关系，且为直线相关；若大致为一条曲线，则表明现象间存在曲线相关关系。相关点越密集，表明相关关系越密切。若相关点分布毫无规律，则表明现象间无相关关系或存在弱相关关系。由图 2-4 可见，相关点大致呈直线分布规律，则可以判断总产值和总人数之间存在直线相关关系。

图 2-4　总产值与总人数散点图

(3) **计算相关系数**。

① Excel 软件操作方法。

❶【数据】→【数据分析】→【相关系数】。

在弹出的相关系数对话框中选择输入的两列变量区域，如图 2-5 所示。

	A	B	C
1	年份	总产值（万元）	总人数（人）
2	1999	8440	7063
3	2000	8967	7109
4	2001	9921	7159
5	2002	10965	7201
6	2003	12033	7236
7	2004	13582	7267
8	2005	15987	7302
9	2006	18493	7358
10	2007	21631	7399
11	2008	26581	7444
12	2009	31404	7493
13	2010	34090	7532
14	2011	40151	7576
15	2012	47288	7624

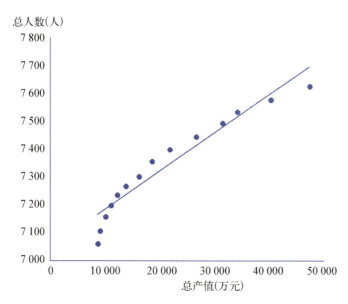

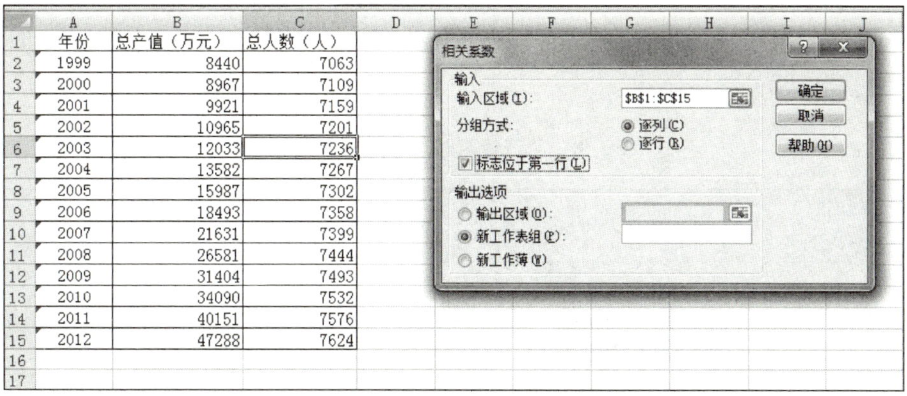

图 2-5　相关系数对话框设置

	A	B	C
1		总产值(万元)	总人数(人)
2	总产值(万元)	1	
3	总人数(人)	0.961864194	1
4			

图 2-6 相关系数计算结果

❷ 输出结果。

输出选项选择默认的新工作表组，确定后输出结果如图 2-6 所示，相关系数为 0.962，根据图 2-6 的判断标准，说明总产值和总人数之间呈现极强线性相关。

② SPSS 软件操作方法。

❶【数据】→【数据分析】→【相关系数】。

选择数据菜单下的数据分析，然后选择相关系数，在弹出菜单中选择双变量，然后在双变量相关设置的对话框中，将总产值和总人数变量选入变量框，如图 2-7 所示。相关系数默认选择为 Pearson 线性相关，显著性检验为双侧检验，同时标记显著性相关。

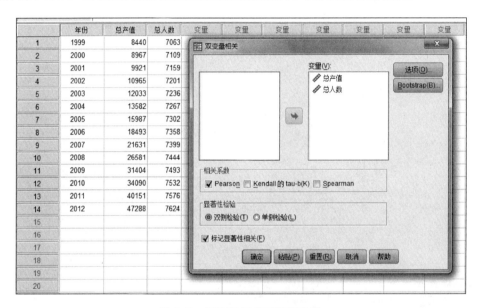

图 2-7 双变量相关对话框设置

❷ 输出结果。

确定后输出结果如表 2-8 所示，SPSS 软件不仅给出相关系数结果，而且能够检验相关关系是否显著。由表 2-8 可见，相关系数为 0.962。且在 0.01 水平上显著相关，说明总产值和总人数之间的相关关系显著。

表 2-8 总产值与总人数的相关系数

		总产值	总人数
总产值	Pearson 相关性	1	0.962**
	显著性(双侧)		0
	N	14	14

续　表

		总产值	总人数
总人数	Pearson 相关性	0.962**	1
	显著性(双侧)	0	
	N	14	14

**. 在 0.01 水平(双侧)上显著相关。

知识链接 2-4

相 关 系 数

(1) 相关系数的含义及种类。

散点图只能看出两个变量之间的关系形态,但关系强弱程度如何,需要计算相关系数。相关系数(correlation coefficient)是对变量间相关关系强度的测量。不同类型的变量应用不同的相关系数测量,如定性变量间、定量变量间。常用的相关系数有 Pearson 线性相关系数、Spearman 秩相关系数和 Kendall τ 相关系数,以 Pearson 线性相关系数应用较多。各种相关系数的应用情形如表 2-9 所示。

表 2-9　相关系数及其应用情形

相 关 系 数	适用变量类型	应用情形举例
Pearson 线性相关系数	定距变量间	例如,总产值与总人数之间
Spearman 秩相关系数	定序变量间	例如,学历与员工满意度等级
Kendall τ 相关系数	定序变量间	例如,学历与员工满意度等级

(2) Pearson 线性相关系数的计算公式。

Pearson 线性相关系数用 r 表示,其计算公式为:

$$r = \frac{\sum(x-\bar{x})(y-\bar{y})}{\sqrt{\dfrac{\sum(x-\bar{x})^2}{n}\dfrac{\sum(y-\bar{y})^2}{n}}}$$

(3) Pearson 线性相关系数的取值及判断标准。

r 的取值范围为 $-1 \leqslant r \leqslant 1$,$r$ 的绝对值越接近 1,表明相关关系越密切,越接近 0,表明相关关系不密切。$r=0$,说明无直线相关关系;$r=1$,说明完全正相关;$r=-1$,说明完全负相关。r 的取值范围及线性关系强弱判断如表 2-10 所示。

表 2-10　相关系数取值及程度判断标准

相关系数取值范围	相关关系程度判断
0.8—1.0	极强相关或完全正相关
0.6—0.8	强相关
0.4—0.6	中等程度相关
0.2—0.4	弱相关
0—0.2	极弱相关或无相关

2.2.2　建立回归模型进行预测

建立模型进行回归分析的工作流程包括：❶ 建立一元线性回归模型→❷ 利用软件进行回归分析→❸ 检验回归模型→❹ 利用回归模型预测。

拓展材料 3

回归分析的来源

"回归"是由英国著名生物学家兼统计学家高尔顿(Francis Galton,生物学家达尔文的表弟)在研究人类遗传问题时提出来的。1855 年,高尔顿发表《遗传的身高向平均数方向的回归》一文,为了研究父代与子代身高的关系,他和他的学生卡尔·皮尔逊(Karl Pearson)通过观察 1 078 对父子的身高数据,取他们的一个成年儿子的身高作为因变量,分析儿子身高与父母身高之间的关系,发现通过父亲的身高可以预测子女的身高,两者近乎一条直线。当父亲越高或越矮时,子女的身高会比一般儿童高或矮,他将儿子与父亲身高的这种现象拟合出一种线形关系,分析出儿子的身高(y)与父亲的身高(x)大致可归结为以下关系：$y = 33.73 + 0.516x$(单位为英寸)。也就是说,总的趋势是父亲的身高增加时,儿子的身高也倾向于增加,父亲身高每增加一个单位时,其成年儿子的身高平均增加 0.516 个单位。

高尔顿对试验数据进行了深入分析,发现了一个很有趣的现象：回归效应。当父亲高于平均身高时,他们的儿子身高比他更高的概率要小于比他更矮的概率；父亲矮于平均身高时,他们的儿子身高比他更矮的概率要小于比他更高的概率。它反映了一个规律,即这两种身高父亲的儿子的身高,有向他们父辈平均身高回归的趋势,这就是所谓的回归效应。

(1) 建立一元线性回归模型。

两个变量相关不一定存在因果关系,但建立回归模型需要在相关关系的基础上明确因果关系。回归分析用于分析一个变量是如何随其他变量的变化而变化的,一个变量即因变量,如何随其他变量即自变量。因此,在建立一元线性回归模型前,首先要明确因变量(被解释变量)和自变量(解释变量),因变量记为 y,自变量记为 x。对于因变量和自变量的确定需要依据理论知识或经验判断。

例如,在人力资源需求总量预测分析中,总人数根据总产值的增长而需要增加,则总人数为因变量,总产值为自变量。可以建立一元线性回归模型为:$\hat{y}=a+bx$,其中 $\hat{y}$ 为回归估计值,a 和 b 称为回归系数。

知识链接 2-5

一元线性回归模型

(1) 含义及前提。

一元线性回归模型(a linear regression model)用来进行两个变量间回归分析。其前提是:现象间确实存在数量上的依存关系。不仅如此,现象间还应存在线性相关关系。此外,还应具备一定数量的观测值。如果观测值太少,受随机因素影响较大,不易观察出现象间变动的规律性,回归模型意义就不大。

(2) 回归系数的估计。

回归系数(coefficient of regression)的估计是建立回归模型的关键,通常根据一定的统计拟合准则来估计回归系数 a 和 b。最常用的统计拟合准则是普通最小二乘法,使每个样本点与回归线上的对应点在垂直方向的偏差距离的总和最小,即使 $\sum(y-a-bx)^2$ 最小,可通过求极值原理,分别对 x 和 y 求导数进而求得 a 和 b,读者可自行推导。下面给出 a 和 b 的计算公式。

$$b=\frac{\sum(x-\bar{x})(y-\bar{y})}{\sum(x-\bar{x})^2}=\frac{n\sum xy-\sum x\sum y}{n\sum x^2-(\sum x)^2}$$

$$a=\bar{y}-b\bar{x}$$

(2) 利用软件进行回归分析。

① Excel 软件操作方法。

❶【数据】→【数据分析】→【回归】。

选择数据选项卡的数据分析选项,然后选择回归,在弹出的回归对话框中分别设置 y 值和 x 值的输入区域,如图 2-8 所示。若想输出残差选项,如残差值(即 $y-\hat{y}$)、残差图等,则可选择相应选项。

❷ 输出结果。

选择默认输出选项为新工作表组,单击【确定】后输出结果如图 2-9 所示,输出结果包括三部分内容:相关系数、方差分析及回归系数估计。可见,回归系数 a 即常数项为 7 049.503,b 为 0.014,则回归模型为:$y=7\,049.503+0.014x$。

② SPSS 软件操作方法。

❶【分析】→【回归】→【线性】。

选择分析菜单下的回归分析,然后从中选择线性回归分析,在弹出的对话框中将总产值选入自变量,总人数选入因变量,如图 2-10 所示。其他统计量、绘制、保存和选项按钮可根

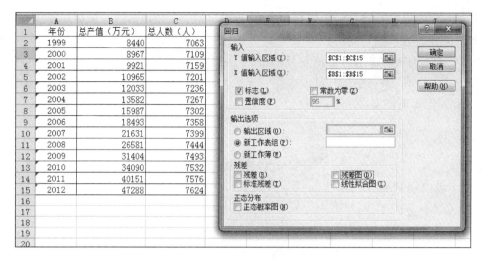

	年份	总产值（万元）	总人数（人）
2	1999	8440	7063
3	2000	8967	7109
4	2001	9921	7159
5	2002	10965	7201
6	2003	12033	7236
7	2004	13582	7267
8	2005	15987	7302
9	2006	18493	7358
10	2007	21631	7399
11	2008	26581	7444
12	2009	31404	7493
13	2010	34090	7532
14	2011	40151	7576
15	2012	47288	7624

图 2-8 回归对话框设置

SUMMARY OUTPUT

回归统计	
Multiple R	0.961864194
R Square	0.925182727
Adjusted R Square	0.918947955
标准误差	50.62145021
观测值	14

方差分析

	df	SS	MS	F	Significance F
回归分析	1	380256	380256	148.3908	4.09007E-08
残差	12	30750.37	2562.531		
总计	13	411006.4			

	Coefficients	标准误差	t Stat	P-value	Lower 95%	Upper 95%	下限 95.0%	上限 95.0%
Intercept	7049.5029	27.43299	256.9718	8.12E-24	6989.731559	7109.274	6989.732	7109.274
总产值（万元）	0.013587683	0.001115	12.18158	4.09E-08	0.011157372	0.016018	0.011157	0.016018

图 2-9 回归分析 Excel 软件输出结果

	年份	总产值	总人数
1	1999	8440	7063
2	2000	8967	7109
3	2001	9921	7159
4	2002	10965	7201
5	2003	12033	7236
6	2004	13582	7267
7	2005	15987	7302
8	2006	18493	7358
9	2007	21631	7399
10	2008	26581	7444
11	2009	31404	7493
12	2010	34090	7532
13	2011	40151	7576
14	2012	47288	7624

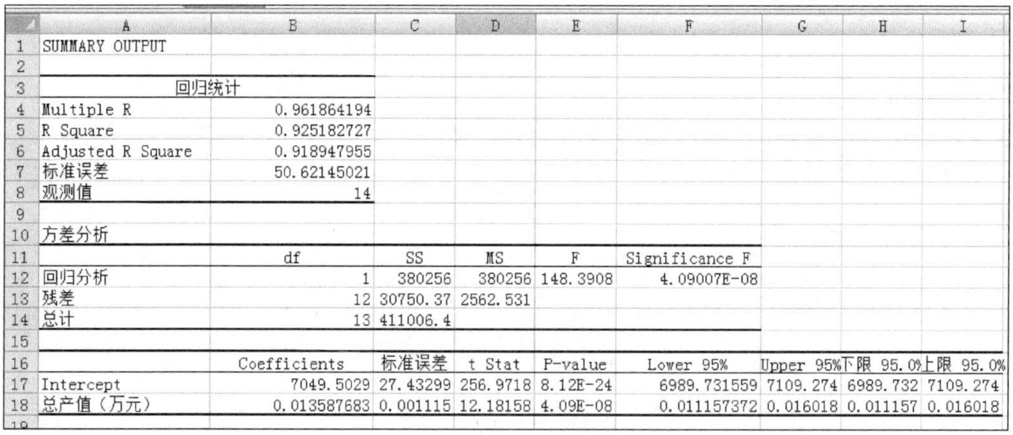

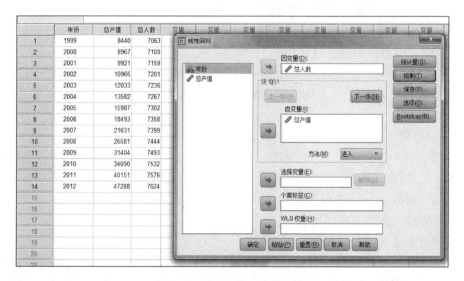

图 2-10 线性回归对话框设置

据需要进行设置。在此,单击绘制按钮选择输出标准化残差图——直方图和正态概率图,其他按系统默认输出。

❷ 输出结果。

输出结果如表2-11至表2-14、图2-11至图2-12所示,回归系数a为7 049.503,b为0.014。

表2-11 模 型 汇 总

模 型	R	R方	调整R方	标准 估计的误差
1	0.962[a]	0.925	0.919	50.621

a. 预测变量:(常量),总产值。
b. 因变量:总人数。

表2-12 ANOVA

模 型		平方和	df	均方	F	Sig.
1	回 归	380 255.982	1	380 255.982	148.391	0[a]
	残 差	30 750.375	12	2 562.531		
	总 计	411 006.357	13			

a. 预测变量:(常量),总产值。
b. 因变量:总人数。

表2-13 回 归 系 数

模 型		非标准化系数		标准系数	t	Sig.
		B	标准偏差	试用版		
1	(常量)	7 049.503	27.433		256.972	0
	总产值	0.014	0.001	0.962	12.182	0

a. 因变量:总人数。

表2-14 残 差 统 计 量

	极小值	极大值	均 值	标准偏差	N
预测值	7 164.18	7 692.04	7 340.21	171.028	14
残差	−101.183	57.220	0	48.636	14
标准 预测值	−1.029	2.057	0	1.000	14
标准 残差	−1.999	1.130	0	0.961	14

a. 因变量:总人数。

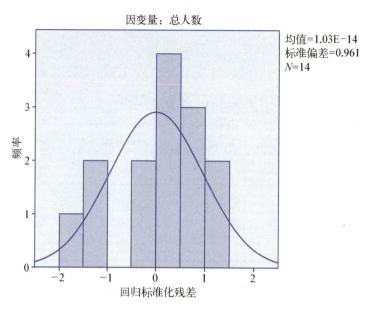

图 2-11 残差直方图

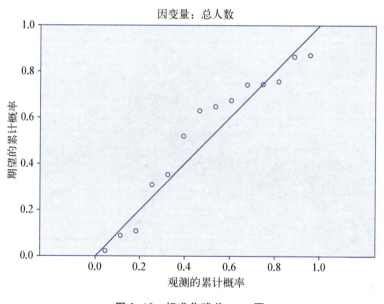

图 2-12 标准化残差 p-p 图

(3) 检验回归模型。

通过数据建立的回归方程一般不能立即用于对实际问题的分析和预测,通常需要进行各种统计检验(主要包括回归模型的拟合优度检验、回归方程的显著性检验、回归系数的显著性检验和残差分析等)。在此,以 SPSS 软件输出结果为例介绍如何检验回归模型。

① 回归模型的拟合优度检验。

被解释变量总会受到多方面因素的影响,除了解释变量外,其他因素称为随机因素,称为随机变量(记为 ε)。而拟合优度又称决定系数或判定系数,用于说明被解释变量(y)可以被回归模型解释的部分多少,用 R^2 表示,是相关系数的平方,取值在 0 到 1 之间。R^2 越接近 1,说明被解释变量被回归模型解释的部分越多,被随机因素解释的部分越少,即拟合优度高;R^2 越接近 0,说明被解释变量被回归模型解释的部分越少,被随机因素解释的部分越多,即拟合优度低。如表 2-11 所示,$R^2=0.925$,说明拟合优度较高。

② 回归模型的显著性检验。

回归模型的显著性检验是检验被解释变量和解释变量之间的线性关系是否显著。通过方差分析(ANOVA)进行检验,若 F 值对应的概率 p 值小于 0.05,则说明回归模型的线性关系显著。表 2-12 中,$p=0.000<0.05$,说明被解释变量和解释变量间的线性关系显著,可以建立线性模型。

③ 回归系数的显著性检验。

回归系数的显著性检验目的是研究回归模型中的解释变量和被解释变量之间是否存在显著的线性关系,通过 t 统计量进行检验。若 t 统计量对应的概率 p 值 <0.05,则说明回归系数显著。表 2-15 中,回归系数 a 和 b 的概率 p 值均小于 0.05,说明回归系数与 0 有显著差异,线性关系显著。

④ 残差分析。

通常还需要对残差进行正态性和方差齐性的检验,来验证假设条件判断回归模型的合理性。对残差是否服从正态分布可以通过 p-p 图检验,若 p-p 图中的数据点与理论直线基本重合,则说明服从正态分布。由图 2-12 标准化残差 p-p 图中标准化残差的 p-p 图可见,数据点基本在理论直线附近,可以判断近似服从正态分布。对于方差齐性的检验是分析是否存在异方差,可以通过绘制残差图(纵坐标为被解释变量,横坐标为标准化残差)和 Spearman 等级相关系数(残差绝对值和解释变量)进行分析,用残差图判断时通常若残差值落在两个标准差范围内则认为不存在异方差,但具有很强的主观性。为了客观验证是否存在异方差,通过计算残差绝对值和解释变量之间的等级相关系数,如表 2-15 所示。可见,概率 p 值 $=0.464>0.05$,说明在显著性水平 0.05 的前提下,认为模型的随机误差不存在异方差现象。

表 2-15 残差绝对值与解释变量 x 等级相关系数

			RES_1 Unstandardized Residual	总产值
Spearman 的 rho	$\lvert \varepsilon \rvert$	相关系数	1.000	−0.213
		Sig.(双侧)	0	0.464
		N	14	14
	总产值	相关系数	−0.213	1.000
		Sig.(双侧)	0.464	0
		N	14	14

通过对模型的显著性检验,认为所建立的模型是合理的,可以用模型进行预测分析。

(4) 利用回归模型预测。

若公司计划明年总产值达到 50 000 万元,则根据回归模型:$y=7\,049.503+0.014x$ 进行计算,$y=7\,049.503+50\,000\times 0.014=7\,750$(人),说明需要 7 750 人,比目前的总人数要增加 126 人的人力资源需求量。

任务 2.3　员工流动情况分析

 工作情境

小新如期完成了对员工总人数变化的动态分析(包括编制时间序列表、绘制时间序列图、计算指标、撰写结论),感觉小菜一碟,于是着手对员工的流动情况进行分析。但他心里对离职情况分析感觉还是一头雾水,至少应该有个离职率吧,其他还能分析什么呢?带着种种问题,他又开始查阅资料,快速给自己充电。

 工作任务

8 月 28 日前完成上半年员工流动情况分析,重点分析员工离职情况。

 工作流程

小新经过一番资料查阅,慢慢厘清了员工流动情况分析的步骤:❶ 搜集员工流动情况数据→❷ 计算员工流动情况指标→❸ 重点分析员工流失情况。

员工流动是企业发展过程中必然的新陈代谢现象,合理的员工流动有利于提高员工的满意度,有利于提高员工的能力,保持组织的活力和健康发展。为了更好地控制和管理员工的流动,需要对员工的流动情况进行动态分析,分析员工流失的原因,不断完善组织的人力资源管理。

员工的流动包括员工的流入和流出。流入人数通常称为录用人数,流出人数通常称为离职人数或流失人数。对员工流动数据的统计以月报为基础,主要包括期初人数、录用人数、离职人数、期末人数、累计在册人数、流入率、流出率(离职率、流失率)等指标。

2.3.1　搜集整理员工流动数据

员工的入职、离职需要一定的流程,在完成相应流程后便可对员工的流入流出情况进行报表统计。小新翻阅了上半年的月报数据,整理了员工流动情况统计表,如表 2-16 所示。

表 2-16 公司上半年员工流动情况统计

指标	1月	2月	3月	4月	5月	6月	合计
期初人数	105	114	112	110	115	115	—
录用人数	11	1	3	5	0	3	23
离职人数	2	3	5	0	0	2	12
期末人数	114	112	110	115	115	116	—

注：期末人数＝期初人数＋录用人数－离职人数。

2.3.2 计算员工流动情况指标

衡量员工流动的统计指标主要有员工流入率和员工流出率。计算方法是某一时期员工流入人数（流出人数）占同期员工人数的比例。传统的计算方法采用员工平均人数代表员工人数，员工平均人数对于人数相对稳定、变动不大的企业来说，通常按传统的计算公式，即月平均人数（期初人数＋期末人数）/2 来进行计算，如表 2-17 所示。但这种方法在录用人数或离职人数较多情况下，可能会出现流入率或流出率大于 100% 的现象，如表 2-18 所示，1月份的流出率按传统算法为 102.9%，数据难免偏颇。在此种情况下，可采用修正的计算公式，即用累计在册人数代表员工人数以修正传统的计算方法，此种算法是在同一员工总体中离职人数所占的比重，较为合理。需要注意的是，在计算季度、半年或年流动率时，应按照公式进行计算，而非各月流动率的平均，否则会造成数据失真。由表 2-18 可见，在录用人数和离职人数较少的情况下，两种计算方法的结果相差不大，而在录用人数和离职人数较多的情况下，计算结果差别较大。

(1) 传统的计算公式。

$$员工流入率 = \frac{报告期员工流入人数}{\dfrac{报告期初员工人数 + 报告期末员工人数}{2}}$$

$$员工流出率 = \frac{报告期员工流出人数}{\dfrac{报告期初员工人数 + 报告期末员工人数}{2}}$$

(2) 修正的计算公式。

$$员工流入率 = \frac{报告期员工流入人数}{累计在册员工人数}$$

$$员工流出率 = \frac{报告期员工流出人数}{累计在册员工人数}$$

表2-17　公司员工流入率、流出率计算(传统计算公式)

指标	1月	2月	3月	4月	5月	6月
期初人数	105	114	112	110	115	115
录用人数	11	1	3	5	0	3
离职人数	2	3	5	0	0	2
期末人数	114	112	110	115	115	116
月平均人数	110	113	111	113	115	116
累计在册人数	116	115	115	115	115	118
按传统方法计算的流入率(%)	10.0	0.9	2.7	4.4	0.0	2.6
按传统方法计算的流出率(%)	1.8	2.7	4.5	0.0	0.0	1.7

注：① 累计在册人数＝期初人数＋录用人数＝离职人数＋期末人数；② 月平均人数＝(期初人数＋期末人数)/2。

表2-18　公司员工流入率、流出率计算(传统与修正计算公式对比)

指标	1月	2月	3月	4月	5月	6月
期初人数	50	18	23	24	27	24
录用人数	3	10	2	5	0	3
离职人数	35	5	1	2	3	1
期末人数	18	23	24	27	24	26
月平均人数	34	20.5	23.5	25.5	25.5	25
累计在册人数	53	28	25	29	27	27
按传统方法计算的流入率(%)	8.8	48.8	8.5	19.6	0.0	12.0
按修正方法计算的流入率(%)	5.7	35.7	8.0	17.2	0.0	11.1
按传统方法计算的流出率(%)	102.9	24.4	4.3	7.8	11.8	4.0
按修正方法计算的流出率(%)	66.0	17.9	4.0	6.9	11.1	3.7

注：① 累计在册人数＝期初人数＋录用人数＝离职人数＋期末人数；② 月平均人数＝(期初人数＋期末人数)/2。

2.3.3　重点分析员工流失情况

员工流失，尤其是关键员工的主动流失会增加企业的成本，降低生产效率，影响组织绩效，因此，员工流失率一直是企业关注的一个重要指标。在对员工流动分析时应进行重点分析，可通过专项的员工流失调查、开展离职访谈来获取有关数据分析问题及原因，以提出改进的对策。

在计算员工总体的流失率后,只能从总体上反映流失的规模和基本情况,还可以针对某一群体细化流失率的计算,如关键岗位的流失率等,但并不能深入反映流失的深层次原因。具体来说,可进行如下分析。

(1) 员工流失分组分析。

具体来说,可以根据员工的类别进一步细化分析,如部门、性别、年龄、年资、学历、职级、用工类型、在职时间等进行分组分析。如表 2-19 为某公司离职员工学历分组情况分析。

表 2-19 离职员工学历结构分析

学 历	离职人数(人)	占离职总人数比例(%)	同等学力平均人数(人)	占同等学力平均人数比例(%)
研究生	6	14	89	6.7
本 科	35	81	477	7.3
大 专	2	5	93	2.2
合 计	43	100	659	16.2

(2) 员工流失时间分析。

员工流失时间分析是分析流失率在时间上的动态变化,以掌握员工流失时间的规律。对于员工流失的趋势发展,可以结合移动平均法、线性回归法、多项式回归法、指数回归法等多种统计预测方法进行分析,以对员工流失予以防范,制订人力招募计划,预防集中离职造成的人员短缺。

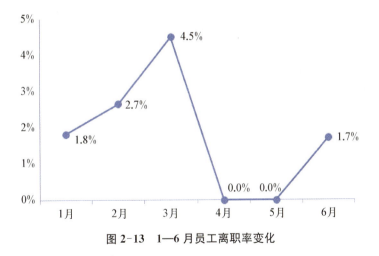

图 2-13 1—6 月员工离职率变化

(3) 员工流失原因分析。

员工流出从原因上划分包括主动流出和被动流出,两者对组织的意义不一样,企业一般更为关心员工主动流失。前者指员工个人选择性的主动离职行为,它包括两种情况:一是由于组织对员工的吸引力下降而导致的员工主动离职,如薪酬福利、职业发展空间、学习培训、办公环境、管理制度、工作压力等;二是因为员工健康和家庭等个人因素导致的员工主动离职,如员工遭公司解雇、退休、遣散或死亡等。

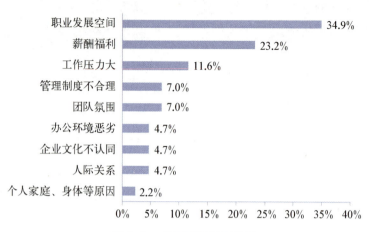

图 2-14 员工离职原因分析

小　　结

项目 2　工作流程总览

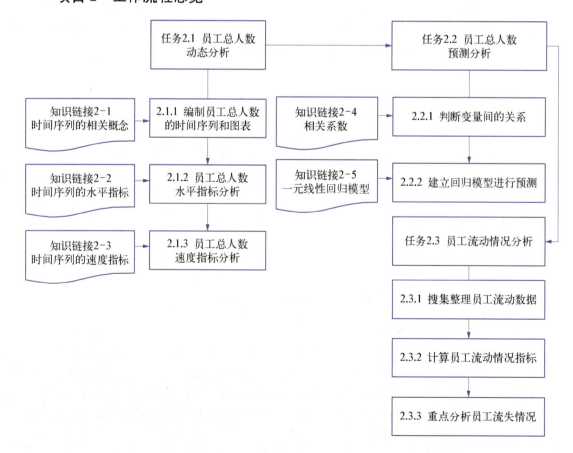

项目 2 理论知识导图

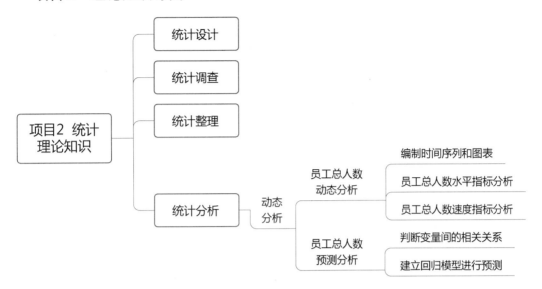

理论知识测试题目

一、判断题

1. 发展水平只能用总量指标来表示。 （　　）
2. 平均增长速度等于平均发展速度减 1。 （　　）
3. 若将某地区近 20 年的从业人员数按时间先后顺序排列，便属于时期序列。 （　　）
4. 平均增长速度可以根据各个环比增长速度直接求得。 （　　）
5. 时点数列中各个时点的指标值可以相加。 （　　）
6. 定基发展速度等于相应时期内各个环比发展速度的连乘积。 （　　）
7. 间隔相等的间断时点数列序时平均数的计算采用"首尾折半法"。 （　　）
8. 时期数列中每个指标值的大小和它所对应时期的长短有直接关系。 （　　）
9. 对时间数列进行动态分析的基础是发展速度。 （　　）
10. 某公司近五年离职人数按时间先后顺序排列，属于时点序列。 （　　）

二、单选题

1. 以 2000 年为基期，2020 年为报告期，若求平均发展速度须开方计算，则应开（　　）次方。
   A. 9　　　　　　B. 10　　　　　　C. 11　　　　　　D. 12

2. 某企业的职工人数比上年增加 3%，职工平均工资提高 5%，则该企业职工工资总额比上年增长（　　）。
   A. 7.2%　　　　B. 8.2%　　　　C. 9.2%　　　　D. 10.2%

3. 假定某单位平均工资比十年前增加了 225%，则平均工资十年间的平均发展速度为（　　）。

A. 225%开十次方 B. 225%开九次方
C. 325%开十次方 D. 325%开九次方

4. 下列数列中,属于时点数列的是( )。
   A. 平均工资　　B. 员工人数　　C. 工资总额　　D. 总产值

5. 环比发展速度与定基发展速度之间的关系是( )。
   A. 环比发展速度等于定基发展速度减1
   B. 定基发展速度等于环比发展速度之和
   C. 环比发展速度的连乘积等于定基发展速度
   D. 环比发展速度等于定基发展速度的平方根

6. 时间序列中,每个指标值可以相加的是( )。
   A. 相对数时间序列 B. 平均数时间序列
   C. 时期序列 D. 时点序列

7. 累计增长量等于( )。
   A. 报告期水平与基期水平之差 B. 报告期水平与前一期水平之差
   C. 报告期水平与某一固定基期水平之差 D. 逐期增长量之差

8. 时间数列中的平均发展速度是( )。
   A. 各时期环比发展速度的调和平均数 B. 各时期环比发展速度的算术平均数
   C. 各时期定基发展速度的调和平均数 D. 各时期环比发展速度的几何平均数

9. 增长1%的绝对值是( )。
   A. 增长量与增长速度之比 B. 逐期增长量与定基增长速度之比
   C. 增长量与发展速度之比 D. 前期水平除以100

10. 最基本的时间数列是( )。
    A. 绝对数时间数列 B. 相对数时间数列
    C. 平均数时间数列 D. 时点数列

三、多选题

1. 时期数列的特点有( )。
   A. 指标数值具有可加性 B. 指标数值不能直接相加
   C. 指标数值通过连续登记加总取得 D. 指标数值只能间断计量
   E. 指标数值的大小与时间长短有直接关系

2. 下列数列中,属于时点数列的有( )。
   A. 年末员工人数 B. 某公司某年招聘人数
   C. 电脑库存量 D. 历年产值
   E. 银行存款余额

3. 编制时间数列应遵循的原则有( )。
   A. 时期长短或时间间隔力求一致
   B. 总体范围应该一致
   C. 指标的内涵应该一致
   D. 指标的计算方法、计算价格、计量单位应该一致
   E. 指标数值的变化幅度应该一致

4. 时间数列按统计指标的表现形式不同可分为(　　)。
   A. 时期数列　　　　　　　　　　　　B. 时点数列
   C. 绝对数时间数列　　　　　　　　　D. 相对数时间数列
   E. 平均数时间数列
5. 时间数列的速度指标具体包括(　　)。
   A. 发展速度　　　B. 平均发展速度　　　C. 增长速度　　　D. 增长量
   E. 平均增长速度

四、名词解释

1. 时间序列
2. 发展水平
3. 平均发展水平
4. 相关系数

五、简答题

1. 简述时期序列和时点序列的不同之处。
2. 简述时间序列的编制原则。
3. 简述相关系数的种类及应用情形。
4. 简述一元线性回归模型的含义。

实践项目综合训练

项目名称：对近十年北京市和上海市职工年平均工资进行动态对比分析，撰写分析结论。

内容要求：

1. 个人独立完成；
2. 绘制时间序列和图表；
3. 计算动态分析的水平和速度指标，并进行对比分析；
4. 绘制散点图，计算相关系数，建立回归模型，预测北京市和上海市未来五年的平均工资。

参考资料：动态分析结论写法参考。

1. 分析当前数据，分析比上年增长情况，增长量和增长率；
2. 分析历年发展情况、趋势；
3. 分析历年累计增长量、平均增长量、最多、最少；
4. 分析历年定基增长速度、平均增长速度、最快、最慢；
5. 未来预测分析。

项目 3

从业人员和工资总额报表填报

 工作情境

  小新入职近两个月来，一直马不停蹄地干完一个接一个的任务，虽然上班比起在学校累多了，但感觉忙碌而充实。郑主管对小新也感觉比较满意，虽然写作功底稍逊点、专业知识待加强，但 Excel 软件操作熟练、数据分析能力也还不错，同时勤奋好学，富有责任心，做事也比较细心、耐心。

  9月2日，郑主管将小新和张云同时叫到办公室，小新不解，不知道又有啥新任务。张云比小新早来公司三年，于是小新亲切地称呼她为张姐。郑主管关心地问："张云，孩子快生了吧？预产期是啥时候？"张云："10月初。"郑主管："明年统计局让报的104年报你和小新交接一下，让他来做，新人多教教他。"张云："好的，主管。"郑主管："小新，你多向张姐学习啊，年报今年你就负责报送了。对了，现在要求报送统计报表的人要有统计证吧，统计局要查，有空去考一个吧，公司给报销。张云，你去年考过吧？有问题多咨询下张姐。"张云："主管，是去年考的。不过现在考统计证是免费的呢。"郑主管："这么好，那就抓紧考一个吧。"小新心中窃喜："主管，我在学校的时候已经考过了呢。以后抓紧时间多向张姐请教学习。张姐，别怕我问题多啊！"

  出了主管办公室，小新感觉松了一口气，还好不是急活，抓紧把安排写到待做清单里，放到"重要而不紧急"里。张姐是位热心肠，回到座位屁股还没坐热，就给小新一份工资报表制度的资料，"小新，你先熟悉一下工资统计制度，关键是要理解指标的含义和计算口径，这个最复杂。至于最后填报其实比较简单，直接网报填写就可以了。有什么问题尽管问我"。小新："多谢张姐，我得抓紧这一个多月问你呢，可别嫌我烦啊。"

学习目标

知识目标

① 了解统计报表的定义、特点、资料来源及统计报表制度，掌握统计报表的种类；

② 了解劳动工资统计报表制度，理解并掌握从业人员及工资总额报表的指标，重点理解工资总额指标的含义及计算口径。

能力目标

① 能根据从业人员及总额报表的指标解释和填报要求，准确计算指标并进行网络填报年报；
② 能及时发现填报中出现的问题，并能找到原因进行修改。

素质目标

① 培养劳动创造财富的理念，引导学生树立正确的金钱观、价值观和劳动观；
② 通过平均工资的历史发展数据，培养学生的历史观，厚植学生爱国情怀和民族自豪感；
③ 培养团队协作能力，以实践任务为核心，互相启发，提高思辨能力；
④ 掌握平均工资的内涵和统计口径，能正确解读平均工资数据。

 工作流程

从业人员和工资总额报表填制的流程：❶ 熟悉从业人员及工资总额报表制度→❷ 掌握从业人员和工资总额指标解释和计算口径→❸ 填报从业人员和工资总额报表。

为了及时准确地搜集、整理全社会有关劳动力资源配置，从业人员人数及劳动报酬等方面的资料，为国家和各级政府制定有关劳动政策，进行宏观决策和调控提供依据，为国民经济核算提供可靠依据，国家统计局制定了相应的《劳动工资统计报表制度》，包括《非私营单位劳动工资统计报表制度》和《私营单位劳动工资统计报表制度》。《非私营单位劳动工资统计报表制度》由国家、省、市、县各级统计局组织实施。统计报表由市、县统计局布置到本区域的各类法人单位或组织机构，各单位填报后在规定时间内上报至当地统计局，经逐级审核、汇总，上报国家统计局。经国家统计局审核、汇总后按有关规定予以公布。调查对象包括城镇地区全部非私营法人单位，具体包括国有单位、城镇集体单位，以及联营经济、股份制经济、外商投资经济、港澳台投资经济等单位。

任务 3.1　熟悉从业人员及工资总额报表制度

 工作情境

小新粗略地翻阅了下张姐给的《劳动工资统计报表制度》,有总说明、报表目录、调查表式和附录指标解释四个部分,心想如何才能全面地熟悉整个报表制度呢?先要从宏观上认识劳动工资统计报表制度,然后要知道我们公司该填制报表的庐山真面目,再就是北京市统计局的具体要求吧。小新立即用笔在纸上画出自己的想法,思路逐渐清晰起来。

 工作任务

小新将熟悉从业人员及工资总额报表制度定为1个星期,即9月8日前完成。

 工作流程

熟悉从业人员及工资总额报表制度的流程包括:❶ 了解劳动工资统计报表制度→❷ 初识从业人员和工资总额报表→❸ 明确从业人员和工资总额报表要求。

知识链接 3-1

统计调查方式——统计报表

统计报表是统计调查中经常采用的组织方式,尤其在政府统计工作中。

(1) **定义**。

依照国家有关法律规定,自上而下地统一布置,以一定的原始记录为依据,按照统一表式,统一的指标项目,统一的报送时间和报送程序,自下而上地逐级定期提供统计资料的一种调查方式。

(2) **特点**。

① 基层单位可以根据报表要求,建立健全原始记录。

② 统计报表逐级上报、汇总,以便各级领导部门了解本地区、部门的发展情况。

③ 统计报表属于经常性调查,内容相对稳定,有利于搜集和积累资料,以便进行历史对比,研究发展变化的规律。

但是,统计报表也有其局限性,如在报送过程中统计数据的准确性受到人为干扰等,还应结合其他方法结合运用。

(3) **种类**。

① 按调查范围不同,分为全面统计报表和非全面统计报表。

全面统计报表要求调查对象的全部单位填报;非全面统计报表只需要调查对象中的部分单位填报。

② 按报送周期不同,分为定报和年报。

定报如日报、旬报、月报、季报、半年报,在劳动工资统计报表制度中,定报是指季报。

③ 按报送方式不同,分为手工报表、邮寄报表和电讯报表。

电讯报表分为电报、电话、电传和网络报送等方式。

④ 按填报单位不同,分为基层报表和综合报表。

基层报表主要由基层企业、事业单位填报;综合报表由主管部门根据基层报表汇总填报。

⑤ 按实施范围不同,分为国家统计报表、部门统计报表和地方统计报表。

⑥ 按性质和内容不同,分为基本统计报表和专业统计报表。

基本统计报表由国家统计部门制发,在全国范围内执行;专业统计报表由业务主管部门制发,搜集本部门系统内的统计资料。

(4) 资料来源。

统计报表资料来源于基层单位的原始记录、统计台账和企事业单位的内部报表。

(5) 统计报表制度。

统计报表按国家统计法制定、实施和管理的一整套办法,称为统计报表制度。例如劳动工资统计报表制度,包括总说明(如法律依据、填报义务、统计内容、统计对象、统计范围、统计原则、具体要求)、报表目录、调查表示(定报和年报)、指标解释及统计标准。

3.1.1 了解劳动工资统计报表制度

(1) 意义。

劳动工资统计无论对国家、企业还是个人都具有重要的意义。

① 劳动工资统计的根本目的是反映劳动力用工成本核算,进行市场竞争力比较。

工资作为劳动力的价格,是最重要的劳动力市场指标之一。国家或企业进行投资活动,都需要参照本地区、本行业的平均劳动力价格进行劳动力成本核算。

② 劳动工资统计是反映收入分配的重要指标,是国民经济核算的依据。

劳动工资统计数据反映国民收入初次分配的基本情况和变化,也是二次分配的依据。国家在进行 GDP 核算时,非物质生产部门的增加值核算主要以劳动工资统计数据作为核算的依据。

③ 劳动工资统计是社会保障制度和赔偿制度的法律依据。

职工平均工资是社会保险征缴标准,计算退休人员基本养老金、制定最低工资标准以及确定人身损害司法赔偿等的重要依据,关系个人和用人单位的切身利益。

(2) 报表类别。

从业人员及工资总额报表包括月报(统计台账)、定报(季报、202 报表)、年报(102 报表)。其中,统计台账要求每个单位建立,但无须上报;定报和年报根据要求上报,具体要求见统计范围。

(3) 统计内容。

统计内容主要包括从业人员、从业人员工资总额及从业人员平均工资等情况。

(4) 统计对象。

统计对象为国民经济各行业法人单位及其所属的产业活动单位,具体包括《国民经济行业分类》(GB/T4754—2017)中除国际组织外的所有行业门类。

例如,子公司作为法人单位需要独立报送,而分公司等产业活动单位(包括外地单位)由总公司统一报送。

> 【思考】北京某保险股份有限公司为法人单位,总部在北京,在天津、成都、北京分别有1个分公司,北京分公司有所属的5个营销服务部。请问该保险公司如何进行报表报送?

(5) 统计范围。

表3-1 统计范围

法人单位	表 号	统计范围	调查方法	报送方式
一套表法人单位	年报102-1 季报202-1	辖区内规模以上工业、有资质的建筑业、限额以上批发和零售业、限额以上住宿和餐饮业、有开发经营活动的全部房地产开发经营业、规模以上服务业法人单位	全面调查	联网直报
非一套表法人单位	年报102-2 季报202-2	辖区内除规模以上工业、有资质的建筑业、限额以上批发和零售业、限额以上住宿和餐饮业、有开发经营活动的全部房地产开发经营业、规模以上服务业法人单位以外的抽中样本法人单位	抽样调查	联网直报、代报

拓展材料1

一 套 表

一套表是指按照统一设计、统一标准、统一调查单位、统一布置的原则,将对企业分散实施的各项调查整合统一到一起,统一布置报表,统一采集原生性指标数据,统一不同专业报表中相同指标的含义、计算方法、分类标准和统计编码,以建立既能有效满足各级党委政府、企事业单位和社会公众统计需求,又能满足专业统计和国民经济核算需要,便于企业填报、减轻企业负担的统一规范的企业一套表制度。

统计范围:规模以上工业、有资质的建筑业、限额以上批发和零售业、限额以上住宿和餐饮业及有开发经营活动的全部房地产开发经营业等国民经济行业法人单位及所属的产业活动单位,规模以上服务业法人单位,其他有5000万元以上在建项目的法人单位,以及工业生产者价格统计调查样本法人单位。

拓展材料 2

统计上各行业规模（限额）标准

规模以上工业、有资质的建筑业、限额以上批发和零售业、限额以上住宿和餐饮业、有开发经营活动的全部房地产开发经营业、规模以上服务业和其他有 5 000 万元及以上在建项目的法人单位，又简称"四上"单位。

规模以上工业：

年主营业务收入 2 000 万元及以上的工业法人单位。

有资质的建筑业：

有总承包和专业承包资质的建筑业法人单位。

限额以上批发和零售业：

年主营业务收入 2 000 万元及以上的批发业、年主营业务收入 500 万元及以上的零售业法人单位。

限额以上住宿和餐饮业：

年主营业务收入 200 万元及以上的住宿和餐饮业法人单位。

房地产开发经营业：

有开发经营活动的全部房地产开发经营业法人单位。

规模以上服务业：

年营业收入 2 000 万元及以上服务业法人单位，包括：交通运输、仓储和邮政业，信息传输、软件和信息技术服务业，水利、环境和公共设施管理业三个门类和卫生行业大类；

年营业收入 1 000 万元及以上服务业法人单位，包括：租赁和商务服务业，科学研究和技术服务业，教育三个门类，以及物业管理、房地产中介服务、房地产租赁经营和其他房地产业四个行业小类；

年营业收入 500 万元及以上服务业法人单位，包括：居民服务、修理和其他服务业，文化、体育和娱乐业两个门类，以及社会工作行业大类。

其他有 5 000 万元及以上在建项目的法人单位：

未纳入规模以上工业、有资质的建筑业、限额以上批发和零售业、限额以上住宿和餐饮业、房地产开发经营业、规模以上服务业，且在报告期内有计划总投资 5 000 万元及以上在建投资项目的法人单位。

（6）统计原则。

报表制度以谁发工资谁统计（劳务派遣人员除外）为基本原则，实际理解时掌握谁负担工资谁统计的原则，即在法人单位直接领取工资生活费的人员都应由发放单位统计，劳务派遣人员按照"谁用工谁统计"的原则统计。北京市法人单位在京外地区兴办的产业活动单位，应随法人单位在北京市进行统计。工资统计遵循"何时发何时统"的原则，即何时发放的工资应统计到对应的报告期内。例如，补发工资应计入实际发放月的工资总额中；需要注意例外的情况，如提前预发的工资仍统计在应发报告期的工资总额中。

3.1.2 初识从业人员和工资总额报表

(1) 报表表式。

① 月报(统计台账)。

《中华人民共和国统计法》第三章第二十一条规定:"国家机关、企业事业单位和其他组织等统计调查对象,应当按照国家有关规定设置原始记录、统计台账,建立健全统计资料的审核、签署、交接、归档等管理制度。"统计资料的审核、签署人员应当对其审核、签署的统计资料的真实性、准确性和完整性负责,表3-2至表3-7为统计局提供的参考台账。其中,表3-2为按人员类型分期末人数,表3-3为按职业类型分从业人员期末人数,表3-4为按人员类型分平均人数和实习生平均人数,表3-5为按人员类型分工资总额、生活费,表3-6为新增和调入的从业人员,表3-7为减少和调出的从业人员。

表 3-2　按人员类型分期末人数

单位:人

时间	从业人员期末人数	#女性	#工作地在外省市人员	#户口在外省市人员	#工作地在外省市人员	在岗职工	劳务派遣人员	其他从业人员
甲	1	2	3	4	5	6	7	8
1月								
2月								
3月								
4月								
5月								
6月								
7月								
8月								
9月								
10月								
11月								
12月								

注:1 = 6+7+8;1≥2;1≥3;1≥4;4≥5。
资料来源:北京市统计局网站。

表 3-3　按职业类型分从业人员期末人数

单位：人

时间	从业人员期末人数	中层及以上管理人员	专业技术人员	办事人员和有关人员	社会生产服务和生活服务人员	生产制造及有关人员
甲	1	2	3	4	5	6
1月						
2月						
3月						
4月						
5月						
6月						
7月						
8月						
9月						
10月						
11月						
12月						

注：1＝2＋3＋4＋5＋6。
资料来源：北京市统计局网站。

表 3-4　按人员类型分平均人数和实习生平均人数

单位：人

时间	从业人员平均人数	在岗职工	劳务派遣人员	其他从业人员	不在岗职工平均人数
甲	1	2	3	4	5
1月					
2月					
3月					
一季度(本季)					
4月					
5月					

续 表

时间	从业人员平均人数	在岗职工	劳务派遣人员	其他从业人员	不在岗职工平均人数
6月					
二季度(本季)					
二季度(1—本季)					
7月					
8月					
9月					
三季度(本季)					
三季度(1—本季)					
10月					
11月					
12月					
四季度(本季)					
四季度(1—本季)					

注：1＝2＋3＋4。

资料来源：北京市统计局网站。

表3-5 按人员类型分工资总额、生活费

单位：千元

时间		从业人员工资总额	在岗职工工资总额	劳务派遣人员工资总额	其他从业人员工资总额	不在岗职工生活费
甲		1	2	3	4	5
1月	本月					
2月	本月					
	累计					
3月	本月					
	累计					
4月	本月					
	累计					

续 表

时间		从业人员工资总额	在岗职工工资总额	劳务派遣人员工资总额	其他从业人员工资总额	不在岗职工生活费
5月	本月					
	累计					
6月	本月					
	累计					
7月	本月					
	累计					
8月	本月					
	累计					
9月	本月					
	累计					
10月	本月					
	累计					
11月	本月					
	累计					
12月	本月					
	累计					

注：1＝2＋3＋4。

表 3-6　新增和调入的从业人员

单位：人次

	合计	招收的在岗职工	录用的大学、中专、技校毕业生	调入的人员	不在岗职工重新上岗	招收的劳务派遣人员	招收的其他从业人员
甲	1＝2＋6＋7	2	3	4	5	6	7
1月							
2月							
3月							
一季度(本季)							
4月							

续 表

	合计	招收的在岗职工	录用的大学、中专、技校毕业生	调入的人员	不在岗职工重新上岗	招收的劳务派遣人员	招收的其他从业人员
5月							
6月							
二季度(本季)							
二季度(1—本季)							
7月							
8月							
9月							
三季度(本季)							
三季度(1—本季)							
10月							
11月							
12月							
四季度(本季)							
四季度(1—本季)							

表3-7 减少和调出的从业人员

单位：人次

	合计	减少的在岗职工	离休、退休、退职的人员	终止、解除合同的人员	死亡的人员	离开本单位仍保留劳动关系的人员	调出的人员	减少的劳务派遣人员	减少的其他从业人员
甲	1=2+8+9	2	3	4	5	6	7	8	9
1月									
2月									
3月									
一季度(本季)									
4月									
5月									

续 表

	合计	减少的在岗职工	离休、退休、退职的人员	终止、解除合同的人员	死亡的人员	离开本单位仍保留劳动关系的人员	调出的人员	减少的劳务派遣人员	减少的其他从业人员
6月									
二季度(本季)									
二季度(1—本季)									
7月									
8月									
9月									
三季度(本季)									
三季度(1—本季)									
10月									
11月									
12月									
四季度(本季)									
四季度(1—本季)									

② 定报(季报)。

表 3-8 为从业人员及工资总额定报,按季度填报。

表 3-8　从业人员及工资总额(定报)

表号：202-1 表
制定机关：国家统计局
文号：国统字(2021)117 号
有效期至：2023 年 1 月

统一社会信用代码：□□□□□□□□□□□□□□□□□□
尚未领取统一社会信用代码的填写原组织机构代码：□□□□□□□□—□
单位详细名称(签章)：　　　　　　　20　　年　　季

指标名称	计量单位	代码	本年		上年同期	
			本季	1—本季	本季	1—本季
甲	乙	丙	1	2	3	4
一、从业人员	—	—				
从业人员期末人数	人	01			—	—
其中：女性	人	02				
其中：工作地在外省市人员	人	BJ011				

续 表

指标名称	计量单位	代码	本年		上年同期	
			本季	1—本季	本季	1—本季
甲	乙	丙	1	2	3	4
其中：户口在外省市人员	人	BJ07		—		—
其中：工作地在外省市人员	人	BJ08		—		—
其中：劳务派遣人员	人	06		—		—
从业人员平均人数	人	08				
其中：劳务派遣人员	人	10				
二、工资总额	—	—				
从业人员工资总额	千元	12				
其中：劳务派遣人员	千元	18				

单位负责人： 　　统计负责人： 　　填表人： 　　联系电话： 　　报出日期：20　年　月　日

说明：1. 统计范围：辖区内规模以上工业、有资质的建筑业、限额以上批发和零售业、限额以上住宿和餐饮业、有开发经营活动的全部房地产开发经营业、规模以上服务业法人单位。

2. 报送日期及方式：调查单位1季度4月8日、2季度7月7日、3季度10月10日12:00前（4季度免报）独立自行网上填报；省级统计机构1季度4月11日、2季度7月9日、3季度10月12日12:00前（4季度免报）完成数据的审核、验收、上报。

3. 本表中"上年同期"数据统一由国家统计局在数据处理软件中复制，调查单位和各级统计机构原则上不得修改；本期新增的调查单位自行填报"上年同期"数据；从业人员平均人数和工资总额的本季数据由联网直报平台根据调查单位填报数据计算生成，调查单位无需填写。

4. 审核关系：
(1) 01≥02　(2) 01≥06　(3) 08≥10　(4) 12≥18　(5) 01≥BJ07≥BJ08　(6) 01≥BJ011≥BJ08

③ 年报。

表3-9和表3-10为从业人员及工资总额年报。

表3-9　从业人员及工资总额

统一社会信用代码：□□□□□□□□□□□□□□□□□□　　　　表号：102-1表
尚未领取统一社会信用代码的填写原组织机构代码：□□□□□□□□—□　　制定机关：国家统计局
单位详细名称（签章）：　　　　　　　　　　20　年　　　　　　文号：国统字(2021)117号
　　　　　　　　　　　　　　　　　　　　　　　　　　　　　　　　有效期至：2022年6月

指　标　名　称	计量单位	代　码	本　年	上年同期
甲	乙	丙	1	2
一、从业人员	—	—		
从业人员期末人数	人	01		

续 表

指 标 名 称	计量单位	代 码	本 年	上年同期
甲	乙	丙	1	2
其中：女性	人	02		
其中：工作地在外省市人员	人	BJ011		
其中：户口在外省市人员	人	BJ07		
其中：工作地在外省市人员	人	BJ08		
按人员类型分		—	—	
在岗职工	人	05		
劳务派遣人员	人	06		
其他从业人员	人	07		
按职业类型分		—	—	
中层及以上管理人员	人	71		
专业技术人员	人	72		
办事人员和有关人员	人	73		
社会生产服务和生活服务人员	人	74		
生产制造及有关人员	人	75		
从业人员平均人数	人	08		
按人员类型分		—	—	
在岗职工	人	09		
劳务派遣人员	人	10		
其他从业人员	人	11		
按职业类型分		—	—	
中层及以上管理人员	人	76		
专业技术人员	人	77		
办事人员和有关人员	人	78		
社会生产服务和生活服务人员	人	79		

续 表

指 标 名 称	计量单位	代 码	本 年	上年同期
甲	乙	丙	1	2
生产制造及有关人员	人	80		
二、工资总额	—	—		
从业人员工资总额	千元	12		
按人员类型分	—	—		
在岗职工	千元	13		
劳务派遣人员	千元	18		
其他从业人员	千元	19		
按职业类型分	—	—		
中层及以上管理人员	千元	81		
专业技术人员	千元	82		
办事人员和有关人员	千元	83		
社会生产服务和生活服务人员	千元	84		
生产制造及有关人员	千元	85		
三、不在岗职工	—	—		
不在岗职工期末人数	人	BJ04		
不在岗职工平均人数	人	BJ05		
不在岗职工生活费	千元	BJ06		

单位负责人：　　统计负责人：　　填表人：　　联系电话：　　报出日期：20　年　月　日

说明：1. 统计范围：辖区内规模以上工业、有资质的建筑业、限额以上批发和零售业、限额以上住宿和餐饮业、有开发经营活动的全部房地产开发经营业、规模以上服务业法人单位。

2. 报送日期及方式：调查单位次年3月10日24时前网上填报；省级统计机构次年3月31日24时前完成数据的审核、验收。

3. 本表中"上年同期"数据统一由国家统计局在数据处理软件中复制，调查单位和各级统计机构原则上不得修改。

4. 审核关系：

(1) 01≥02　(2) 01=05+06+07　(3) 01=71+72+73+74+75　(4) 08=09+10+11　(5) 08=76+77+78+79+80　(6) 12=13+18+19　(7) 12=81+82+83+84+85　(8) 01≥BJ07≥BJ08　(9) 01≥BJ011≥BJ08

表 3-10　从业人员及工资总额(年报)

统一社会信用代码：□□□□□□□□□□□□□□□□□□
尚未领取统一社会信用代码的填写原组织机构代码：□□□□□□□□—□
单位详细名称(签章)：　　　　　　　20　　年

表号：I102-2 表
制定机关：国家统计局
文号：国统字(2021)117 号
有效期至：2022 年 6 月

指　标　名　称	计量单位	代　码	本　年	上年同期
甲	乙	丙	1	2
一、从业人员	—	—		
从业人员期末人数	人	01		
其中：女性	人	02		
按人员类型分	—	—		
在岗职工	人	05		
劳务派遣人员	人	06		
其他从业人员	人	07		
从业人员平均人数	人	08		
按人员类型分	—	—		
在岗职工	人	09		
劳务派遣人员	人	10		
其他从业人员	人	11		
二、工资总额	—	—		
从业人员工资总额	千元	12		
按人员类型分	—	—		
在岗职工	千元	13		
劳务派遣人员	千元	18		
其他从业人员	千元	19		

单位负责人：　　　统计负责人：　　　填表人：　　　联系电话：　　　报出日期：20　年　月　日

说明：1. 统计范围：辖区内规模以上工业、有资质的建筑业、限额以上批发和零售业、限额以上住宿和餐饮业、有开发经营活动的全部房地产开发经营业、规模以上服务业法人单位以外的抽中样本单位。
　　2. 报送日期及方式：调查单位次年 2 月 25 日 24:00 时前网上填报或报送纸介质报表，报送纸介质报表的具体时间以所在地统计机构规定的时间为准；省级统计机构次年 3 月 20 日 24:00 前完成数据的审核、验收、上报。
　　3. 本表中"上年同期"数据统一由国家统计局在数据处理软件中复制，调查单位和各级统计机构原则上不得修改；本期新增的调查单位自行填报"上年同期"数据。
　　4. 审核关系：
　　　(1) 01≥02　(2) 01=05+06+07　(3) 08=09+10+11　(4) 12=13+18+19

(2) 报表结构。

以从业人员及工资总额年报为例,作为调查表,包括表头、表体和表脚三个部分。

① 表头。

表头包括报表标题、表号、制表机关、文号、有效期、计量单位、组织机构代码、单位详细名称。

拓展材料 3

统一社会信用代码简介

统一社会信用代码是一组长度为 18 位的用于法人和其他组织身份识别的代码。国家标准委发布了强制性国家标准《法人和其他组织统一社会信用代码编码规则》(GB32100—2015)。该标准于 2015 年 10 月 1 日实施,我国以统一社会信用代码和相关基本信息作为法人和其他组织的"数字身证",成为管理和经营过程中法人和其他组织身份识别的手段。代码具有唯一性、兼容性、稳定性和全覆盖特点。此后,中国大陆各个地方新发的营业执照上会印有"统一社会信用代码"。而新版本的营业执照将取代以前发的营业执照、组织机构代码证、税务登记证。俗称"三证合一"。这也意味着申请办理新企业时,只需取得营业执照即可。另外,提供企业证明时,只需提交营业执照即可,无须再提交组织机构代码证和税务登记证。18 位代码由登记管理部门代码、机构类别代码、登记管理机关行政区划码、主体标识码(组织机构代码)、校验码五个部分组成。

---

② 表体。

表体即报表的主要内容,包括各个指标名称及指标数值。从指标的类别来看,主要包括人数和工资总额两大类。

③ 表脚。

表脚包括单位负责人、统计负责人、填表人、联系电话及报出日期以及相关说明等。

3.1.3 明确从业人员和工资总额报表要求

(1) 时间要求。

为确保统计资料按时汇总上报,各调查单位要严格遵守报表制度规定的时间报送统计数据,遇节假日一律不顺延。

(2) 台账要求。

按照《中华人民共和国统计法》的要求,为保障统计源头数据质量,做到数出有据,各调查单位应当设置原始记录、统计台账,建立健全统计资料的审核、签署、交接、归档等管理制度。统计台账是指可以体现调查单位上报的统计数据与调查单位生产经营过程中产生的原始记录之间数据来源关系的文档资料。各调查单位可以使用统计部门提供的统计台账,也可以根据本单位具体情况自行设计。

(3) 内容要求。

本报表制度采用统一的统计分类标准和编码,各调查单位必须严格执行,不得自行更改。上报内容必须完整,不得遗漏项目,包括单位负责人、统计负责人、填表人、联系电话、报出日期等。

(4) 其他要求。
各单位有义务完成各级政府统计机构布置的其他统计调查任务。

任务 3.2　掌握从业人员和工资总额指标解释和计算口径

工作情境

经过资料查阅，小新终于明白了从业人员和工资总额报表是咋回事，也清楚了公司只需要报送 102-2 年报且可以在网上申报。接下来就是要啃硬骨头了。看着那么多指标，小新不禁有点犯憷，他先粗略归了下类别：一是反映人数的指标，二是反映工资的指标。他心想还好有张姐在，可以多问问。

工作任务

小新将掌握从业人员和工资总额指标解释和计算口径定为两个星期，即 9 月 22 日前完成。

工作流程

掌握从业人员和工资总额指标解释和计算口径的工作流程按由易到难的顺序包括：
❶ 掌握反映人数的指标→❷ 掌握反映工资的指标。

3.2.1　掌握反映人数的指标

(1) 期末人数。
从业人员期末人数指报告期最后一日在本单位工作，并取得工资或其他形式劳动报酬的人员数。该指标为时点指标，不包括最后一日当天及以前已经与单位解除劳动合同关系的人员，是在岗职工、劳务派遣人员及其他从业人员之和。
从业人员不包括如下人员，填报时不应统计在内：
① 离开本单位仍保留劳动关系，并定期领取生活费的人员；
② 在本单位实习的各类在校学生；
③ 本单位以劳务外包形式使用的人员，如建筑业整建制使用的人员。
从业人员应包括如下人员，在填报时应统计在内：
① 非全日制人员；
② 聘用的正式离退休人员；
③ 使用的外籍和港澳台方人员；
④ 兼职人员，其中包括利用课余时间打工的在校学生；
⑤ 处于试用期人员；

⑥ 编制外招用的临时人员。

> 【思考】如果年末(12月31日)恰逢公休日或者是节假日,从业人员期末人数如何计算?
> 解答:期末人数按照前一天的人数计算,但要扣减期末合同到期的人数。
> 工作地在外省市人员:指从业人员中工作地不在北京的人员。

注意:工作地在外省市人员指从业人员(不含港澳台、外籍人员)中工作地不在北京的人员(京外包括港澳台及境外)。

在岗职工指在本单位工作且与本单位签订劳动合同,并由单位支付各项工资或其他形式劳动报酬及社会保险、住房公积金的人员,以及上述人员中由于学习、病伤、产假(六个月及以内)等原因暂未工作仍由单位支付工资的人员。在岗职工还包括:

① 应订立劳动合同而未订立劳动合同的人员;
② 处于试用期人员;
③ 编制外招用的人员,如临时人员;
④ 派往外单位工作,但工资或其他形式劳动报酬仍由本单位发放的人员(如挂职锻炼、外派工作等情况)。

在岗职工不包括:

① 本单位使用的且由本单位直接支付工资或其他形式劳动报酬的劳务派遣人员,应统计在本单位"劳务派遣人员"指标中;
② 本单位因劳务外包而使用的人员,由承包劳务的法人单位统计为在岗职工。如承包劳务的是个体经营户或自然人,均不包括在本制度统计范围内。

> 【思考】某企业4月份有100名在校学生到该企业实习,其中30人7月份毕业后继续留在该企业试用,这30人是否是该企业在岗职工?

> 【思考】某集团公司派2名高级管理人员到子公司(独立法人)工作,全部工资由集团公司发放,由子公司缴纳社会保险,年末集团公司再将社会保险金划拨给子公司,这2名高级管理人员可否计为子公司的在岗职工?

劳务派遣人员指与劳务派遣单位签订劳动合同,并被劳务派遣单位派遣到实际用工单位工作,且劳务派遣单位与实际用工单位签订劳务派遣协议的人员。注意:无论用工单位是否直接支付劳动报酬,劳务派遣人员均由实际用工单位填报,而劳务派遣单位(派出单位)不填报。

劳务派遣人员和劳务外包人员的区别和如何进行统计呢？

共同点：都在实际用工单位工作。

不同点：

① 一般来说，劳务派遣人员由实际用工单位管理和组织；劳务外包人员由外包公司管理和组织。

② 统计实务工作中依据所签订的合同来区分。

③ 劳务派遣由用工方统计为劳务派遣人员，劳务外包由外包公司统计。

【举例】某单位的食堂外包给了某餐饮集团公司，签订了劳务外包合同，因此厨师、服务员等工作人员虽然在本单位工作，但是不在本单位统计，而应由某餐饮集团公司统计。

【思考】一家建筑工程公司作为总承包商，与分包公司签订劳务外包合同，使用 10 名施工人员，为避免分包公司拖欠员工工资，总承包商直接将 10 名施工人员的工资打到他们个人账上。请问：这 10 名施工人员是总承包商公司的从业人员吗？

【思考】某企业与劳务派遣公司签订了劳务派遣协议，从劳务派遣公司招用了 100 名生产工人，10 名搬运工。100 名工人的工资由该企业直接发放。10 名搬运工工资由劳务派遣公司直接发放。社会保险均由劳务派遣公司代为缴纳。请问：该企业的从业人员人数如何统计？

其他从业人员指在本单位工作，不能归入在岗职工、劳务派遣人员中的人员。此类人员是实际参加本单位生产或工作并从本单位取得劳动报酬的人员。具体包括：非全日制人员、聘用的正式离退休人员、兼职人员、利用课余时间打工的在校学生等，以及在本单位中工作的外籍和港澳台方人员。

① 聘用的正式离退休人员。包括留用的本单位离退休人员和聘用的外单位离退休人员。

② 在本单位工作并支付劳动报酬的港澳台和外籍人员。不包括临时访问、讲学和因从事某一课题（或任务）进行短期（半年以内）研究或工作的人员。

③ 本单位聘用或使用与本单位没有社会保险关系，但在本单位领取劳动报酬的其他人员、兼职人员和第二职业者，这类人员实际参加本单位生产或工作，包括由街道、镇、乡办事机构发放劳动报酬且社会保险在外单位的社区治安巡逻人员、社区保洁员、园林绿化员以及城管监察员、水务管理员等。根据国家统计局原人口与就业司和原劳动部综合计划与工资司联合下发的《关于加强金融保险行业劳动统计工作的通知》（人口司函〔1997〕18 号）文件

精神,金融保险单位雇用的专职代办员如与本单位有劳动关系,应统计为"在岗职工",没有劳动关系或档案关系的统计在"其他从业人员"中,发放的劳动报酬在相应的指标中反映。保险公司的营销员无论兼职或专职应统计在"其他从业人员"中。

其他从业人员判断标准有:

① 本单位有工作岗位;

② 本单位直接发放劳动报酬;

③ 与本单位没有社会保险关系(不包括应有而没有建立的情况);

④ 此类人员社会保险在其他单位(如:外单位的下岗、内退人员)或自行缴纳并在多家单位兼职人员。

其他从业人员中不包括临时访问、讲学和因从事某一课题(或任务)进行短期(半年以内)研究或工作的人员。

【思考】1名香港籍设计师,由上级集团总公司发放工资;1名会计为某单位的内退人员,原单位仍为其缴纳社会保险;临时招用1名美籍华人,从事为期3个月的市场调查工作;1名送货人员,并同时为另一家公司送货,自行缴纳社会保险。该公司其他从业人员为多少人?

中层及以上管理人员指在单位及其职能部门中担任领导职务并具有决策、管理权的人员。这类人员包括单位主要负责人或高级管理人员(包含同级别及副职)、单位内的一级部门或内设机构的负责人(包含同级别及副职),特大型单位可以包括一级部门内设的管理机构的负责人(包含副职)。具体包括中国共产党机关负责人员、国家机关负责人员、民主党派和工商联负责人员、人民团体和群众团体、社会组织及其他成员组织负责人员、基层群众自治组织负责人员、企事业单位负责人员。

注意:不单指法人或企业负责人,从上往下数2级。包括:

① 单位主要负责人或高级管理人员(包含同级别及副职):总经理、总裁;

② 单位内的一级部门或内设机构的负责人(包含同级别及副职):部门经理;

③ 特大型单位可以包括一级部门内设的管理机构的负责人(包含副职):车间主任。

专业技术人员指专门从事各种科学研究和专业技术工作的人员。从事本类职业工作的人员,一般都要求接受过系统的专业教育,具备相应的专业理论知识,并且按规定的标准条件评聘专业技术职务,以及未聘任专业技术职务,但在专业技术岗位上工作的人员。具体包括科学研究人员,工程技术人员,农业技术人员,飞机和船舶技术人员,卫生专业技术人员,经济和金融专业人员,法律、社会和宗教专业人员,教学人员,文学艺术、体育专业人员,新闻出版、文化专业人员,其他专业技术人员。

办事人员和有关人员指在国家机关、党群组织、企业、事业单位中从事行政业务、行政事务、行政执法、安全保卫和消防等工作的人员。具体包括办事人员、安全和消防人员、其他办事人员和有关人员。

社会生产服务和生活服务人员指从事商品批发零售、交通运输、仓储、邮政和快递、信息传输、软件和信息技术、住宿和餐饮以及金融、租赁和商务、生态保护、文化、体育和娱乐等社会生产服务与生活服务工作的人员。具体包括批发与零售服务人员,交通运输、仓储和邮政业服务人员,住宿和餐饮服务人员,信息传输、软件和信息技术服务人员,金融服务人员,房地产服务人员,租赁和商务服务人员,技术辅助服务人员,水利、环境和公共设施管理服务人员,居民服务人员,电力、燃气及水供应服务人员,修理及制作服务人员,文化、体育和娱乐服务人员,健康服务人员,其他社会生产和生活服务人员。

生产制造及有关人员指从事矿产开采,产品生产制造,工程施工和运输设备操作的人员及有关人员。具体包括农副食品加工人员,食品、饮料生产加工人员,烟草及其制品加工人员,纺织、针织印染人员,纺织品、服装和皮革、毛皮制品加工制作人员,木材加工、家具与木制品制作人员,纸及纸制品生产加工人员,印刷和记录媒介复制人员,文教、工美、体育和娱乐用品制造人员,石油加工和炼焦、煤化工生产人员,化学原料和化学制品制造人员,医药制造人员,化学纤维制造人员,橡胶和塑料制品制造人员,非金属矿物制品制造人员,采矿人员,金属冶炼和压延加工人员,机械制造基础加工人员,金属制品制造人员,通用设备制造人员,专用设备制造人员,汽车制造人员,铁路、船舶、航空航天设备制造人员,电气机械和器材制造人员,计算机、通信和其他电子设备制造人员,仪器仪表制造人员,废弃资源综合利用人员,电力、热力、气体、水生产和输配人员,建筑施工人员,运输设备和通用工程机械操作人员及有关人员,生产辅助人员,其他生产制造及有关人员。

不在岗职工指出于各种原因,已经离开本人的生产或工作岗位,并已不在本单位从事其他工作,仍与本单位保留劳动关系的人员。不包括本单位办理正式手续的离退休人员。包括只发放基本工资的外派工作人员,离岗休养职工,企业的离岗挂编人员,协议保留劳动关系人员,下岗待工人员,长期学习或病、伤、产假离开工作岗位六个月以上的人员等。

单位外派出国学习或工作六个月及以内的带薪人员,本单位仍将其统计为在岗职工,工资统计在相应指标中;单位外派出国学习或工作六个月以上的带薪人员,本单位将其统计为不在岗职工,单位发放的生活费统计在相应指标中,对于外出工作人员从境外单位再领取的工资或补助本单位不作统计。本单位停薪留职公费(自费)出国留学人员或本单位停薪外派出国工作人员,从出国之日起单位将其统计为不在岗职工,无论境外单位是否发放工资或补助本单位均不作统计。

(2) 平均人数。

① 从业人员平均人数指报告期内(年度、季度、月度)平均拥有的从业人员数。季度或年度平均人数按单位实际月平均人数计算得到,不得用期末人数替代。平均人数为计算指标,计算结果按照"四舍五入"的原则取整。

② 月平均人数是以报告月内每天实有的全部人数相加之和,除以报告月的日历日数。

计算方法 1:

$$月平均人数 = \frac{报告月内每天实有的全部人数之和}{报告月的日历日数}$$

需要注意的是,每天包括公休日或者节假日的人数。

计算方法 2:

对人员增减变动很小的单位,其月平均人数也可以用月初人数与月末人数之和除以 2

求得。计算公式为：

$$月平均人数 = (月初人数 + 月末人数)/2$$

在计算月平均人数时应注意：
- 公休日与节假日的人数应按前一天的人数计算。
- 对新建立不满整月的单位(月中或月末建立)，在计算报告月的平均人数时，应以其建立后各天实有人数之和，除以报告期日历日数求得，而不能除以该单位建立的天数。

【举例1】

表3-11 某单位某月人数情况

星期一	星期二	星期三	星期四	星期五	星期六	星期日
			1	2	3	4
			51人	51人	51人	51人
5	6	7	8	9	10	11
51人	51人	51人	51人	55人	55人	55人
12	13	14	15	16	17	18
55人	55人	55人	55人	55人	55人	55人
19	20	21	22	23	24	25
55人	58人	58人	58人	58人	58人	58人
26	27	28	29	30	31	
58人	58人	58人	61人	61人	61人	

计算方法1：月平均人数 = (51×8 + 55×11 + 58×9 + 61×3) ÷ 31 = 55(人)

计算方法2：月平均人数 = (51 + 61) ÷ 2 = 56(人)

【举例2】

表3-12 某新建立单位某月人数情况

星期一	星期二	星期三	星期四	星期五	星期六	星期日
			1	2	3	4
5	6	7	8	9	10	11
12	13	14	15	16	17	18
			8人	8人	8人	8人

续 表

星期一	星期二	星期三	星期四	星期五	星期六	星期日
19	20	21	22	23	24	25
8人	8人	20人	20人	20人	20人	20人
26	27	28	29	30		
20人	30人	30人	30人	30人		

月平均人数：$(8 \times 6 + 20 \times 6 + 30 \times 3) \div 30 = 9$（人）

③ 1—本季平均人数是季报基层表中应填报的平均人数，以年初至报告季内各月平均人数之和除以报告季内月数求得。计算公式为：

一季度：1—本季平均人数 =（1月平均人数 + 2月平均人数 + 3月平均人数）/3
二季度：1—本季平均人数 =（1月平均人数 + … + 6月平均人数）/6
三季度：1—本季平均人数 =（1月平均人数 + … + 9月平均人数）/9

或（用本季平均人数计算）

一季度：1—本季平均人数 = 1季度本季平均人数
二季度：1—本季平均人数 =（1季度本季平均人数 + 2季度本季平均人数）/2
三季度：1—本季平均人数 =（1季度本季平均人数 + 2季度本季平均人数
+ 3季度本季平均人数）/3

本季平均人数以报告季内三个月的平均人数之和除以3求得。计算公式为：

本季平均人数 = 报告季内各月平均人数之和 /3

④ 年平均人数是以12个月的平均人数相加之和除以12求得，或以4个季度的平均人数之和除以4求得。计算公式为：

年平均人数 = 报告年内12个月平均人数之和 /12

或：

年平均人数 = 报告年内4个季度平均人数之和 /4

在年内新成立的单位年平均人数计算方法为：从实际开工之月起到年底的月平均人数相加除以12个月。计算公式为：

年平均人数 =（开工之月平均人数 + … + 12月平均人数）/12

【思考】若某公司9月份成立，9—12月的平均人数分别为15人、20人、24人、22人，则年平均人数是多少？

解答：年平均人数 =（15 + 20 + 24 + 22）÷ 12 = 7（人）

【思考】若某公司9月份成立,9—12月的月末人数分别为15人、20人、24人、22人,则年平均人数是多少?

解答:年平均人数 =[(15+20)/2+(20+24)/2+(24+22)/2]÷12＝5(人)

3.2.2 掌握反映工资的指标

(1) 工资总额。

从业人员工资总额是指本单位在报告期内(季度或年度)直接支付给本单位全部从业人员的劳动报酬总额。它包括计时工资、计件工资、奖金、津贴和补贴、加班加点工资、特殊情况下支付的工资,是在岗职工工资总额、劳务派遣人员工资总额和其他从业人员工资总额之和。不论是计入成本的还是不计入成本的,不论是以货币形式支付的还是以实物形式支付的,均应列入工资总额的计算范围。在统计工资总额时,不管是预算内资金还是预算外资金,不管是单位自筹的资金还是上级(或政府财政部门)下拨的资金,在财务账上不管是工资科目还是其他科目,只要符合劳动报酬性质的,都应统计在工资总额中。需要明确的是工资总额不包括从单位工会经费或工会账户中发放的现金或实物,不包括病假、事假等情况的扣款。

工资总额是税前工资,包括单位从个人工资中直接为其代扣或代缴的个人所得税、社会保险基金和住房公积金等个人缴纳部分,以及房费、水电费等。工资总额应包含以下4项。

① 基本工资,也可称为标准工资、合同工资、谈判工资,指本单位在报告期内(年度)支付给本单位从业人员的按照法定工作时间提供正常工作的劳动报酬。各单位给个人确定的底薪可作为基本工资。

② 绩效工资和奖金,指根据本单位利润增长和工作业绩定期支付给本单位从业人员的奖金,即支付给本单位从业人员的超额劳动报酬和增收节支的劳动报酬。具体包括加班工资、绩效奖金、全勤奖、生产奖、节约奖、劳动竞赛奖和其他名目的奖金,以及某工作事项完成后的提成工资、年底双薪等。但不包括入股分红、股权激励兑现的收益和各种资本性收益。

③ 工资性津贴和补贴,指本单位制定的员工相关工资政策中,为补偿本单位从业人员特殊或额外的劳动消耗和因其他特殊原因支付的津贴,以及为保证其工资水平不受物价影响而支付的物价补贴。具体包括:补偿特殊或额外劳动消耗的津贴及岗位性津贴、保健性津贴、技术性津贴、地区津贴和其他津贴,如过节费、通信补贴、交通补贴、公车改革补贴、取暖补贴、物业补贴、不休假补贴、无食堂补贴、单位发的可自行支配的住房补贴以及为员工缴纳的各种商业性保险等。上述各种项目包括货币性质和实物性质的津补贴以及各种形式的充值卡、购物卡(券)等。

④ 其他工资,指上述基本工资、绩效工资和奖金、工资性津贴和补贴三类工资均不能包括的发放给从业人员的工资,如补发上一年度的工资等。

国家统计局发布的《关于认真贯彻执行〈关于工资总额组成的规定〉的通知》(统制字〔1990〕1号)对工资总额的计算做了明确解释:"各单位支付给职工的劳动报酬以及其他根

据有关规定支付的工资,不论是计入成本的还是不计入成本的,不论是按国家规定列入计征奖金税项目的还是未列入计征奖金税项目的,不论是以货币形式支付的还是以实物形式支付的,均应列入工资总额的计算范围。"因此,发放给本单位在岗职工的"技术交易奖金"应计入本单位在岗职工工资总额中,发放给本单位其他从业人员的"技术交易奖金"计入其他从业人员工资总额中。

根据国家统计局《关于房改补贴统计方法的通知》(统制字〔1992〕80号),住房补贴或房改补贴均应统计在工资总额中。房改一次性补贴款,如补贴发放到个人,可自行支配的计入工资总额内;如补贴为专款专用存入专门的账户,不计入工资总额统计。

根据国家统计局办公室《关于印发1998年年报劳动统计新增指标解释及问题解答的通知》(国统办字〔1998〕120号),北京市房改办公室《关于北京市提高公有住房租金增发补贴有关问题的通知》(京房改办字〔2000〕080号),北京市财政局《关于印发北京市市级党政机关工作人员日常通信工具安装、配备和管理的规定的通知》(京财行〔2000〕394号)文件精神,各企、事业、机关单位发放的住房提租补贴、通信工具补助、住宅电话补助应计入工资总额项中的各种津贴。

根据国家统计局办公室《关于印发2002年劳动统计年报新增指标解释及问题解答的通知》(国统办字〔2002〕20号)文件精神,单位为职工缴纳的补充养老保险和补充医疗保险暂不做工资总额统计,其他各种商业性保险其性质为劳动报酬,因此应计入工资总额统计;单位给职工个人实报实销的职工个人家庭使用的固定电话话费、职工个人使用的手机费、职工个人购买的服装费(不包括工作服)等各种费用,其实质为岗位津贴或补贴,应计入工资总额统计;有些单位为不休假的职工发放一定的现金或补贴,其性质为劳动报酬,应计入工资总额统计;试行企业经营者年薪制的经营者,其工资正常发放部分和年终结算后补发的部分属于劳动报酬性质,应计入工资总额统计。

国家统计局《关于印发1999年劳动统计年报新增指标解释及问题解答的通知》(国统办字〔1999〕106号)规定,单位以各种名义发放的现金和实物,只要属于劳动报酬性质,应计入工资总额统计。

在岗职工工资总额:指本单位在报告期内直接支付给本单位全部在岗职工的劳动报酬总额。在岗职工工资总额由基本工资、绩效工资和奖金、工资性津贴和补贴、其他工资四部分组成。在岗职工工资总额具体包括基础工资、职务工资、级别工资、工龄工资、计件工资、奖金、各种津贴和补贴、洗理费、书报费、旅游费、过节费、伙食补助、住房补贴、住房提租补贴、由单位从个人工资中直接为其代扣或代缴的个人所得税、房水电费以及住房公积金和社会保险基金个人缴纳部分等。

劳务派遣人员工资总额:指实际用工单位(派遣人员的使用方)在一定时期内为使用劳务派遣人员付出的劳动报酬总额,包括用工单位负担的基本工资、绩效工资和奖金、工资性津贴和补贴等,但不包括因使用派遣人员而支付的管理费用和其他用工成本。

其他从业人员工资总额:指本单位在报告期内直接支付给本单位其他从业人员的全部劳动报酬。聘用的港澳台和外籍人员的全部劳动报酬应折合成人民币。

工资总额不包括以下项目:

① 根据国务院发布的有关规定发放的创造发明奖、国家星火奖、自然科学奖、科学技术进步奖和支付的合理化建议和技术改进奖以及支付给运动员在重大体育比赛中的重奖。

② 有关劳动保险和职工福利方面的费用。职工保险福利费用包括医疗卫生费、职工死亡丧葬费及抚恤费、职工生活困难补助、文体宣传费、集体福利事业设施费和集体福利事业补贴、探亲路费、计划生育补贴、防暑降温费、婴幼儿补贴（即托儿补助）、独生子女牛奶补贴、独生子女费、六一儿童节给职工的独生子女补贴、工作服洗补费、献血员营养补助及其他保险福利费。

③ 劳动保护的各种支出。具体有：工作服、手套等劳动保护用品，解毒剂、清凉饮料，以及按照国务院1963年7月19日劳动部等七单位规定的范围对接触有毒物质、沙尘作业、放射线作业、潜水、沉箱作业、高温作业五类工种所享受的由劳动保护费开支的保健食品待遇。

④ 有关离休、退休、退职人员待遇的各项支出。

⑤ 支付给外单位一次性劳务人员的稿费、讲课费及其他专门工作报酬。

⑥ 实行住宿费、餐费包干后，实际支出费用低于标准的差价归己部分。

⑦ 对自带工具来企业工作的从业人员所支付的工具等的补偿费用。

⑧ 实行租赁经营单位的承租人的风险性补偿收入。

⑨ 一些单位职工集资入股或购买本企业的股票和债券后发给职工的股息分红、债券利息以及职工个人技术投入后的税前收益分配。

⑩ 企业一次性支付的工伤医疗补助金、伤残就业补助金、生活补助费、经济补偿金、赔偿金或违约金，买断工龄支付给职工的费用。

⑪ 劳务派遣单位收取用工单位支付的人员工资以外的手续费和管理费。

⑫ 支付给家庭工人的加工费和按加工订货办法支付给承包单位的发包费用。

⑬ 支付给参加企业劳动的实习在校学生的补贴。

⑭ 调动工作的旅费和安家费中净结余的现金。

⑮ 由单位负担的各项社会保险、住房公积金。

⑯ 支付给从保安公司招用的人员的补贴。

⑰ 因病假、事假等情况产生的扣款应在工资总额内扣除。

⑱ 从单位工会经费或工会账户中发放的现金或实物。

不在岗职工生活费：指在报告期内直接支付给本单位不在岗职工的全部生活费，包括发给本单位下岗职工的生活费。

【思考】个人的工资总额及构成是怎样的？

小孙为某单位在岗职工，5月份工资条如表3-13所示。

表3-13 工 资 条

岗位工资	薪级工资	交通补贴	书报补贴	洗理补贴	房屋补贴	通信补贴	伙食补贴	绩效奖金	加班工资	应发合计	会费	病事假扣款	社会保险及公积金	个人所得税	实发合计
680	295	15	27	26	80	80	100	4 640	100	6 043	2.8	50	682.3	344.8	5 063.1

解答：

工资总额＝应发合计－病事假扣款＝6 043－50＝5 993(元)

基本工资＝岗位工资＋薪级工资－病事假扣款＝680＋295－50＝925(元)

绩效工资＝绩效奖金＋加班费＝4 640＋100＝4 740(元)

工资性津贴和补贴＝交通补贴＋书报补贴＋洗理补贴＋房屋补贴＋通信补贴＋伙食补贴＝15＋27＋26＋80＋80＋100＝328(元)

拓展材料 4

工资总额与应付职工薪酬的区别

应付职工薪酬指企业为获得职工提供的服务而给予各种形式的报酬以及其他相关支出。它包括职工工资、奖金、津贴和补贴、职工福利费，医疗保险费、养老保险费、失业保险费、工伤保险费和生育保险费等社会保险费，住房公积金，工会经费和职工教育经费，非货币性福利，解除职工的劳动关系给予的补偿，其他与获得职工提供的服务相关的支出。

项目不同：

工资总额无论是记入工资科目还是其他科目，只要符合劳动报酬性质的都应统计在工资总额中。

应付职工薪酬包括工资、职工福利费、单位负担的五险一金、工会经费和职工教育经费、非货币性福利、解除职工的劳动关系给予的补偿等。

会计账反映的位置不同：

工资总额主要是应付职工薪酬本年借方累计发生额中的部分数据。

应付职工薪酬是本年贷方累计发生额全部数据。

(2) 平均工资。

① 从业人员平均工资指本单位从业人员在报告期内平均每人所得的工资额。计算公式为：

从业人员平均工资＝从业人员工资总额/从业人员平均人数

② 在岗职工平均工资指本单位在岗职工在报告期内平均每人所得的工资额。计算公式为：

在岗职工平均工资＝在岗职工工资总额/在岗职工平均人数

③ 劳务派遣人员平均工资指本单位劳务派遣人员在报告期内平均每人所得的工资额。计算公式为：

劳务派遣人员平均工资＝劳务派遣人员工资总额/劳务派遣人员平均人数

④ 其他从业人员平均工资指本单位其他从业人员在报告期内平均每人所得的工资额。计算公式为：

其他从业人员平均工资＝其他从业人员工资总额/其他从业人员平均人数

注意：平均工资若网上填报可自动生成，不需人工填写。

任务 3.3　填报从业人员和工资总额报表

　工作情境

经过两个星期的苦心研究和耐心询问，小新终于弄出点眉目了。人数的指标还好点，关键是工资类指标哪些应该包括在内、哪些不应该包括在内还真得分清楚。他心想先试着填一个今年的年报练练手吧，和张姐做的对比一下，在做的过程中才能发现还有哪些问题。

　工作任务

小新试着填报从业人员和工资总额2023年的年报，定为9月26日前完成。

　工作流程

填报从业人员和工资总额报表的工作流程：❶ 掌握报表填报的方法→❷ 避免填报中常见的问题。

在填报从业人员及工资总额报表的过程中，应掌握"三大问题和八大方法"。

3.3.1　掌握报表填报的方法

（1）按先易后难的原则。
先填写容易的数字，如劳务派遣人员、不在岗职工人数，后填写较难的数字。

（2）注意期末人数和平均人数的区别。
期末人数是时点数，不能直接相加，平均人数可以相加。计算平均工资时应使用平均人数。尤其是对新建立不满整月的单位（月中或月末建立），在计算报告月的平均人数时，应以其建立后各天实有人数之和，除以报告期日历日数求得，而不能除以该单位建立的天数。

（3）注意计量单位。
计量单位是元、千元还是万元，一定要看清楚。

（4）对齐数字数位。
应注意填写的数字数位要对齐，小数位和小数位对齐，个位和个位对齐，以方便对比。

（5）审核数字位数。
如年末人数和平均人数、工资总额和上年工资总额等，可通过数字位数判断是否填写准确。

（6）判断平均工资。
一般而言，当年平均工资应高于上年平均工资，检查是否过高或过低。

（7）审核逻辑关系。
根据指标间的平衡关系对数据进行逻辑审核。

(8) 项目填写完整。

如组织机构代码、单位名称、负责人、填表人、联系电话、报出日期等项目，一定要填写完整。

3.3.2 避免填报中常见的问题

(1) 统计原则不清。

例如，统计中漏报产业活动单位或分公司（非法人单位）数据，多报了全资子公司（独立法人）数据等。

(2) 指标理解有误。

例如，混淆在岗职工与其他从业人员，将外籍人员、兼职人员、返聘的离退休人员统计为在岗职工；将实习生计算在从业人员中；未按照时点概念统计期末人数。

例如，多报了12月已经离职的人员；漏报了12月底新入职的人员；漏报工资总额应包括的项目，如工资表中未体现的奖金、过节费、交通补贴、房租补贴、伙食补贴、直接为员工代扣代缴的个人所得税以及住房公积金和社会保险金个人缴纳部分、实报实销的手机费；多报工资总额中不应包括的项目，如单位负担的社会保险、在校实习学生的工资、工资表中的独生子女费、防暑降温费等；未按照"何时发何时统"的计算原则统计，未统计本年度内发放的上一年的奖金，统计了本年应发而实际没有发放的钱。

(3) 会计与统计混淆。

由于会计与统计上对于工资的统计指标有所不同，因此应注意理解统计上工资总额的指标含义，将会计科目与统计工资总额项目进行衔接。实际工作中，很多单位为简单起见，直接用应付职工薪酬一级科目本年累计借方数填报，未包括"应付工资"外其他科目中属于劳动报酬性质的部分，造成工资总额数据失真。

小　结

项目3　工作流程总览

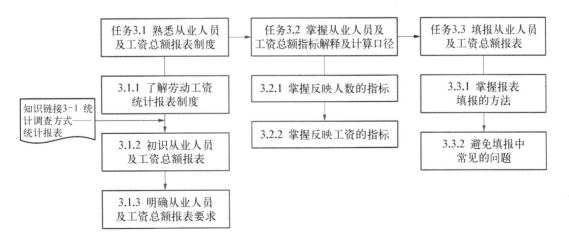

项目3 理论知识导图

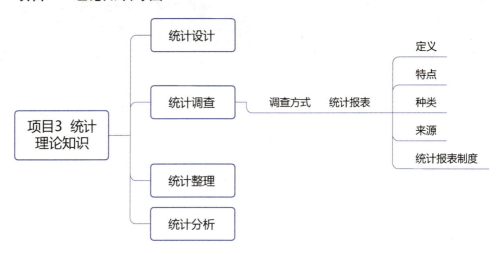

理论知识测试题目

一、判断题

1. 从业人员人数是时期指标。（   ）
2. 从业人员期末人数等于平均人数。（   ）
3. 参军人员计入从业人员期末人数。（   ）
4. 实习生应算作企业的从业人员。（   ）
5. 劳务派遣人员应统计为劳务派遣公司的从业人员。（   ）
6. 劳务派遣公司的管理人员应统计为劳务派遣公司的从业人员。（   ）
7. 工资总额中应包括股息等收入。（   ）
8. 聘用的离退休人员不应算作从业人员。（   ）
9. 处于试用期的员工不应算作从业人员。（   ）
10. 工资总额中不应包括稿费。（   ）

二、单选题

1. 以下人员中,（   ）不属于单位的从业人员。
   A. 在岗职工　　　B. 劳务派遣人员　　　C. 其他从业人员　　　D. 退休职工
2. 下列人员中,（   ）属于单位的从业人员。
   A. 实习生　　　　　　　　　　B. 参军人员
   C. 保安　　　　　　　　　　　D. 返聘的离退休人员
3. 下列人员中,（   ）属于在岗职工。
   A. 病假7个月的职工　　　　　B. 打工兼职学生
   C. 外国人　　　　　　　　　　D. 请事假三个月的职工
4. 下列人员中,（   ）属于其他从业人员。
   A. 离退休人员不再工作　　　　B. 在本单位兼职工作人员

C. 在岗职工　　　　　　　　　　D. 劳务派遣人员
5. 下列各项中,不包括在工资总额中的是(　　)。
　　A. 病假工资　　B. 劳动竞赛奖　　C. 见习工资　　D. 讲课费
6. 【综合应用题】某公司2023年12月8日成立,从业人员28人,12月12日录用9人,12月28日解聘6人。根据所给资料回答下列问题:该公司2023年年末人数为(　　)。
　　A. 31　　　　　B. 37　　　　　C. 22　　　　　D. 28
7. 【综合应用题】该公司12月份平均人数为(　　)。
　　A. 31　　　　　B. 29　　　　　C. 27　　　　　D. 26
8. 【综合应用题】该公司全年平均人数为(　　)。
　　A. 2　　　　　B. 14　　　　　C. 16　　　　　D. 27
9. 公司使用的下列人员中,(　　)应该计入在岗职工总数。
　　A. 劳务派遣人员　　　　　　　　B. 实习学生
　　C. 兼职人员　　　　　　　　　　D. 病假三个月的职工
10. 公司的工资总额构成中,应包括(　　)。
　　A. 独生子女费　　B. 自然科学奖　　C. 防暑降温费　　D. 通信补贴

三、多选题

1. 按照现行劳动统计制度规定,下列各项中应列入奖金统计的有(　　)。
　　A. 自然科学奖　　B. 创造发明奖　　C. 技术改进奖　　D. 劳动竞赛奖
　　E. 年终奖
2. 单位从业人员包括(　　)。
　　A. 在岗职工　　　　　　　　　　B. 再就业的退休人员
　　C. 民办教师　　　　　　　　　　D. 借用的外单位人员
　　E. 在本单位劳动的实习生
3. 单位从业人员的统计范围中不包括(　　)。
　　A. 第二职业者　　B. 外籍雇员　　C. 实习生　　D. 个体经营户
　　E. 企业退休人员
4. 下列费用中,不包括在工资总额中的有(　　)。
　　A. 创造发明奖　　B. 国家星火奖　　C. 股息　　D. 劳动保护支出
　　E. 稿费
5. 下列属于工资总额构成的有(　　)。
　　A. 计时工资　　B. 计件工资　　C. 奖金　　D. 津贴和补贴
　　E. 出差伙食补助费

四、名词解释

1. 从业人员期末人数
2. 在岗职工
3. 工资总额

五、简答题

1. 简述劳动工资统计报表制度的意义。
2. 其他从业人员判断标准是什么?

3. 填报从业人员和工资总额报表的方法有哪些？

实践项目综合训练

项目名称：填写从业人员及工资总额年报的从业人员期末人数指标

内容要求：根据年末人员基本情况，2~3人一组填写年报（102-1表）中的从业人员期末人数指标。

表3-14　某公司年末人员基本情况

序号	户籍	性别	户口类型	基本情况	备注
1	北京	男	城市	教师	正常上班
2	北京	男	城市	教师	劳务派遣
3	北京	女	城市	行政	正常上班
4	北京	男	城市	行政	正常上班
5	北京	男	城市	行政	负责人
6	北京	女	城市	行政	正常上班
7	北京	女	城市	行政	正常上班
8	北京	女	城市	行政	正常上班
9	安徽	女	城市	行政	正常上班
10	北京	女	农村	保洁	正常上班，劳务外包
11	北京	男	城市	班主任	其他单位退休聘用
12	美国	男	城市	外教老师	来学校半年以上
13	河北	男	农村	园艺师	劳务派遣
14	北京	女	城市	教师	产假中，98天产假
15	北京	男	城市	教师	美国访学一年
16	山东	男	城市	行政	正常上班
17	北京	女	城市	教师	退休返聘
18	北京	男	城市	教师	长期休病假，病假六个月以上
19	北京	男	城市	实习生	正常上班

续 表

序号	户籍	性别	户口类型	基本情况	备注
20	河南	男	农村	保安	正常上班,劳务外包
21	北京	女	城市	教师	正常上班,新入职,试用期六个月内
22	北京	女	城市	教师	外校来该学校上课,外聘老师
23	北京	女	农村	食堂工作人员	劳务派遣
24	山西	女	农村	食堂工作人员	劳务派遣
25	北京	女	城市	教师	正常上班
26	北京	女	城市	教师	退休,在家看孙子

项目 4

员工工作时间统计分析

 工作情境

转眼间,"十一"黄金周放假了,小新趁机好好放松了一下。10月8号长假回来一上班,小新被告知要填写转正申请表。他不禁感慨,不知不觉时间过得可真是快呢! 小新开始填写转正申请表,回顾自己三个月以来的工作表现,总结了自己的长处和短处,并表达了未来的工作展望和转正意愿。填好申请表后,他便去找郑主管签字。郑主管:"这么快试用期就满了,恭喜你,小新,正式成为公司的一员了!"小新:"还要多谢主管的指导和帮助呢。"郑主管:"我看最近三个月的考勤报表怎么迟到、请假的人较多,你回头看看什么原因造成的? 再统计分析一下公司员工的工作时间情况,两周后回复我。"

学习目标

知识目标

① 了解工作时间构成指标体系,掌握工作时间构成指标解释,会计算工作时间构成指标;
② 掌握工作时间利用状况的重要指标含义,会计算工作时间利用状况指标。

能力目标

① 能搜集并辨别工作时间数据,对工作时间数据进行汇总;
② 能利用 Excel 软件制作工作时间平衡表,并能计算工作时间指标数值及比重指标数值;
③ 能结合公司实际情况,分析损失时间的原因并提出对策。

项目 4 员工工作时间统计分析

素质目标

1. 培养学生守时、敬业精神;
2. 培养学生对比分析的统计思维;
3. 培养学生时间管理及分析能力。

工作流程

员工工作时间统计分析的基本流程包括:❶ 核算工作时间构成指标→❷ 统计工作时间利用状况→❸ 编制工作时间平衡表。

时间可以分为工作时间和非工作时间。工作时间在企业生产运营过程中起着重要作用。如何避免不必要的时间浪费,充分合理地利用工作时间是提高劳动生产率的有效途径,因此,需要对员工的工作时间情况进行统计核算。

工作时间的计量单位一般分两种,即工日和工时,有的情况下也用分钟。一个工日是一个员工工作一天的时间。在八小时工作制下,一人工作一天为八个工时。

任务 4.1 核算工作时间构成指标

工作情境

小新分析了主管的任务要求,心想统计工作时间情况,要统计什么呢?工作时间用什么指标衡量呢?他依稀还记得上学时学过什么出勤时间、缺勤时间等很多指标,指标之间对比还可以计算时间利用情况,有个什么平衡表,其他的就有些淡忘了。小新赶紧翻出以前的教材,心想还好毕业时没有扔掉,开始慢慢研究起来。

工作任务

小新将核算工作时间构成指标定为一周,即 10 月 15 日前完成。

工作流程

核算工作时间构成指标的工作流程包括:❶ 掌握工作时间构成指标体系结构→❷ 理解工作时间构成的指标解释→❸ 计算工作时间构成指标数值。

4.1.1 掌握工作时间构成指标体系

工作时间构成以生产性企业最为复杂,以此为例,指标体系构成如图4-1所示。日历时间分为制度工作时间和制度公休时间,制度工作时间包括出勤时间和缺勤时间,出勤时间包括制度内从事本职工作时间、停工时间和非生产时间。

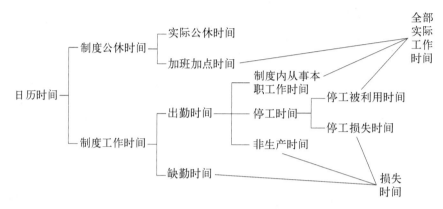

图4-1　工作时间构成指标体系(以工时为例)

4.1.2 理解工作时间构成指标解释

(1) **日历时间**。

日历时间是指全部时间资源的总量,是员工工作时间的自然极限。

(2) **制度公休时间**。

制度公休时间是指在日历时间内,按照法律规定的员工可以享受的公休日和节假日的休息时间。

(3) **制度工作时间**。

按照法律规定,员工应该出勤上班的工作时间,是企业可以最大可能利用的工作时间。

(4) **缺勤时间**。

缺勤时间是指员工出于个人的原因在规定的时间内没有上班的时间。分为全日缺勤和非全日缺勤两种情况。

(5) **出勤时间**。

出勤时间是指员工在规定的制度时间内实际工作的时间。

(6) **停工时间**。

停工时间是指在规定的工作时间内,出于企业的原因,如停电、停水、停气、机器设备事故、等待原料等,导致员工上班以后无法从事生产活动的时间。

(7) **非生产时间**。

非生产时间是指员工出勤后企业安排从事非生产性工作的时间,如开会、培训、参观和各种公益活动等,包括全日非生产时间和非全日非生产时间。

(8) **制度内实际工作时间**。

制度内实际工作时间是指在规定的时间内,员工出勤后实际从事生产作业活动的时间,属于工作时间的核心部分,包括制度内从事本职工作时间和停工被利用时间。

(9) 加班加点时间。

加班加点时间是指在规定时间以外,由于生产经营活动的需要,企业安排员工利用休息时间从事生产活动的时间。

(10) 全部实际工作时间。

全部实际工作时间是指员工在计算期内实际从事生产活动的时间,为制度内实际工作时间加上加班加点时间。

4.1.3 计算工作时间构成指标数值

【例】2022年4月份某企业的员工平均人数1 500人,制度公休日8天,有关工作时间资料如下,全日缺勤1 200工日,非全日缺勤4 500工时;全日停工60工日,非全日停工1 000工时;全日非生产120工日,非全日非生产750工时;公休日加班300工日,加点2 000工时。

要求:核算4月份员工的工作时间构成指标。

(1) 按工日核算的工作时间指标。

① 日历工日=计算期企业员工平均人数×日历天数=1 500×30=45 000(工日)

一年中,1、3、5、7、8、10、12月份为31天,2月为28或29天,4、6、9、11月为30天。

② 制度公休工日=计算期企业员工平均人数×制度公休天数=1 500×8=12 000(工日)

自2008年起,我国公民享有的公休时间增加到115天,包括104天的法定休息日和11天的全民节假日。

③ 制度工作工日=计算期企业员工平均人数×制度工作天数=日历工日－制度公休工日=45 000－12 000=33 000(工日)

一年之中,制度工作天数等于365天减去115天,为250天。

④ 缺勤工日=$\sum$计算期每天全日缺勤工日=1 200(工日)

在规定的工作时间内,员工由于个人原因,如病、事、伤、旷工等,全天未上班,称为全日缺勤。在实际计算时,只需要将每天全日缺勤的人数乘以一个工日即可。

⑤ 出勤工日=制度工作工日－缺勤工日=33 000－1 200=31 800(工日)

出勤工日即在规定的工作日每天按要求实际上班工作的人数乘以一个工日。注意:不论是否出勤满一个工作轮班时间(一般8小时),均以一个出勤工日计算。

⑥ 停工工日=$\sum$计算期每天全日停工工日=60(工日)

停工时间又分为全日停工和非全日停工时间,还可以分为停工被利用时间和停工损失时间。停工被利用时间是指停工后又被安排其他生产性作业的时间,停工损失时间是停工时间减去停工被利用时间。

⑦ 非生产工日=$\sum$计算期每天全日非生产工日=120(工日)

注意:员工停工后从事非生产活动,不计入非生产工日,仍按停工工日处理。

⑧ 制度内实际工作工日=制度内工作工日－缺勤工日－停工工日－非生产工日＋停工被利用工日=出勤工日－停工工日－非生产工日＋停工被利用工日=31 800－(60＋120)=31 620(工日)

注意：只要在出勤工日内实际从事本职工作，无论是否达到一个工作轮班的时间，都按一个工日计算。

⑨ 加班工日＝制度公休工日－实际公休工日＝300（工日）

在规定公休日实际从事生产性工作满一个工作轮班的时间，每个公休日加班的人数乘以一个工日构成加班工日。

⑩ 全部实际工作工日＝制度内实际工作工日＋加班工日＝31 620＋300＝31 920（工日）

企业员工在计算期内实际从事工作的全部时间，包括制度内实际工作时间和制度外利用公休日加班的时间。

(2) 按工时核算的工作时间指标。

- 日历工时＝计算期企业员工平均人数×日历天数×制度工作日长度（小时）＝1 500×30×8＝360 000（工时）

- 制度公休工时＝计算期企业员工平均人数×制度公休天数×制度工作日长度（小时）＝1 500×8×8＝96 000（工时）

- 制度工作工时＝计算期企业员工平均人数×制度工作天数×制度工作日长度（小时）＝日历工时－制度公休工时＝360 000－96 000＝264 000（工时）

- 缺勤工时＝全日缺勤工日×制度工作日长度（小时）＋非全日缺勤工时＝1 200×8＋4 500＝14 100（工时）

缺勤工时包括全日缺勤和非全日缺勤。

- 出勤工时＝制度工作工时－缺勤工时＝264 000－14 100＝249 900（工时）

出勤工时即在规定的工作日，每天按要求实际上班工作的人数乘以一个工日。

- 停工工时＝全日停工工日×制度工作日长度（小时）＋非全日停工工时＝60×8＋1 000＝1 480（工时）

停工工时包括全日停工工时和非全日停工工时。

- 非生产工时＝全日非生产工日×制度工作日长度（小时）＋非全日非生产工时＝120×8＋750＝1 710（工时）

非生产工时包括全日非生产工时和非全日非生产工时。

- 制度内实际工作工时＝制度内工作工时－缺勤工时－停工工时－非生产工时＋停工被利用工时＝出勤工时－停工工时－非生产工时＋停工被利用工时＝264 000－14 100－1 480－1 710＝246 710（工时）

注意：只要在出勤工时内实际从事本职工作，无论是否达到一个工作轮班的时间，都按一个工时计算。

- 加班工时＝加班工日×制度工作日长度（小时）＋加点工时＝300×8＋2 000＝4 400（工时）

加班加点工时包括在休息日加班工时和工作日加点工时。

- 全部实际工作工时＝制度内实际工作工时＋加班工时＝246 710＋4 400＝251 110（工时）

任务 4.2 统计工作时间利用状况

🔍 工作情境

把工作时间构成指标搞清楚后,小新搜集了三个月以来的员工考勤数据,便按照指标体系进行计算。接下来就是对工作时间利用状况进行分析。经过一番研读,小新觉得这个工作时间利用状况其实就是指标之间进行对比从而得到一个新指标,也就是常用的对比分析法,即计算相对指标。

🔍 工作任务

小新将统计工作时间利用情况定为三天,即 10 月 18 日前完成。

🔍 工作流程

统计工作时间利用状况的工作流程包括:❶ 工作时间利用基本分析→❷ 加班加点程度分析→❸ 工作时间损失分析。

4.2.1 工作时间利用基本分析

对工作时间利用的基本情况分析包括出勤率、缺勤率和出勤时间利用率及制度工作时间利用率、工作日(或工作月)利用率等指标。实际工作中以出勤率和缺勤率的计算最为基本,工作日(或工作月)利用率较为直观地显示工作时间利用情况,在此予以重点介绍。

(1) 出勤率及缺勤率。
① 出勤率。
出勤率反映员工实际出勤的时间占制度工作时间的比例,可以按工日和工时分别计算,按工日计算的出勤率要略高于按工时计算的。注意,实际工作中,人们习惯以出勤人数除以全部人数来计算出勤率。若以时间为单位进行计量,则更为精确。

$$出勤率 = 制度内出勤工日(工时)/制度工作工日(工时)$$

按工日计算:出勤率 = 31 800/33 000 × 100% = 96.36%
按工时计算:出勤率 = 249 900/264 000 = 94.66%
② 缺勤率。
缺勤率计算较为简单,若计算出出勤率,则缺勤率 = 100% − 出勤率。
按工日计算:出勤率 = 100% − 96.36% = 3.64%
按工时计算:出勤率 = 100% − 94.66% = 5.34%

(2) 工作日(月)利用率。

① 工作日利用率。

工作日利用率反映实际工作日长度占标准工作日长度的比重。

$$\text{工作日利用率} = \text{工作日实际工作长度(小时)} / \text{工作日制度工作长度(小时)}$$

$$\text{工作日实际工作长度} = \text{制度内实际工作工时} / \text{制度内实际工作工日}$$

$$\text{工作日利用率} = (246\,710/31\,920)/8 = 7.7/8 = 96.25\%$$

② 工作月利用率。

工作月利用率反映一个月内实际工作天数占制度规定天数的比例。

$$\text{工作月实际工作天数} = \text{制度内实际工作工日} / \text{工作月平均人数}$$
$$= 31\,920/1\,500 = 21.28(\text{天})$$

$$\text{工作月实际利用率} = \text{工作月实际工作长度} / \text{制度规定工作天数}$$
$$= 21.28/22 = 96.73\%$$

4.2.2 加班加点程度分析

加班加点已成为职场员工的工作常态。虽然加班加点能增加员工的工作时间,为公司带来更多利润,但长时间的加班加点会影响员工的身心健康,同时也会给公司带来额外的工资支付。因此,必须分析加班加点现状,深入分析加班加点的原因,合理制订工作计划和任务。

(1) 加班加点比重。

加班加点比重是指在全部实际工作时间内,加班加点所占的比重。

$$\text{加班加点比重} = \text{加班加点工日(工时)} / \text{全部实际工作工日(工时)}$$

按工日计算:$= 300/31\,920 = 0.9\%$

按工时计算:$= 4\,400/251\,110 = 1.8\%$

(2) 加班加点强度。

加班加点强度是指加班加点时间与制度内实际工作时间的对比强度。

$$\text{每百个工日(工时)加班加点强度} = \text{加班加点工时(工日)} / \text{制度内实际工作工时(工日)} \times 100$$

按工日计算:$= 300/31\,620 \times 100 = 0.9(\text{工日}/\text{百工日})$

按工时计算:$= 4\,400/246\,710 \times 100 = 1.8(\text{工时}/\text{百工时})$

(3) 平均加班加点长度。

平均加班加点长度是加班加点工时与同期制度实际工作工日的比值,用来直观反映员工加班加点的状况。

$$\text{平均加班加点长度} = \text{加班加点工时} / \text{制度内实际工作工日}$$
$$= 4\,400/31\,620 = 0.14\,\text{小时}/\text{日}$$

4.2.3 工作时间损失分析

（1）损失时间。

$$损失时间=缺勤时间+非生产时间+停工损失时间$$
$$=制度内实际工作时间-制度内从事本职工作时间$$
$$+停工被利用时间$$

按工日计算：损失工日 $=1\,200+120+60=1\,380$（工日）

按工时计算：损失工时 $=14\,100+1\,480+1\,710=17\,290$（工时）

（2）经济损失。

时间的损失相应会带来经济损失，可以根据损失工日（工时），再根据日（小时）劳动生产率计算带来的经济损失。

若每日人均产值为 100 元，则 4 月份该企业由于损失时间带来的经济损失 $=1\,380\times100=138\,000$（元）。

【思考】分析工作时间利用状况的指标类别，是总量指标、相对指标还是平均指标。若为相对指标，则其属于哪个类别的相对指标？

任务 4.3 编制工作时间平衡表

工作情境

小新核算完工作时间构成指标，发现指标众多，一一列举似乎并不能显示彼此间的关系，也不容易理解。还好看书上写着有一个工作时间平衡表，不仅能显示指标数值而且能计算时间利用状况指标，他想这样给主管看就好多了，排列整齐、一目了然，于是就在 Excel 中开始绘制表格、计算数值。

工作任务

小新将编制工作时间平衡表定为 2 天，即 10 月 20 日前完成。

工作流程

编制工作时间平衡表的工作流程包括：❶ 制作工作时间平衡表→❷ 填写工作时间指标数值→❸ 计算比重指标数值。

工作时间平衡表包括左右两部分,如表 4-1 所示,均为计算制度工作时间,最终达到左右平衡,这样不仅可以检查工作时间指标是否正确,而且能够反映工作时间利用状况。以例题为例,以工时为计量单位进行平衡表的填制,在此假设缺勤均为正当原因缺勤。

表 4-1 工作时间平衡表

工作时间	数量	工作时间分配	数量	比重(%)
一、日历工时	360 000	一、制度内实际工作工时	246 710	93.5
二、制度公休工时	96 000	其中:停工被利用工时	0	0.0
		二、因正当原因未利用工时	15 810	6.0
		1. 正当理由缺勤工时	14 100	5.3
		2. 非生产工时	1 710	0.7
		三、损失工时	1 480	0.5
		1. 停工工时	1 480	0.5
		2. 无故缺勤	0	0.0
三、制度工作工时	264 000	合 计	264 000	100.0
		补充:加班加点工时	4 400	

4.3.1 制作工作时间平衡表

可根据公司实际情况选择合适的指标项目制作工作时间的平衡表,如表 4-1 所示。

4.3.2 填写工作时间指标数值

双竖线左侧的制度工作工时等于日历工时减去制度公休工时,是通过减法得到;双竖线右侧部分的制度工作工时等于制度内实际工作工时加正当理由未利用工时和损失工时,是通过加法得到;最终两边计算结果相同,即达到左右平衡。

4.3.3 计算比重指标数值

比重是指各指标占制度工作工时的比重。

小　　结

项目 4　工作流程总览

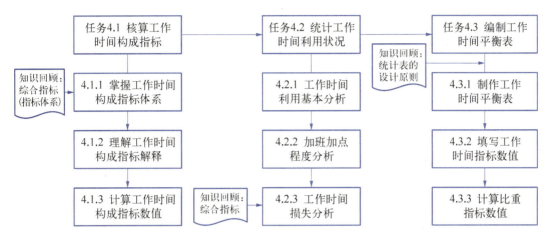

项目 4　理论知识导图

理论知识测试题目

一、判断题

1. 工作时间的计量单位就是年月日，与时间的计量单位一样。　　　　　　　(　　)
2. 制度工作时间包括出勤时间和缺勤时间。　　　　　　　　　　　　　　　(　　)

3. 加班时间是指节假日加班，加点时间是平时工作八小时之外的。（ ）
4. 加班加点对企业来讲是绝对有利的。（ ）
5. 按工日计算的出勤率肯定大于或等于按工时计算的出勤率。（ ）

二、单选题

1. 出勤率等于出勤时间除以（   ）。
   A. 日历时间　　　　　　　　　　　B. 制度工作时间
   C. 制度内实际工作时间　　　　　　D. 损失时间
2. 加班加点强度是加班时间除以（   ）。
   A. 日历时间　　　　　　　　　　　B. 制度工作时间
   C. 制度内实际工作时间　　　　　　D. 全部实际工作时间
3. 自 2008 年起，我国公民享有的公休时间为（   ）。
   A. 114 天　　　　B. 115 天　　　　C. 116 天　　　　D. 117 天
4. 一年 365 天中，我国公民制度工作时间为（   ）。
   A. 248 天　　　　B. 249 天　　　　C. 250 天　　　　D. 251 天
5. 加班加点强度的计算公式是（   ）。
   A. 加班加点工日/出勤工日　　　　　B. 加班加点工日/缺勤工日
   C. 加班加点工日/全部实际工作工日　D. 加班加点工日/制度内实际工作工日

三、多选题

1. 全部实际工作时间包括（   ）。
   A. 制度内从事本职工作的时间　　　B. 停工被利用时间
   C. 加班加点时间　　　　　　　　　D. 非生产时间
   E. 停工损失时间
2. 损失时间包括（   ）。
   A. 缺勤时间　　　　　　　　　　　B. 停工时间
   C. 非生产时间　　　　　　　　　　D. 加班加点时间
   E. 出勤时间
3. 制度工作时间包括（   ）。
   A. 出勤时间　　　B. 缺勤时间　　　C. 加班时间　　　D. 公休时间
   E. 公休日加班时间
4. 非生产时间主要包括（   ）。
   A. 开会　　　　　B. 参观　　　　　C. 公益活动　　　D. 停工被利用时间
   E. 加班时间
5. 工作时间最常用的计量单位是（   ）。
   A. 工日　　　　　B. 工时　　　　　C. 日　　　　　　D. 月
   E. 年

四、名词解释

1. 制度工作时间
2. 加班加点时间
3. 出勤率

五、简答题

1. 工作时间的构成指标有哪些?
2. 工作时间的利用指标有哪些?
3. 工作时间平衡表的原理是什么?

实践项目综合训练

项目名称:核算工作时间构成指标、计算工作时间利用状况指标并在 Excel 软件编制工作时间平衡表。

内容要求:某制造业企业五月份,工人平均人数为 800 人,制度公休日为 9 天,实行一班制生产,工作日制度长度 8 小时,全日缺勤 500 工日,非全日缺勤 800 工时;全日停工 400 工日,其中被利用 100 工日,非全日停工 400 工时;全日非生产 300 工日,非全日非生产 200 工时;公休日加班 100 工日,加点 150 工时。

1. 个人独立完成;
2. 计算工作时间构成的指标;
3. 计算工作时间利用状况指标:出勤率、缺勤率、加班加点比重、加班加点强度、平均加班加点长度;
4. 编制工作时间平衡表。

项目 5

员工满意度调查

 工作情境

11月4日周一上班,郑经理在人力资源部例会上布置了一项重要任务:11月份公司一年一度的重点工作员工满意度调查马上就要开始了,要求人力资源部的各部门和人员积极配合负责员工关系的刘主管,成立项目小组,圆满完成此次调查。郑主管感觉小新的 Excel 软件和统计分析能力还不错,就推荐小新去配合刘主管完成此次任务。郑主管告知小新,刘主管是统计专业出身,又拥有员工关系多年的管理经验,让小新多向他好好学习。次日,刘主管就召集人员召开了项目启动会,小新也清楚了此次调查的目的任务、工作流程等内容。

学习目标

知识目标

① 了解员工满意度调查的目的,掌握调查方案设计的内容,掌握调查问卷设计的流程及内容,掌握调查问卷设计的注意事项;
② 理解并掌握调查方式、调查方法,了解调查过程中的质量控制;
③ 掌握整理数据的流程,能对数据进行汇总;
④ 掌握问卷数据的分析方法,理解信度和效度分析,重点掌握描述统计分析方法,了解差异检验、因子分析、相关矩阵分析方法。

能力目标

① 能设计满意度调查方案和调查问卷;
② 能选择合适的调查方式和调查方法展开问卷调查,并能有效控制调查质量;
③ 能按照数据整理流程,利用 Excel 软件或 SPSS 软件对数据进行汇总并通过图表展示汇总结果;

④ 能利用 Excel 或 SPSS 软件对数据进行描述统计分析,在此基础上,可以进行信度效度分析和其他推断统计分析,并能撰写调查分析报告。

素质目标

① 培养学生"没有调查就没有发言权"的思维方式,引导学生在统计调查过程中实事求是、严谨求真,培养耐心细致的工作作风和严肃认真的科学精神;
② 培养学生团队合作与竞争能力;
③ 通过汇报环节培养学生语言表达能力、PPT 制作能力、时间控制能力;
④ 通过报告撰写培养学生的写作能力。

工作流程

员工满意度调查的工作流程包括:❶ 确定调查目的,设计调查方案→❷ 收集调查数据,实施调查→❸ 回收问卷,整理调查数据→❹ 分析调查数据,撰写分析报告。

员工满意度调查(Employee Satisfaction Survey,ESS)是一种科学的人力资源管理工具,它通常以问卷调查等形式,收集员工对企业管理各个方面满意程度的信息,然后通过后续专业、科学的数据统计和分析,真实地反映公司经营管理现状,为企业管理者决策提供客观的参考依据。员工满意度调查还有助于培养员工对企业的认同感、归属感,不断增强员工对企业的向心力和凝聚力。

任务 5.1　确定调查目的,设计调查方案

工作情境

项目启动会上刘主管对接下来的设计阶段任务作了重点说明,强调了此次的调查目的,要求设计完善可行的调查方案,关键的任务是设计调查问卷,今年的问卷要在去年的基础上进行认真修改和测试。会上项目小组对此进行了热烈讨论。最后,刘主管要求大家利用一周的时间完成。

工作任务

11 月 12 日前完成调查方案和调查问卷。

工作流程

确定调查目的，设计调查方案的工作流程包括：❶ 确定调查目的→❷ 设计调查方案→❸ 设计调查问卷。

员工满意度调查是一个完整的统计项目，包括统计设计、统计调查、统计整理和统计分析四个阶段，确定调查目的、设计调查方案相当于统计设计阶段。统计设计是统计工作的第一个阶段，是整个统计工作的前提。

5.1.1 确定调查目的

企业进行员工满意度调查时首先要明确调查目的。一般来讲，员工满意度调查的目的主要包括如下3个方面。

(1) 诊断潜在问题。

员工满意度调查是员工对企业管理满意度的晴雨表。通过调查可以发现管理中存在的问题，例如员工的高流动率、怠工现象等。

(2) 促进沟通交流。

员工满意度调查保证了员工的自主权和参与度，了解员工真实的需求，能够有效促进企业与员工的沟通和交流，培养员工对组织的认同感和忠诚度，激励员工参与企业管理和组织变革，增强员工对企业的向心力。

(3) 有效预防监控。

调查结果可以提供企业管理绩效数据，监控管理成效，掌握发展动态，从而为企业管理决策提供重要依据。通过调查还可以捕捉员工思想动态和心理需求，如通过调查发现人员流动的意向和原因，可以通过改进措施预防人才流失。

5.1.2 设计调查方案

设计调查方案可以按照"5W1H"的原则，即调查目的（Why）、调查对象（Who）、调查内容（What）、调查时间（When）、调查地点（Where）、如何调查（How）。

(1) 调查目的。

确定调查目的是设计调查方案首先应考虑和解决的问题。调查目的解决的是为什么调查的问题，只有确定了调查目的，才能确定调查范围、调查内容等问题。调查目的的写作应简明扼要，具体明确。

一般而言，一个公司面临如下情况时，员工满意度调查就显得迫切和重要。

① 公司迅速扩张。当一个组织快速发展的时候，了解和掌握员工对他们的工作、对公司的发展前途以及个人的成长等各方面的看法是十分重要的。

② 有上升趋势的员工流动率。当你的公司的员工流动率超过该行业的平均流动率的时候，对你的公司来说可能存在内部的问题，员工满意度的调查是解决这个问题的首选方法，可以快速诊断问题的症结所在。

③ 突发的事件。组织内部的突发事件是不可预测的，可能导致公司内部沟通不畅、诚信危机、员工的恐惧等。通过对员工的调查可以直接了解事件的影响程度。

④ 公司机构或管理层的变更。变更对于组织内部的很多人来说都是困难的，如果决策者处理不好，则公司的生产力和利润可能都要下降。

⑤ 高度竞争的行业。在一个竞争非常激烈的行业内，降低人员流动率，提高企业的生产力都是企业制胜的关键因素。与员工保持紧密的联系是维持持续竞争力的有效手段。

⑥ 薪资政策的制定。你必须知道员工报酬的哪些方面是固定的以及固定在哪个水平范围内，既要保证公司的最大投资回报率，又要使员工满意。

当企业面临以上问题时，可以通过员工满意度调查得到管理层需要的资讯。企业进行员工满意度调查时首先要明确调查目的，调查目的决定了调查的范围、内容、技术方法、调查承担者等，是制订调查计划的首要步骤。

(2) 调查对象。

调查对象是需要进行调查研究的社会现象的总体，由许多个调查单位构成。实际工作中，有时不能调查总体中所有的调查单位，便从调查对象中按一定原则抽取部分调查单位，形成调查样本。调查单位是构成调查对象的每一个单位，是调查内容的载体。根据调查目的，调查单位和填报单位有时一致，有时不一致。例如，在进行员工满意度调查时，调查单位是每名员工，填报单位也是每名员工；若调查员工使用的电脑情况，调查单位是每台电脑，填报单位是每名员工。

(3) 调查内容。

调查内容即向调查单位调查什么，通过具体的调查项目予以展现。在调查中确定哪些调查项目，应根据调查目的和调查单位的特点而定。紧紧围绕调查目的，从现象之间的相互联系，从现象发展的时间状态等方面周全考虑。

在调查中通常以调查表或调查问卷为工具来反映调查内容，收集调查数据。如何设计调查表前文已述，对调查问卷的设计后面详述。

(4) 调查时间。

调查时间主要包括两个方面的含义：一是调查资料所属的时间，如果所调查的是时期现象，就要反映一段时期。例如，调查北京市 2022 年的经济发展情况，则调查时间为 2022 年一年。如果调查的是时点现象，就要规定统一的标准时点。例如，我国第七次人口普查的调查时间为 2020 年 11 月 1 日零时。二是调查期限，即整个调查工作的时限，是从调查工作开始到结束的所持续的时间，包括收集资料及报送资料的整个过程所需要的时间。

(5) 调查地点。

调查地点包括两个含义：一是调查开展的地点，二是调查所覆盖的地理范围。

(6) 如何调查。

如何调查主要包括调查方式、调查方法及组织实施计划。

① 调查方式。

调查方式即调查的组织方式，即如何对调查对象的调查单位进行调查，包括普查、重点调查、典型调查、抽样调查、统计报表。调查分为全面调查和非全面调查，全面调查即对所有的调查单位进行调查，又称普查；非全面调查即选取部分调查单位进行调查，主要包括重点调查、典型调查和抽样调查。若采用非全面调查，则需要说明调查样本的抽样方法及样本量大小。

员工满意度调查最好采用普查的方式,让每名员工都参与,照顾全体员工的需求。

知识链接 5-1

统计调查方式

统计调查的组织方式主要包括普查、重点调查、典型调查、抽样调查和统计报表,统计报表已在项目三中介绍,在此,重点介绍前面四种。

(1) 普查(general survey)。

① 普查的含义。

普查是专门组织的一次性的全面调查。从宏观上,通常用于摸底国家的国情国力,如我国的人口普查;从微观上看,可用于企业整体情况的了解,如对员工的满意度调查。普查比其他调查方式搜集资料全面、系统,但工作量大,需要较多的人力、物力和财力,对于国家的普查来讲通常需要间隔较长时间。表 5-1 给出了我国历次的人口普查及普查标准时点。

② 普查的组织方式。

普查有两种组织方式:一是组织专门的普查,从上到下专门组织普查机构,派调查人员对被调查单位访问和登记;二是通过统计报表由被调查者单位依据原始记录和实际情况自行填写和上报。

③ 普查的原则。

一是要确定普查的标准时间,是指等级调查单位项目所依据的统一时点。如 2020 年我国第七次人口普查的标准时点为 2020 年 11 月 1 日零时;二是普查的登记工作应在整个普查范围内同时进行,保证普查资料的时效性和准确性;三是同类普查内容和时间在历次普查中应尽可能保持连贯性,尽可能按一定周期进行。

表 5-1 我国历次人口普查时间

人 口 普 查	普 查 时 间	人 口 普 查	普 查 时 间
第一次人口普查	1953 年 7 月 1 日零时	第五次人口普查	2000 年 11 月 1 日零时
第二次人口普查	1964 年 7 月 1 日零时	第六次人口普查	2010 年 11 月 1 日零时
第三次人口普查	1982 年 7 月 1 日零时	第七次人口普查	2020 年 11 月 1 日零时
第四次人口普查	1990 年 7 月 1 日零时		

(2) 重点调查(key survey)。

重点调查是一种非全面调查,是从所要调查的总体中选择一部分重点单位进行的调查,所选择的调查单位只是全部单位的少部分,但标志值占总体的绝大比重,对于样本的选择具有客观性。例如,为了及时了解全国城市商品房价格的变动趋势,对我国 70 个大中型城市的商品房价格的变化进行调查。再如,为了解全国的钢铁企业生产总量情况,只要对产量较大的少数几个钢铁企业,如宝钢、首钢、鞍钢等重点企业进行调查,就可以对全国钢铁生产总量有大致认识。

(3) **典型调查**(typical survey)。

典型调查也是非全面调查,是根据调查目的有意识地选择若干个具有典型意义或有代表性的单位进行深入细致的调查。对于样本的选择具有主观性,很大程度上受人们认识的影响,通常用于定性研究,同其他调查相结合,避免出现片面性。

(4) **抽样调查**(sample survey)。

抽样调查是调查中常使用的一种调查方式,属于非全面调查。它是指按照某种原则和程序,从总体中抽取一部分单位作为样本,通过样本来推断总体数量特征。它包括非概率抽样调查和概率抽样调查。它适用于如下三种情况:一是通常在需要了解总体情况又无法进行全面调查的情况,如调查灯泡的寿命、池塘里鱼的数量;二是虽然可以进行全面调查,但由于人力、物力、财力、时间等因素,不必要或不能进行全面调查;三是对普查资料进行检验和修正,例如我国的人口普查通常抽取千分之一的问卷进行复查,以修正调查结果。

非概率抽样调查是指抽取样本时不按照随机原则,而是根据方便原则或人的主观判断选择样本,具有主观性。在有些情况下,由于客观条件限制,难以进行概率抽样,也经常使用非概率抽样。常见的非概率抽样方式包括方便抽样、判断抽样、配额抽样和滚雪球抽样等。方便抽样又称偶遇抽样,是根据方便的原则抽取样本,最典型的方式是拦截式调查,如在街边或居民小区内拦住行人进行调查。判断抽样是调查人员抽取样本时根据个人的经验人为确定样本。配额抽样是将总体中的各单位按一定标准划分为若干个类别,在规定的数额内由调查人员任意抽取样本。滚雪球抽样是先找少量或个别的调查单位,然后通过他们寻找新的调查单位,依次类推,就像滚雪球一样越来越大。

概率抽样调查又称随机抽样调查,简称概率抽样,是从总体中按照随机的原则抽取部分单位作为样本来估计总体的调查方式。例如,从一批产品中随机抽取部分产品进行质量检验,并计算合格率,来推断这一批产品的合格率。概率抽样调查又包括简单随机抽样、系统抽样、分层抽样、整群抽样和多阶段抽样,其中前四种为基本的概率抽样。从理论上讲,概率抽样是最理想、最科学的抽样方法。

② 调查方法。

调查方法主要包括观察法、实验法、访问法和问卷调查法。员工满意度调查中常用的有问卷调查法、访问法、观察法,以问卷调查法为主,访问法为辅,有时以观察法为补充。问卷调查通常通过量表进行员工满意度的测量,具有很好的匿名性,员工能真实回答问题,可信度高,便于定量分析。访问法是调查者与被调查者直接或间接接触以获得数据的一种方法,具体包括面访、电话访问、邮寄访问、互联网调查等。

③ 组织实施计划。

为了保证整个调查工作的实施,需要制订一个周密的组织实施计划,主要包括人员组织机构、时间进度安排、调查经费预算、调查资料准备和报送、调查质量控制等。

- 人员组织机构:包括调查组织机构的确立、调查人员的选择、组织和培训等。

- 时间进度安排：包括制订调查的流程及时间进度，一般通过图表法予以呈现，如制作调查进度表或绘制甘特图，如图5-1所示。

序号	任务名称	开始时间	结束时间	工期	4 一	5 二	6 三	7 四	8 五	9 六	10 日	11 一	12 二	13 三	14 四	15 五	16 六	17 日	18 一	19 二	20 三	21 四	22 五	23 六	24 日	25 一	26 二	27 三	28 四	29 五	30 六
1	设计调查方案	11/4/2013	11/7/2013	4																												
2	设计调查问卷	11/8/2013	11/12/2013	3																												
3	实施问卷调查	11/13/2013	11/19/2013	5																												
4	整理调查问卷	11/20/2013	11/22/2013	3																												
5	分析调查数据	11/23/2013	11/27/2013	3																												
6	撰写调查报告	11/28/2013	11/30/2013	3																												

图5-1　员工满意度调查进度安排

拓展材料1

甘　特　图

甘特图（Gantt chart）又叫横道图、条状图（Bar chart），广泛应用于现代项目管理中。它是1910年在第一次世界大战时期发明的，以亨利·L. 甘特先生的名字命名，他制定了一个完整地用条状图表示进度的标志系统。甘特图内在思想简单，即以图示的方式通过活动列表和时间刻度形象地表示出任何特定项目的活动顺序与持续时间。它基本是一条线条图，横轴表示时间，纵轴表示活动（项目），线条表示在整个期间内计划和实际的活动完成情况。它直观地表明任务计划在什么时候进行及实际进展与计划要求的对比。管理者由此可便利地弄清一项任务（项目）还剩下哪些工作要做，并可评估工作进度。

- 调查经费预算：一项调查经费是一定的，需要制订科学合理的经费预算方案。一般来说，调查所涉及的经费项目主要包括：调查方案设计费、问卷设计费、问卷印刷费、调查实施费（包括人员培训，调查员、督导员劳务费，礼品费等）、数据编码录入费、数据分析费、调查报告撰写费、资料费、交通费、复印费、通信费、专家咨询费和其他费用等。
- 调查资料准备和报送：调查资料准备是指在调查活动正式开始前所做的预先筹划和安排，调查资料报送涉及数据的收集、审核和上报等过程。
- 调查质量控制：数据质量是问卷调查的关键和核心。如何保证调查的质量，应从方案设计、问卷设计、调查实施、数据整理和数据分析全过程进行质量监控，以确保调查数据的真实性、准确性、及时性。

但应注意的是，在调查过程中会产生调查误差。调查误差是指调查数据与实际数据之间的差距，包括登记性误差和代表性误差两类。登记性误差是调查过程中由于调查者或被调查者人为的主观因素造成的误差，如调查者重复登记、遗漏登记、错误引导、错误记录、丢失数据等，被调查者在接受调查时错误理解、记忆不清、有意隐瞒或夸大事实等，都会造成调查误差。登记性误差是人为造成的，是可以防止和消除的。代表性误差是指由于样本的代表性不够，而造成的样本推断总体指标时与总体指标的真实值之间的误差，是由于部分单位推断总体时产生的误差。因此，只要是非全面抽样便会存在代表性误差。如重点调查、典型调查和抽样调查都会存在，而全面调查则不存在。对于代表性误差，只要调查的单位不是全部的调查单位，就不可避免会存在，不能消除，但可以控制。通常的做法是按随机原则抽样或适当扩大样本数量，也可以选用适当的抽样组织方式。

调查方案示例 1

大城市月度劳动力调查方案

一、调查目的

为及时反映我国就业形势的变化,为政府准确判断就业形势,制定和调整宏观经济政策,改善就业服务提供依据,根据《国务院办公厅关于建立劳动力调查制度的通知》(国办发〔2004〕72号)的精神,建立大城市月度劳动力调查制度。

二、调查范围

月度劳动力调查的实施范围为各直辖市(重庆市为主城区)和各省、自治区的省会、首府城市的城镇和乡村。

三、登记对象

月度劳动力调查以户为单位进行,既调查家庭户,也调查集体户。应在被抽中户中登记的人是:

1. 调查时点居住在本户已满16周岁的人;

2. 本户人口中,离开本乡、镇、街道不满半年且已满16周岁的人。

现役军人、在押犯人不登记。

在调查时点前死亡的人口,不调查。

四、调查项目

调查项目分为按户填报的项目和按人填报的项目。

1. 按户填报的项目有户编号、户别、调查时点居住在本户的人口数、调查时点居住在本户已满16周岁的人口数、本户人口中离开本乡、镇、街道不满半年且已满16周岁的人口数等5个项目。

2. 按人填报的项目有姓名、与户主关系、性别、出生年月、户口登记地、住本户时间、离开户口登记地原因、户口性质、受教育程度、婚姻状况、是否为取得收入而工作、工作单位或经营活动类型、就业身份、是否签订劳动合同、未工作原因、是否想工作、是否寻找工作、未寻找工作原因、当前能否工作、不能工作的原因、行业、职业、参加社会保险情况等25个项目。

3. 抽中社区居委会(村委会)所在社区的失业登记情况。包括:本社区(居委会、村委会)的总户数、总人数、登记失业人数。

五、调查时点

2月份为1日零时,10月份的调查时点为15日零时,其他各月的调查时点均为每月10日零时。

六、抽样方法和样本量

按照二阶段、分层、概率比例抽样的办法抽取调查样本。省会城市每季度样本约1800户分配在三个月内调查,每月调查约600户;直辖市每季度样本量约为3600户,每月调查约1200户。季度间样本按照更换20%的比例进行轮换。

各省、自治区、直辖市统计局人口和就业统计机构要在每月调查前,将调查样本的详细变动情况报国家统计局人口和就业统计司。

七、调查的组织实施

1. 大城市月度劳动力调查工作由各省、自治区、直辖市统计局组织省会城市统计局实施。

2. 调查指导员、调查员的选调与培训。调查员主要从政府统计系统和基层组织人员中选调，也可从社会招聘。调查员的数量，原则上按一个社区（居委会、村委会）一名调查员进行配备。调查指导员应由乡、镇、街道统计人员担任。

省市统计局要根据月度劳动力调查制度的要求，对调查员进行培训。每次调查间出现人员变化时，必须对新任调查员进行业务培训，不得由未经培训的调查员承担调查任务。

为加强对调查过程的管理，各地应建立电话核查和入户回访制度。每次调查应选取不少于10%的户进行电话核查和不少于5%的户进行入户回访。

3. 宣传工作。在入户登记前，要在社区张贴公告，并将《致调查户的一封信》发放到调查户。

4. 样本核实、入户登记和复查。入户登记前，区县统计局要组织调查员对应调查的住户样本进行核实，如有变动应根据相关规则进行更新。入户登记时要对被抽中的所有住户（居住单元）逐一进行调查，对应在本户登记的人口不得漏登，对调查项目要仔细询问，认真核对，确保调查数据的质量；在调查登记结束后，要认真进行复查，复查的重点是"您在调查时点前一周是否为取得收入而工作了1小时以上？""近三个月内您采取过以下哪种方式寻找工作？""如有适合的工作，您能否在两周内去工作？"等项目。样本核实、入户登记和复查的具体要求，参见本制度的相关工作规则。

5. 调查表编码。调查表编码分专项编码和非专项编码两部分，非专项编码由调查员在登记、复查、逻辑审核无误后进行，专项编码由区县统计局组织经过培训的专项编码员集中进行。

6. 调查资料的报送。调查员在完成登记、复查和非专项编码工作后，将调查表以社区居委会（村委会）为单位，加上封面和本社区居委会（村委会）的失业登记情况表一并装入包装袋后，报区县统计局。区县统计局调查表报送方式由各省、自治区、直辖市根据需要确定。

八、数据处理、资料上报与管理

1. 国家统计局人口和就业统计司负责数据录入程序和汇总程序的编制和下发。

2. 调查数据的录入工作由各省、自治区、直辖市统计局按照规定的格式和要求，组织实施。

3. 资料上报工作。各省、自治区、直辖市统计局要按照规定的格式，将下列资料以电子邮件方式报国家统计局人口和就业统计司。

调查原始数据：10月为30日17:00前，其余各月均为25日17:00前。

最终住户样本清单：各省在调查完成后，要对住户样本清单进行更新，并将最终调查样本随调查原始数据上报。

4. 数据管理。数据录入工作完成以后，调查表和原始数据存放在各省、自治区、直辖市统计局人口和就业统计机构。各省、自治区、直辖市统计局人口和就业统计机构要指派专人登记，建立必要的防火、防盗、防虫、防潮等措施，妥善进行保管。管理期限为二年。

资料来源：人力资源和社会保障部

> 调查方案示例 2

北京居民互联网共享单车与
城市公共自行车使用及满意度调查方案

一、调查目的

了解北京城乡居民使用互联网共享单车(以下简称共享单车)与城市公共自行车(以下简称公共自行车)的现状、主要影响因素、满意度评价及对共享单车与公共自行车规范管理工作的意见建议,为市委、市政府相关部门制定促进其健康有序发展的政策提供参考依据。

二、调查范围

全市 16 个区。

三、调查对象

年龄在 16~65 周岁且使用过共享单车或公共自行车的城乡居民。

四、调查方式

由调查员利用 PDA 进行拦截调查。

五、调查内容

北京城乡居民使用共享单车与公共自行车的现状、特点、影响因素、满意度评价以及使用过程中遇到的问题和对策建议等。

六、调查时间

2017 年 3~4 月。

七、样本规模

1. 样本总量及各区样本分配。全市共调查 1 000 个样本。其中,使用过"公共自行车"的被访者应占 30%以上,各区调查样本量见下表。

调查样本分布情况表

区	总样本量	其中:使用公共自行车最低样本量
东 城	80	25
西 城	80	25
朝 阳	100	30
丰 台	80	30
石景山	60	20
海 淀	100	20
门头沟	50	0
房 山	60	20
通 州	80	30

续表

区	总样本量	其中：使用公共自行车最低样本量
顺 义	60	20
昌 平	70	20
大 兴	60	30
怀 柔	30	15
平 谷	30	20
密 云	30	15
延 庆	30	15
合 计	1 000	335

2. 调查地点。全市调查样本中，考虑到使用共享单车与公共自行车人群的分布特点，特确定调查地点为社区、写字楼、金融机构、大中型商场/购物中心、超市、电影院、公交站点、地铁站、公园、酒楼/中高档餐馆等公共场所。

3. 配额要求。(1) 各年龄段都要涵盖使用过共享单车与公共自行车的被访者；(2) 不留电话或电话有误的问卷数不得超过问卷总量的10%。

八、抽样方法

样本抽取方法。各区调查员在人员较为密集的公共场所，如：地铁口、超市等，随机拦截被访者。(1) 同一调查点调查人数为10～15人(样本量为30个的4个区调查人数为5～7人)；(2) 样本分布范围至少覆盖5个不同调查点，且各调查点相对分散(样本量为60个以上的区，选择的调查点不能少于6个)；(3) 拦截时同为一家人的，只能调查1人。

九、调查组织实施

本项调查由市局专项处统一部署，各区统计局组织实施。具体分工如下：

1. 市局专项调查处负责调查方案和调查问卷的设计，PDA程序开发，调查方案、调查问卷和PDA使用方法培训，调查数据质量控制及撰写调查报告等工作。

2. 各区专项调查科负责制订本区调查方案、组织现场调查、问卷审核、数据质量控制及数据上传工作。

十、调查要求

为提高调查质量，保证调查工作圆满完成，特提出以下要求：

1. 制订调查方案。各区参照市局调查方案，结合本区实际情况，制订本区调查方案。

2. 制订调查工作计划。确定调查地点、时间和人数(调查开始时间具体到小时)，填写《调查工作计划表》(格式另发)，并在正式调查开始前报送市局专项调查处。

3. 开展调查培训。各区统计局根据本方案要求,认真抽选负责本次调查的调查员、督导员,并对其进行培训,讲解调查方案和问卷。未经培训的人员不得参与此次调查。

4. 组织现场调查。现场调查至少由1名调查员和1名督导员同时完成;调查员要按照问卷首页的内容,向被访者说明调查的随机原则,消除被访者的顾虑,客观、真实地反映被访者的实际情况和切身感受;调查完成后及时向被访者赠送调查礼品。

5. 调查问卷审核。(1)各区专项科同志必须对问卷结果进行审核、重听录音,无误后"提交";(2)审核过程中,如遇问卷存在问题,及时与调查员联系,确认问卷内容,必要时追访或重访,保证调查质量。

十一、调查进度安排

1. 3月22日前,市局专项处部署调查工作并进行培训。

2. 3月30日前,各区完成调查方案制定、调查工作人员的培训、现场调查、问卷审核及数据上传工作。

3. 4月20日前,市局完成问卷质量抽查和分析报告撰写工作。

5.1.3　设计调查问卷

调查问卷是调查者根据调查目的和要求设计的,是由一系列问题、备选答案、说明以及代码表组成的一种调查形式。最早始于20世纪30年代的美国,主要用于政治生活中的民意调查和选举、市场营销、经济预测等方面。当今,调查问卷法已广泛应用于统计学、经济学、管理学、社会学、心理学等各个领域,并被纳入统计制度范围。调查问卷按照问卷填答者不同,可分为自填式和代填式调查问卷,自填式由被调查者填写,代填式由调查员代为填写。

(1) 调查问卷设计的流程及内容。

设计调查问卷主要流程包括:❶ 确定调查主题→❷ 确定调查内容→❸ 撰写调查问卷→❹ 测试和修改问卷。

① 确定调查主题。

确定调查的主题是设计调查问卷的第一步,即提出问题,确定调查的目的和任务。

② 确定调查内容。

根据确定的调查主题,思考归纳调查过程中应调查的主要内容。可参考相同或相似主题的问卷内容,再结合实际情况进行设计。

③ 撰写调查问卷。

调查问卷要按照调查问卷的格式和结构、选用不同题型来撰写。调查问卷的格式和结构主要包括:调查问卷的题目、说明信、被调查者的基本情况、调查事项的题目、填写说明和解释五个部分。

- 题目:是问卷的主题,应该准确、醒目、突出。
- 说明信:一般在问卷的开头,是致被调查者的一封短信。目的是让被调查者了解调查的意义,引起兴趣和重视,正确合作与支持。说明信要说明调查者的身份,调查的中心内容及要达到的目的,选择原则和方法,调查结果的使用和依法保密的措施和承诺,有时还表述奖励的方式、方法及奖金、奖品等有关问题。写好说明信,取得被调查者的信任和支持可以说是问卷调查成功的有力保证。

- 被调查者的基本情况：通常称为背景资料，一般放在问卷后面。基本情况通常包括两类：个人和单位。如果是个人，基本情况包括：姓名、性别、民族、年龄、文化程度、职业、职务或技术职称、个人或家庭收入等；如果是单位，基本情况包括：单位名称、经济类型、行业类别、职工人数、规模、资产等；此外，若采用匿名调查，姓名可省略。
- 调查事项的题目：呈现调查的主要内容，包括问题和答案，是调查问卷最主要、最基本的组成部分。从形式上，它分为封闭式问题和开放式问题，调查问卷一般以封闭式问题为主，辅助以少数开放式问题；从内容上，分为背景问题、行为问题、态度问题与解释性问题。题干的内容取决于调查目的和调查主题。在此，主要从形式上介绍问题和答案的设计。

封闭式问题是事先已经设计出各种可能的答案，由被调查者从中选择。一般经过标准化，有利于被调查者对问题的理解和回答，便于调查后的数据整理。主要包括两项选择题、多项选择题、排序选择题和等级评定题，多项选择题又包括单选题、多选题和限选题，如表 5-2 所示。对于不同问题若答案选项一致，可采用双向列联法（矩阵式）将问题集中在一起，便于节省篇幅，也节省回答者阅读和填写时间。通常用于多个等级评定题，等级相同，如非常满意、比较满意、一般、不满意、非常不满意、很好、好、一般、较差、差，非常喜欢、喜欢、比较喜欢、无所谓、不喜欢等。如示例的员工满意度调查问卷采用的表格形式。有些问题也采用半开放性的，通常用于多选题，问题给出选择范围同时也允许被调查者自由添加和补充，如表 5-2 中举例的第三个问题中设置的其他选项。

在员工满意度调查中多采用等级评定题，测量主观态度及抽象的概念，在此基础上通过预先设定好的标记和量化规则，将定性资料转化为定量数据，即采用量表进行调查。例如，员工满意度调查中将"非常满意、比较满意、一般、不满意、非常不满意"记为"1、2、3、4、5"分，方便进行定量分析。量表主要包括李克特量表、鲍氏社会距离量表、语义差分量表、瑟斯顿量表等，其中李克特量表是问卷设计中运用十分广泛的一种量表，如示例的员工满意度调查问卷便是采用李克特量表的形式。

开放式问题是没有标准答案的问题，由被调查者根据自己的想法自由回答。在使用中比较灵活，能使被调查者充分表达自己的意见和想法，往往能搜集到调查者未考虑或忽略的问题，如表 5-2 所示。但是，开放性问题回收率较低，数量不宜设置太多，否则会增加被调查者的负担，一般放在问卷的末尾。

表 5-2 调查问卷题型举例

题　型	举　例　说　明
两项选择题	1. 您的性别是？（　　） A. 男　　　　B. 女
	说明：答案只有两项，任选其一。
多项选择题 单选题	2. 您的最高学历是？（　　） A. 初中及以下　　B. 高中　　C. 大专　　D. 本科　　E. 研究生及以上
	说明：列出三个或三个以上答案，从中选择一项。

续表

题 型	举 例 说 明
多选题	3. 您认为如何提高员工满意度？（　　） A. 促进公平　　B. 加强沟通　　C. 关爱员工　　D. 成果共享　　E. 其他：_____
	说明：列出三个或三个以上答案，从中任选多项。
限选题	4. 您希望得到何种方式的培训来提升自己的工作能力？（　　） （限选，不多于三项） A. 增加理论知识或技能授课　　B. 工作岗位轮换与调动　　C. 开展学历进修 D. 外派培训　　　　　　　　　E. 其他：_____
	说明：列出三个或三个以上答案，从中限选几项。
排序选择题	5. 您选择本公司的原因？（　　） （请按考虑因素的先后顺序排序） A. 薪酬福利　　　　　　　　B. 培训与晋升空间　　　　C. 工作环境 D. 企业管理与文化　　　　　E. 其他：_____
	说明：在列出的多个答案中，对所选答案按要求顺序排序。
等级评定题	6. 您对公司整体的满意度？（　　） A. 非常满意　　B. 满意　　C. 一般　　D. 不满意　　E. 非常不满意
	说明：列出不同等级的答案，让被调查者选择。
开放题	7. 您认为公司应该如何提高员工满意度？ _____
	说明：不给出答案，由被调查者自由填写。

● 填写说明和解释：包括填写问卷的要求、调查项目的含义、被调查者应注意的事项等，其目的在于明确填写问卷的要求和方法。填表说明可以集中放在问卷前面，也可以分散到各有关问题之前。

调查问卷除了以上主要的五个部分外，问卷的最后也可以写上几句话，再次表示对被调查者的感谢，或者征求被调查者对问卷的意见和感受。此外，问卷中还可以设置问卷编号、调查员姓名、调查时间、调查地点等辅助项目，便于识别问卷、明确责任，方便检查校对和更正错误。

④ 测试和修改问卷。

问卷设计后，初稿通常会存在一些问题，需要仔细检查和修改。在正式使用问卷之前，需要选择部分样本进行问卷的试测，以便及时修改问卷，确保质量，完成定稿印制。

调查问卷示例 1

×公司员工满意度调查问卷[①]

本调查目的是了解目前员工对工作各方面的满意程度,为组织诊断搜集基础数据。希望您如实回答,谢谢合作!

填写方式:请在横线上写上你的答案或你认为适合的选项框内打"√"

性别:_____ 年龄:____ 进入公司年限:_____ 学历:_____

题号	内容	非常满意 1	满意 2	一般 3	不满意 4	非常不满意 5
a_1	对目前工作的整体评价					
a_2	工作职责的明确程度					
a_3	完成工作必需的设备与设施情况					
a_4	工作环境					
a_5	工作作息时间					
a_6	对工作本身感兴趣					
a_7	我的个性与工作的适合性					
a_8	工作能够发挥我的专长					
a_9	工作给我学习新知识的机会					
a_{10}	独立工作的机会					
a_{11}	从工作中感到的成就感					
a_{12}	工作提供的稳定就业的方式					
a_{13}	工作报酬与我的工作量					
a_{14}	考评制度的公平性					
a_{15}	报酬制度的公平性					
a_{16}	公司福利					
a_{17}	同事关系					
a_{18}	上级对待员工的方式					

[①] 调查问卷及分析数据示例来源于胡平、崔文田、徐青川编著.应用统计分析教学实践案例集.北京:清华大学出版社,2007.

续 表

题号	内 容	非常满意 1	满意 2	一般 3	不满意 4	非常不满意 5
a_{19}	上级对我的关心程度					
a_{20}	领导对我的工作指导性					
a_{21}	自己工作的重要性					
a_{22}	做好工作得到的赞扬					
a_{23}	对相关决策的参与					
a_{24}	别人对我的尊重					

调查问卷示例 2

北京居民互联网共享单车与
城市公共自行车使用及满意度调查问卷[①]

您好！我是北京市统计局的调查员，为了解我市城乡居民对互联网共享单车（以下简称共享单车）与城市公共自行车（以下简称公共自行车）的使用现状及需求状况，为市委、市政府出台促进其健康有序发展的措施提供政策建议，特开展此次调查。

随机抽中您为调查对象。请您根据实际情况和真实想法，回答以下问题。对于您所提供的资料，我们将按照《统计法》严格保密，感谢您的合作！

第一部分 甄 别 题

Z1. 您是否使用过共享单车或公共自行车？
1. 是　　　2. 否（终止访问）

Z2. 您的年龄是？
1. 16—20 周岁　2. 21—30 周岁　3. 31—40 周岁　4. 41—50 周岁
5. 51—65 周岁　6. 小于 16 周岁或大于 65 周岁（终止访问）

第二部分 调 查 内 容

【A. 使用情况及影响因素】

A1. 您是否使用过公共自行车？（单选）
1. 是　　　2. 否（跳问 A3）

A2. 共享单车推出后，您使用公共自行车有何变化？（单选）
1. 更倾向骑共享单车
2. 依旧骑公共自行车
3. 无所谓，碰见哪个骑哪个

---

① 调查问卷示例来自北京市统计局网站。

A3. 您经常使用哪些共享单车?（多选）

1. ofo　　　　　　2. 摩拜　　　　　　3. 小蓝单车　　　　4. 优拜单车
5. 小鸣单车　　　　6. 永安行　　　　　7. 酷骑　　　　　　8. 其他(请注明)
9. 没使用过（仅使用过公共自行车的选此项）

A4. 您一般对共享单车或公共自行车的使用频率是多少?（单选）

1. 每天1次及以上　　　　　　　　　2. 2—3天使用1次
3. 4—5天使用1次　　　　　　　　　4. 每周1次
5. 不太经常使用

A5. 一般情况下,您平均每次使用共享单车或公共自行车的时长?（单选）

1. 15分钟及以内　　　　　　　　　2. 16—30分钟
3. 31分钟—1小时　　　　　　　　　4. 1小时以上

A6. 您通常使用共享单车或公共自行车的出行搭配组合是?（单选）

1. 单独使用　　　　　　　　　　　2. 与公交车搭配
3. 与地铁搭配　　　　　　　　　　4. 与私家车搭配
5. 其他(请注明)

A7. 您使用共享单车或公共自行车的主要用途是什么?（多选）

1. 上下班或上下学　　　　　　　　2. 购物
3. 城市旅游、休闲娱乐　　　　　　4. 探亲访友
5. 健身　　　　　　　　　　　　　6. 其他(请注明)

A8. 您选择使用共享单车或公共自行车的主要原因?（限选3项）

1. 环保　　　　　　　　　　　　　2. 方便（随处可见）
3. 便宜（经济）　　　　　　　　　4. 省时
5. 新奇/时尚　　　　　　　　　　 6. 其他(请注明)

【B. 评价与态度】

B1. 根据您的亲身体验,您对当前共享单车与公共自行车以下方面的评价如何?（填写序号即可）（单选）

1. 满意　2. 比较满意　3. 基本满意　4. 不太满意　5. 不满意　6. 说不清

类　　别	共享单车	公共自行车
总体满意度		
寻-开-锁-还的便利性满意度		
骑行满意度		
费用(付费/押金)满意度		
管理维护满意度		

B2. 您对共享单车今后发展前景的态度是怎样的?（单选）

1. 看好,今后应大力发展
2. 看好,应适度控制发展规模
3. 持中立态度,未能预测
4. 不看好,认为今后不必再发展

B3. 您对公共自行车今后发展前景的态度是怎样的?（单选）

1. 看好,今后应大力发展
2. 看好,应适度控制发展规模
3. 持中立态度,未能预测
4. 不看好,认为今后不必再发展

B4. 共享单车或公共自行车对您的生活方式有哪些影响?（多选）

1. 优化出行方式,降低机动车出行频率
2. 激发出行需求,短途出行明显增多
3. 提高出行效率,出行时间明显缩短
4. 丰富运动方式,增加运动健身的机会
5. 便利短途旅游,增加城市体验
6. 其他（请注明）

【C. 问题和建议】

C1. 您在使用共享单车中遇到过哪些问题?（限选5项）(A3未选择9的答此题)

1. 车辆有破损(如：刹车失灵、车胎没气、掉链子、车把或车座损坏等)
2. 恶意损坏(如：上私锁、损坏车牌、拆卸车锁等)
3. 高峰期车子短缺
4. 网络不顺畅开锁困难
5. APP漏洞(如锁车后不停止计费、定位不准等)
6. 同品牌车型单一,舒适度不可调节
7. 注册烦琐
8. 收费过高
9. 押金过高
10. 退还押金或账户余额难
11. 设计有缺陷(如车筐、挡泥板等设计有硬伤)
12. 其他（请注明）

按重要程度排序填写：第一位____ 第二位____ 第三位____

C2. 您在使用公共自行车中遇到过哪些问题?（限选5项）(A1选择1的答此题)

1. 车辆有破损(如：刹车失灵、车胎没气、掉链子、车把或车座损坏等)
2. 恶意损坏(如：上私锁、损坏车牌、拆卸车锁等)
3. 设点少,密度不够
4. 高峰期车辆租还困难,如车辆数量短缺或没有还车位
5. 使用不方便(离地铁、公交等位置较远,不能做到无缝接驳)
6. 刷卡系统失灵
7. 车型单一,舒适度不可调节
8. 办卡手续烦琐
9. 收费过高
10. 押金过高
11. 设计有缺陷(如车筐、挡泥板等设计有硬伤)
12. 其他（请注明）

按重要程度排序填写：第一位____ 第二位____ 第三位____

C3. 您认为公共自行车运营服务在以下哪些方面需要提升？（多选）(A1 选择 1 的答此题)

1. 增加公共自行车的布点
2. 加强维护，提高车辆完好率
3. 简化租借手续（如使用手机 APP 或集成到公交一卡通）
4. 加大宣传力度，提高手机 APP 知晓率
5. 实现全市通存通取
6. 加强运营管理，加强站点间的调度
7. 其他（请注明）

C4. 为了促进共享单车与公共自行车更好地发展，您更期待政府出台和完善哪些措施？（限选 3 项）

1. 尽快制定、出台共享单车与公共自行车规范发展的相关政策法规（如：制定运维标准、明确管理主体等）
2. 打造更多的城市慢行系统，设置自行车道，保证自行车路权
3. 推动对接社会征信体系，加大对违规用户的处罚力度
4. 加大人力、财力投入，用以运营和维护（如：设置或规定停车区域避免乱停乱放等）
5. 增设保险机制，保证骑行者利益
6. 加大打击破坏共享单车与公共自行车行为的力度
7. 其他（请注明）

C5. 您不使用公共自行车的原因是什么？（可多选）(A1 选择 2 的答此题)

1. 安全性差（如：担心个人信息泄露）
2. 费用较高（如：需要交押金）
3. 使用流程烦琐（认证手续太复杂）
4. 网络流量问题
5. 存取不方便（如：不能快速找到周边可用车辆或找不到存车点）
6. 不会使用手机 APP
7. 更喜欢共享单车
8. 其他（请注明）

C6. 如果公共自行车各方面不断完善，您会考虑使用吗？（单选）(A1 选 2 的答此题)

1. 会　　　2. 可能会　　　3. 不会

C7. 您对共享单车的管理及发展有什么建议或意见？（开放题）

C8. 您对政府在公共自行车的管理和提升服务方面有什么建议或意见？（开放题）

第三部分　背　景　资　料

E1. 性别
1. 男　　　　　　　　2. 女

E2. 您的职业是什么？
1. 学生　　　　　　2. 金融业人员　　　　3. IT业人员　　　　4. 商业、服务业人员
5. 其他企事业人员　6. 公务员　　　　　　7. 自由职业者　　　8. 无业、失业人员
9. 离退休人员　　　10. 军人　　　　　　　11. 农民　　　　　　12. 其他(请注明)

E3. 您居住在哪个区？

东城区	1	通州区	9
西城区	2	顺义区	10
朝阳区	3	昌平区	11
丰台区	4	大兴区	12
石景山区	5	怀柔区	13
海淀区	6	平谷区	14
门头沟区	7	密云区	15
房山区	8	延庆区	16

被访者姓名：_____　被访者联系电话：_____
调查员姓名：_____　调查员联系电话：_____
访问地址：_____

(2) 调查问卷设计的注意事项。

问卷设计不仅是一门学问，需要了解问卷设计的相关知识，掌握科学的设计方法，具有科学性，而且是灵活、恰到好处地运用书面语言的艺术，具有艺术性。设计一份科学合理、艺术高明的问卷实属不易，在设计过程中要注意避免一些常见问题。总的来看，主要包括问题顺序、问题数量、问题措辞、选项设置、版面格式五个方面。

① 问题顺序。

在问题的逻辑顺序上，一般先易后难、先简单后复杂、先封闭题后开放题、先一般问题，

后敏感问题的顺序设置,尽量符合被调查者的思维方式,尽量将能引发被调查者兴趣的问题放在前面。

② 问题数量。

问题数量的设置要适量,问题太多会导致被调查者兴趣下降,也会浪费大量的人力、物力;若问题太少,没有覆盖调查主题,则忽略重要信息导致缺失必要数据。

③ 问题措辞。

问题措辞对于被调查者快速、无歧义地理解问题并做出回答非常重要,措辞不当往往会使被调查者误解题意或拒绝回答,引起调查误差,难以弥补,从而直接影响数据质量。

在措辞中,要表述清晰,用语确切、通俗,尽量避免用词生僻或过于专业,语句过于复杂;避免歧义或模糊、难以理解的问题表述;一个提问只包含一个问题,提问内容尽可能简短;避免诱导性提问,不在提问中带有倾向性,影响被调查者回答;避免否定句式的使用,降低回答难度;尽量避免敏感、隐私、禁忌性问题,实有需要提问则可灵活处理。

④ 选项设置。

问题答案的选项设置常见的问题有选项不互斥、不穷尽。例如,问及人的月平均收入时,A. 2 000—3 000 元　B. 3 000—4 000 元　C. 4 000—5 000 元　D. 5 000 元以上,若某人月平均收入在 2 000 元以下则无从选择,这就是选项不穷尽现象。尤其是在多选题的选项设置时容易出现该问题,若不能穷尽所有选项,则可以设置"其他"选项。再如,问及某人年龄时,A. 20 岁以下　B. 20—35 岁　C. 30—45 岁　D. 45 岁以上,若某人年龄为 33 岁,则无所适从,不知道选 B 还是 C,这就是选项不互斥,存在重复现象。

⑤ 版面格式。

版面格式是问卷的形式设计,体现问卷设计的艺术性。排版要整洁美观,界面要友好;要留出足够的空间方便提问、回答及编码和数据处理;重要的地方要加以强调,引起被调查者的注意。

(3) 员工满意度调查的常用问卷。

目前国际上为企业所普遍接受和采纳的员工满意度的测量方法主要是量表法,采用量表评价工作满意度具有简洁、高效、适用性强、信息量大等特点。比较著名的有工作描述指数问卷、洛克的工作满意度量表、明尼苏达工作满意调查表、彼得需求满意调查表、波特式调查问卷等。

① 工作描述指数问卷。

工作描述指数问卷(Job Descriptive Index,JDI)是史密斯(Smith)设计的最有名又最普遍的员工满意度调查,可用在各种形式的组织中。它把工作划分为五个基本维度:薪酬、晋升、管理、工作本身和公司群体。答案分为差、较差、一般、较好、好五个等级,通过填表人的回答,可以统计出员工对工作环境、工作群体等方面的满意程度。工作描述指数问卷通用性强,可用于各种形式的组织中,也可用于各种不同文化程度、不同收入、不同工作种类的员工调查中。如盖洛普咨询公司测量问卷,共有 12 个问题,这 12 个问题是盖洛普公司在近 30 年的时间里,采访了数百种行业超 100 万名员工,筛选出的测评员工满意度的最核心的问题。涵盖了员工满意度归因的诸多方面:

- 我知道对我的工作要求吗?
- 我有做好我的工作所需要的材料和设备吗?

- 在工作中,我每天都有机会做我最擅长做的事吗?
- 在过去的六天中,我因工作出色而受到表扬吗?
- 我觉得我的主管或同事关心我的个人情况吗?
- 工作单位有人鼓励我的发展吗?
- 公司的使命目标使我觉得我的工作重要吗?
- 在工作中,我觉得我的意见受到重视吗?
- 我的同事们致力于高质量的工作吗?
- 我在工作单位有一个最要好的朋友吗?
- 在过去的6个月内,工作单位有人和我谈及我的进步吗?
- 过去一年里,我在工作中有机会学习和成长吗?

② 洛克的工作满意度量表。

洛克提出的员工工作满意度量表共分为9个分量表(特定维度),包括报酬、晋升、上司、福利、认同感、规章制度、同事、工作性质和沟通。每个分量表对应4个相应的问题,每个问题分为6级回答,包括非常不同意、不同意、有点不同意、有点同意、同意、非常同意。

表 5-3 洛克的工作满意度 9 个维度

一般类别	特定维度	维度的描述
事件或条件:		
1. 工作	工作本身	内在的兴趣、多样化、学习的机会、困难、工作量、成功的机遇、对工作流程的控制等
2. 奖励	报酬	数量、公平或公正的依据
	晋升	机会、公平
	认可	表扬、批评、对所做工作的称赞
3. 工作背景	工作条件	时数、休息时间、工作空间质量、温度、通风、工厂位置、福利退休金、医疗和生活保险计划、假期、休假等
人物:		
1. 自己	自己	价值观、技能和能力
2. 公司内的其他人	监督管理	管理风格和影响、技能的熟练程度、行政管理的技能等
	同事	权限、友好、帮助、技术能力等
3. 公司外的其他人	顾客	技术能力、友好等
	家庭成员(洛克未提到)	支持、对职务的了解、对时间的要求等
	其他	

表 5-4　洛克工作满意度的 36 个问题

编号	请仔细阅读以下每一个陈述，并从右栏的备选答案中选择符合您心意的选项，然后圈出相应的数字	非常不同意	不同意	有点不同意	有点同意	同意	非常同意
1	我感到我做的工作得到了相应的报酬						
2	在工作中我得到晋升的机会很小						
3	我的上司完全胜任他(她)的工作						
4	我对我目前得到的福利待遇不满						
5	当我出色地完成一项工作时,我得到了应有的赏识						
6	我们单位大多数的规章制度使得干好一件工作很困难						
7	我喜欢我的同事						
8	我有时感到我的工作没有意义						
9	在我们单位中存在良好的交流和沟通						
10	加工资的间隙时间很长						
11	在我们单位中工作出色的人有足够的晋升机会						
12	我的上司对我不够公平						
13	我们得到的福利待遇和大多数其他单位提供给员工的一样						
14	我感到我的工作没有得到承认						
15	我干好一件工作的努力很少受到太多规章制度的约束						
16	由于同事能力有限,我不得不在工作中付出过多的努力						
17	我喜欢我目前所做的工作						
18	我不清楚本单位的发展目标						
19	当我考虑我的工资时,我感觉没有得到单位的认可						
20	员工在本单位的晋升机会和其他单位的情况差不多						
21	我的上司很少体谅下属						

续 表

编号	请仔细阅读以下每一个陈述,并从右栏的备选答案中选择符合您心意的选项,然后圈出相应的数字	非常不同意	不同意	有点不同意	有点同意	同意	非常同意
22	我们单位的福利待遇是公平的						
23	在本单位工作的员工很少受到奖励						
24	我的工作量总是很大						
25	和我的同事在一起,我感到很愉快						
26	我常常觉得我不知道本单位发生的事						
27	我对我的工作有一种成就感						
28	我对我在本单位涨工资的机会感到满意						
29	有些应该有的福利待遇我们单位没有						
30	我喜欢我的上司						
31	我有很多文案工作(写报告、总结等)需要做						
32	我感到我工作的付出没有得到应有的回报						
33	我对我晋升的机会感到满意						
34	工作中存在很多相互推诿、扯皮现象						
35	我的工作有乐趣						
36	分配给我的工作常常不能解释清楚						

得分说明:
1. 正面描述:非常不同意记1分,以此递加类推,2,3,…,6;
2. 负面描述:非常不同意记6分,以此递减类推,5,4,…,1;
3. 问卷测量的不同工作要素包括的项目编号:
报酬:1,10,19,28
晋升:2,11,20,33
监督管理:3,12,21,30
工作条件(福利):4,13,22,29
认可:5,14,23,32
规章制度:6,15,24,31
同事:7,16,25,34
工作本身:8,17,27,35
沟通:9,18,26,36
4. 其中未作答的项目可用均值来代替(要素均值或总均值),另一种不太准确的替代数字是3或4。

③ 明尼苏达工作满意调查表。

明尼苏达工作满意调查表(Minnesota Satisfaction Questionnaire,MSQ)是当前研究员工满意度较权威的量表,目的是测量员工对工作整体的满意程度。1957年由明尼苏达工业大学工业关系中心的研究者编制而成。明尼苏达满意度量表分为长式量表(21个分量表)

和短式量表(3个分量表)。量表中包括"内在满意"(intrinsic satisfaction)及"外在满意"(extrinsic satisfaction)两个层面,前者指造成满意感的增强物(reinforces)与工作本身有密切的关系,例如,从工作中获得的成就感、自尊、自主等;后者指造成满意感的增强物与工作本身无关,例如,主管的赞美、同事间的良好关系、良好的工作环境等。在每题后的满意度分为5级回答,直接填写每项的满意等级,累加结果并与常模进行比较。长式MSQ共有100项调查内容,可测量工作人员对20个工作方面的满意度及一般满意度。20个大项中每个项下有5个小项。这20个大项是:个人能力的发挥,成就感,能动性,公司培训和自我发展,权力,公司政策及实施,报酬,部门和同事的团队精神,创造力,独立性,道德标准,公司对员工的奖罚,本人责任,员工工作安全,员工所享受的社会服务,员工社会地位,员工关系管理和沟通交流,公司技术发展,公司的多样化发展,公司工作条件和环境。工作描述指数问卷只提供了组织成员对五个工作要素的总的态度的信息资料,而明尼苏达问卷则提供了具体的较详细的信息资料。它对影响员工满意因素的测量是采用李克特(Likert)五点量表计分。如:你对工资收入是否感到满意?提供5个评分标准供选择:A—5分(非常满意);B—4分(基本满意);C—3分(不确定);D—2分(不满意);E—1分(非常不满意)。

该评分标准由强到弱排列,每一个评分标准代表了被调查者对该问题的态度和意见,每个人的选择都可能不尽相同,这就要求我们把每个人在每个选项的答案统一起来计算各个选项的单项得分:单项得分 $= \sum ($频数$\times$分值$)/$单项有效样本数。其中频数为有多少人选择了该答案,分值即为评分标准。通过这种方法就可以对个人就员工满意的态度和意见进行量化,从而对量化的数据进行分析。

④ 彼得需求满意调查表。

彼得需求满意调查表(Need Satisfaction Questionnaire,NSQ)是开放式的适用于管理人员的工作满意度调查方式。对管理人员的满意调查对于任何组织来说都是非常必要的。因为如果管理人员对工作不满意,不仅会影响它自身的行为,而且会波及整个部门甚至整个组织。

彼得需求满意度问卷提问集中在管理工作的具体问题,每个问题都有两项,一项是"应该是";另一项是"现在是"。两个问题的得分相比较,差别越大,满意度越低;差别越小,满意度越高。总的满意度可用各项得分的全部加总来衡量。示例如下:

> 工作安全保障
> a. 现在的状况如何
> (最小)1　2　3　4　5　6　7(最大)
> b. 应该如何
> (最小)1　2　3　4　5　6　7(最大)

⑤ 波特式调查问卷。

上述彼得需求满意度问卷不能充分反映出组织成员满意以及不满意的主次、轻重。波特设计了一种弥补这一缺点的问卷,问卷中每一个问题有三项:a. 对现状的满意程度;b. 理想的情况应该怎样;c. 对该项目满意的重要程度。与彼得需求问卷一样,对答案a与b进行比较,就可以确定满意程度,而c的答案则反映出被调查者对该项目的重要程度。示例如下:

```
你当前的管理位置中,个人成长和发展的机会
a. 现在的状况如何
(最小)1  2  3  4  5  6  7(最大)
b. 应该如何
(最小)1  2  3  4  5  6  7(最大)
c. 重要程度
(最小)1  2  3  4  5  6  7(最大)
```

任务 5.2 收集调查数据,实施调查

工作情境

经过一个星期的充分讨论和准备,多方合作设计了调查方案,精心设计了调查问卷,并进行了问卷测试和修改。接下来刘主管布置调查安排和要求,按时间进度的甘特图显示,用一周完成对所有员工的问卷调查。

工作任务

11月19日前完成问卷调查。

工作流程

确定调查目的,设计调查方案的工作流程包括:❶ 选用合适的调查方式→❷ 选用合适的调查方法→❸ 调查过程中的质量控制。

5.2.1 选用合适的调查方式

在设计调查方案中已说明调查方式的几种类型。选用合适的调查方式即如何确定调查的样本,是否调查所有样本,若调查部分样本,应如何确定样本和样本量。在此,以抽样调查为例说明选用调查方式的步骤。

(1) 界定总体。

根据调查目的和要求对调查总体进行明确界定。例如,调查企业员工满意度时,企业所有员工便是要抽样的总体;调查某班同学的月消费情况时,某班所有同学是要抽样的总体。

(2) 选择抽样方式。

根据调查目的、样本规模及要求误差的精确程度来确定合适的抽样方式,在此以概率抽样为例进行介绍。

① 简单随机抽样(simple random sampling)。

简单随机抽样是最基本的抽样方法，是其他抽样方法的基础。要求对调查总体不进行任何分组，完全按随机原则抽取样本，每个总体单位被抽中的概率一样。抽样时，通常有三种方式：一是抽签法，俗称"抓阄"，在日常工作生活中经常采用，即将每个总体单位的号码写在签上，充分混合均匀后随机抽取。它适用于总体单位数量不多的情形。例如，从班级中抽取 10 名同学调查就业意向，再如公司年会上抽取奖品等。二是随机数表法，随机数表示由 0 至 9 的随机数字组成的表，排列顺序也是随机的，然后从中随机抽取。这在计算机频繁使用的今天已不常使用。三是计算机抽取，即通过计算机的软件或程序随机抽取，如 Excel 软件或 SPSS 软件。简单随机抽样简单直观，但对总体推断时的误差较大。

② 系统抽样(systematic sampling)。

系统抽样也称机械抽样或等距抽样，是先将总体中各单位按一定的标志排序，然后按固定顺序和相等距离或间隔抽取样本单位。排序的标志可以是有关标志或无关标志。例如，调查某企业 1 000 名员工的工资水平，从中抽取 100 名员工调查，可将员工按工资水平（有关标志）排序或工号（无关标志）排序，从 1—100 编好号码，随机确定抽取的第 1 名员工号码，如 10 号，然后每隔 10 抽取第 2 名员工，依次为 20,30,…,1 000。系统抽样操作简单，对总体的推断误差较小。

③ 分层抽样(stratified sampling)。

分层抽样又称类型随机抽样、分类随机抽样，是按照某一标志，先将总体分成若干组，其中每一组称为一层，再在层内按简单随机抽样方法进行抽样。例如，某班有 50 名同学，30 名女生，20 名男生，若从中抽取 30 人，则可以从男生中抽取 18 名，女生中抽取 12 名，此为等比例分层抽样，该方法可以使样本结构接近总体结构，比较合理，实际工作中应用较多。此外还有等数分层抽样和不等比例分层抽样。通过分层抽样可以保证样本中包含不同特征的个体，使样本结构和总体结构接近，进而降低推断误差。一般来说，分层抽样是五种抽样方法中误差最小的。

④ 整群抽样(cluster sampling)。

整群抽样是先将总体按某一标志分成若干组，其中每个组称为一个群，以群为单位进行简单随机抽样，然后对抽到的群内的每个单位进行全面调查，对未抽中的群不做调查。例如，对大学生按宿舍进行抽样，然后对抽中宿舍的所有同学进行调查。再如，某超市对进货的方便面按箱抽样，然后对抽中的整箱方便面进行质量检查。整群抽样减少抽样工作量，可以节省调查成本，但对总体推断的误差较大。

⑤ 多阶段抽样(multi-stage sampling)。

多阶段抽样是指在抽样中不是一次直接从总体中抽取最终样本，而是经过两个或两个以上的阶段才能抽到最终样本，是多种抽样方式的综合。先从总体采用随机方法抽取若干小总体，称为初级单元，再在初级单元中随机抽取若干单位，如果经过两个阶段抽样得到最终样本，则称为二阶段抽样，若经过三个阶段，则称为三阶段抽样。它适用于大范围的抽样调查。例如，在大城市月度劳动力调查中，按照二阶段、分层、概率比例抽样的办法抽取调查样本。

(3) 编制抽样框。

抽样框又称抽样范围，是指一次直接抽样时总体中所有抽样单位的名单。在抽样框中，可以对每个单位编号,由此按随机原则进行抽样。可以有多种形式,常用的有名录框,如企业名录、电话簿、人员名册等,也可以是一张地图或其他形式。不管什么形式,抽样框中的单位必须是有序的,便于编号。例如,调查企业员工时,将员工的工号、姓名、电话号码等唯一标识员工身份的信息作为抽样框。

(4) 确定样本量,抽取样本。

样本量是决定抽样误差大小的直接因素,在组织抽样调查时,必须先确定抽样单位数目,应根据调查目的要求,确定必要的样本量。一般而言,样本量应大于等于30。具体来说,要根据总体标志变异程度、精确度和可靠性、抽样方式和人力、物力、财力允许条件来确定。在抽样调查中,通常根据允许误差和置信水平来确定最低样本量,表5-5给出了在常用的95%的置信水平下不同允许相对误差范围的样本量供参考,可见若允许误差为5%,所需的样本量为385。

表 5-5 允许误差与对应的样本量

允许误差(%)	样本量(95%的置信水平)	允许误差(%)	样本量(95%的置信水平)
±1.0	9 604	±6.0	267
±2.0	2 401	±7.0	197
±3.0	1 068	±8.0	151
±4.0	601	±9.0	119
±5.0	385	±10.0	97

由于简单随机抽样是其他概率随机抽样的基础,在此重点介绍简单随机抽样计算机抽取样本的方法。简单随机抽样包括重复抽样和不重复抽样。重复抽样又称放回抽样,是每次从总体中抽取一个单位,观察记录后又放回,再抽取下一个。不重复抽样又称无放回抽样,是每次从总体抽取一个单位,观察记录后不放回,再抽取下一个。一般在实际工作中采用不重复抽样较多。例如,从116名员工中随机抽取30名员工进行平均工资的调查。

① Excel 软件操作方法。

↳ 方法一:Rand 函数。

❶ 输入员工工号。

首先,在 Excel 表中自 A2 单元格输入员工工号,如 001-116,即抽样框。

❷ 输入或插入 Rand 函数。

然后,在 B2 单元格输入函数:=rand(),产生一个 0-1 的随机数,双击 B2 单元格右下角的小黑方块,使得其他 B3:B117 单元格同样产生 0-1 的随机数。如图 5-2 所示。

❸ 对随机数排序。

将数据按 B 列产生的随机数进行升序(或降序)排序,排序前 30 位的员工工号即为抽中的样本。如图 5-3 所示。

	A	B
1	工号	随机数（0-1）
2	001	0.370355798
3	002	0.385938839
4	003	0.073776326
5	004	0.253252574
6	005	0.608411709
7	006	0.534331965
8	007	0.99984321
9	008	0.834167122
10	009	0.226431317
11	010	0.228219055
12	011	0.489671946
13	012	0.998812393
14	013	0.97927933
15	014	0.798525666
16	015	0.656410347
17	016	0.218113249
18	017	0.649985963
19	018	0.58403799
20	019	0.638346921
21	020	0.560502517
22	021	0.431557455
23	022	0.271677351
24	023	0.900388597
25	024	0.680204814
26	025	0.12984866
27	026	0.540054482
28	027	0.015397091
29	028	0.031511307
30	029	0.65482223

图 5-2 使用 rand 函数产生随机数

	A	B	C
1	工号	随机数（0-1）	排序号
2	075	0.010597994	1
3	114	0.012884178	2
4	027	0.015397091	3
5	028	0.031511307	4
6	057	0.045928748	5
7	003	0.073776326	6
8	032	0.081912782	7
9	064	0.099272359	8
10	025	0.12984866	9
11	071	0.134027051	10
12	039	0.16414204	11
13	083	0.166758337	12
14	105	0.194311897	13
15	110	0.206084188	14
16	055	0.207174199	15
17	016	0.218113249	16
18	009	0.226431317	17
19	010	0.228219055	18
20	004	0.253252574	19
21	050	0.25376708	20
22	051	0.260244835	21
23	056	0.264137566	22
24	053	0.268584892	23
25	022	0.271677351	24
26	043	0.275304773	25
27	041	0.279104495	26
28	059	0.282241373	27
29	062	0.294726151	28
30	109	0.297180284	29
31	078	0.302044981	30

图 5-3 用排序产生 30 名样本

Rand 函数的功能及参数

功能：

返回大于等于 0 及小于 1 的均匀分布随机实数，每次计算工作表时都将返回一个新的随机实数。

语法及参数：

=Rand()

注解：若要生成 a 与 b 之间的随机实数，则=RAND()*(b—a)+a；若要生成 a 与 b 之间的随机整数，则=Round(RAND()*(b—a)+a,0)，round 函数为四舍五入函数。

↘ 方法二：【数据分析工具】→【随机数发生器】。

❶【数据】→【数据分析】→【随机数发生器】。

在【数据】选项卡中选择数据分析工具，选择【随机数发生器】，在弹出的对话框中进行如下设置，变量个数为 1，随机数个数为 30，分布选择均匀，参数设置为 1 与 116，输出选项选择默认的新工作组，输出结果如图 5-4 所示。

❷ 利用 INT 函数对输出的随机数字取整。

对 A 列输出的随机数字利用 INT 函数取值，会发现有重复值出现，如两个 112。

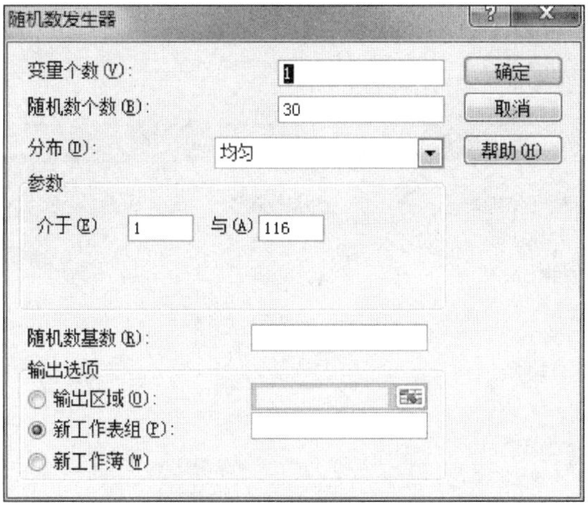

图5-4　随机数发生器对话框设置

	A	B
1	107.1452071	107
2	18.97631764	18
3	88.2809534	88
4	38.6863918	38
5	16.82842494	16
6	83.9606006	83
7	86.49104282	86
8	48.80114139	48
9	59.62132633	59
10	49.01873836	49
11	7.338389233	7
12	89.10571612	89
13	17.37943663	17
14	98.10440382	98
15	77.99072237	77
16	73.60368664	73
17	29.08404798	29
18	113.7047029	113
19	40.07269509	40
20	22.5561388	22
21	56.02746666	56
22	88.25989563	88
23	114.8979766	114
24	113.7047029	113
25	87.49479659	87
26	38.91100803	38
27	8.503585925	8
28	58.97555467	58
29	69.9782403	69
30	61.77974792	61

图5-5　利用INT函数对随机数取整

	A	B
1	112.82379	112
2	105.62554	105
3	50.527879	50
4	70.725791	70
5	18.376171	18
6	109.31767	109
7	101.45961	101
8	107.6892	107
9	50.89639	50
10	88.466964	88
11	23.072054	23
12	38.159948	38
13	21.071566	21
14	95.556413	95
15	111.68316	111
16	84.402814	84
17	11.030519	11
18	110.02661	110
19	39.111057	39
20	43.020783	43
21	112.14292	112
22	91.615101	91
23	87.010468	87
24	23.95999	23
25	62.485183	62
26	104.94116	104
27	97.532334	97
28	105.27458	105
29	66.833613	66
30	1.3369243	1

图5-6　去除重复项的随机数字

❸【数据】→【删除重复项】。

通过图5-5发现有重复项，解决办法是在随机数字对话框中增加随机数个数，如50。对产生的50个随机数字取整后，然后利用数据选项卡的删除重复项将重复的数字删除，剩余的不重复数字中选择前30个数字即可，如图5-6所示。

↘ 方法三：【数据分析工具】→抽样。

❶【数据】→【数据分析】→【抽样】。

利用图5-2中的A列工号数据，选项数据选项卡中数据分析工具中的抽样，在弹出的对话框中，设置输入区域、随机样本数如图 5-7 所示。需要注意的是 Excel 软件中的抽样是重复抽样，图 5-8 中存在两个 62。

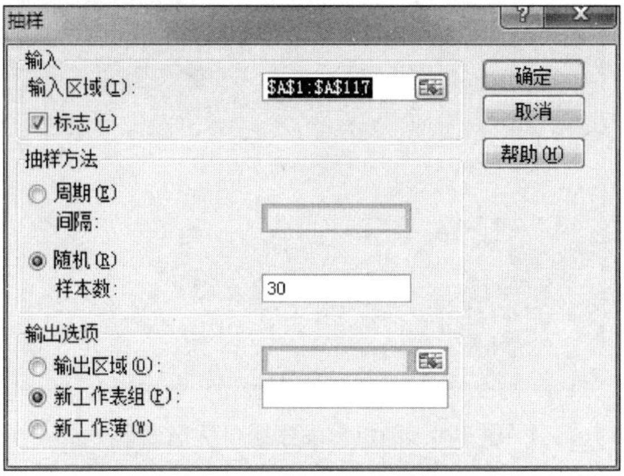

图 5-7 抽样对话框设置

❷【数据】→【删除重复项】。

对于重复项的处理方式同方法二，增加随机样本数，如图 5-8 所示。然后通过数据选项卡的删除重复项选择前 30 个样本即可，如图 5-9 所示，为最终确定的 30 个样本。

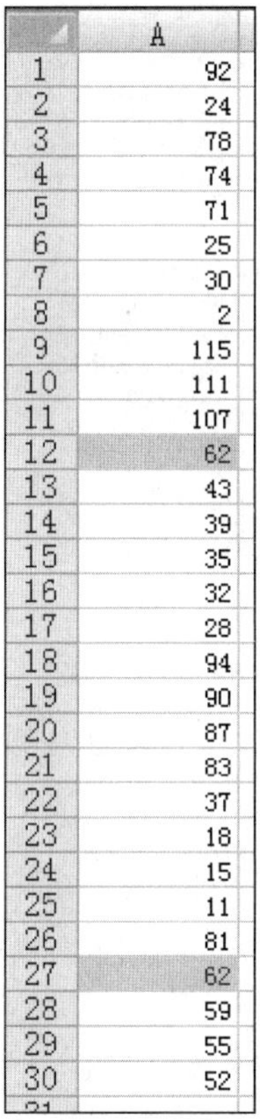

	A
1	92
2	24
3	78
4	74
5	71
6	25
7	30
8	2
9	115
10	111
11	107
12	62
13	43
14	39
15	35
16	32
17	28
18	94
19	90
20	87
21	83
22	37
23	18
24	15
25	11
26	81
27	62
28	59
29	55
30	52

图 5-8 50 个有重复样本

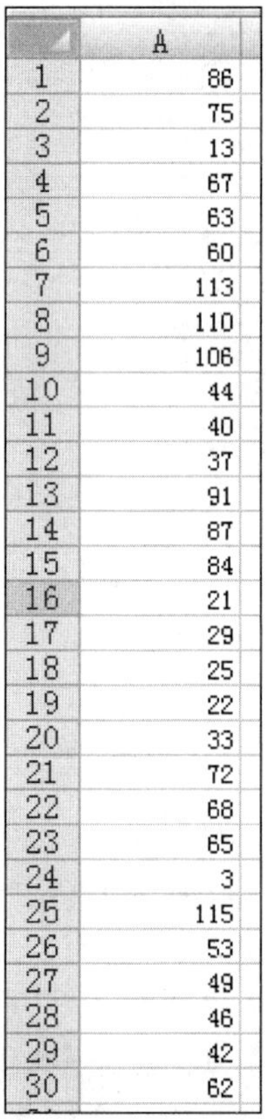

	A
1	86
2	75
3	13
4	67
5	63
6	60
7	113
8	110
9	106
10	44
11	40
12	37
13	91
14	87
15	84
16	21
17	29
18	25
19	22
20	33
21	72
22	68
23	65
24	3
25	115
26	53
27	49
28	46
29	42
30	62

图 5-9 30 个无重复样本

② SPSS 软件操作方法。

❶【数据】→【选择个案】。

在选择个案对话框中选择"随机个案样本",输出选项中选择"删除未选定个案",则只会显示抽取的 30 个样本。如图 5-10 所示。

图 5-10　选择个案对话框设置

❷ 设置"精确选择个案"对话框。

然后在弹出的"选择个案:随机样本的对话框"中选择"精确",样本数为"30",从第一个开始的个案至"116"个案为止的范围抽取,最终抽样结果如图 5-11 所示。可见,SPSS 软件抽取的样本为不重复抽样。

	工号
1	1
2	5
3	9
4	10
5	11
6	12
7	14
8	20
9	21
10	24
11	29
12	31
13	32
14	33
15	34
16	43
17	50
18	60
19	65
20	66
21	70
22	72
23	73
24	79
25	88
26	90
27	97
28	101
29	115
30	116

图 5-11　SPSS 软件抽取的 30 个样本

【思考】如何在 50 名班级同学中按男女比例 2∶1 以分层抽样的方式抽取 30 个样本?

(5) 推断总体。

在抽取样本后,可以对数据进行汇总和统计分析,得出样本的统计量,再根据样本的统计量推断总体的参数,如根据样本均值推断总体均值,根据样本成数推断总体成数。

5.2.2 选用合适的调查方法

社会经济工作和研究中经常使用观察法、访问法和问卷调查法来收集一手数据。

(1) 观察法。

观察法是一种单向的有针对性获取信息的方法,适合小范围的重点调查,受调查人员主观意识影响较大,需要做好观察记录。

(2) 访问法。

访问法包括面访、电话访问、邮寄访问和互联网访问。

① 面访。

面访是目前调查中使用最为广泛的一种调查方法,也是访问成本最高的一种方法。面访是指由调查者当面向被调查者提出问题,调查者当场回答以获取资料的一种调查方法。根据访问人数的多少可以分为个人访问和小组访问两种。个人访问又有个别深度访问、入户访问和街头拦截式访问等形式,小组访问采用座谈会的形式,也称小组座谈法。员工满意度调查多采用座谈会和个别深度访问的形式,由于座谈会有些问题不方便公开讨论,可以采用一对一的个别深度访问的形式。

② 电话访问。

电话访问是通过电话向被调查者询问有关调查内容的一种调查方法,适用于题目较少且内容较为简单的快速调查。目前,电话调查正向计算机辅助电话调查(Computer-Assisted Telephone Interviewing System,CATI)方向发展,将计算机和电话连接起来,抽样由计算机完成,计算机自动拨号,调查员将调查结果直接录入计算机。

③ 邮寄访问。

邮寄访问是将问卷印制好,通过邮局寄给被调查者,由被调查者自己填写问卷,并将问卷寄回。在实际调查中,回收率较低,采用较少。

④ 互联网访问。

互联网访问又称网络调查,是利用互联网进行信息收集的方法。随着互联网的普及和技术的发展,它以较短的时间、较低的费用、较广的调查范围、便于统计汇总等优点,正在成为问卷调查的重要方法。目前,网上有专门的问卷调查网站,方便设计问卷、进行调查和数据汇总。例如,问卷星网站(http://www.wjx.cn/)等。

(3) 问卷调查法。

在员工满意度调查中,可以采用设计问卷然后印制问卷供员工笔答的形式,此种方式有利于匿名填答,便于回收,但需要后期录入;也可以通过 Excel 控件设计问卷调查系统,然后通过公司内部邮箱发放调查问卷,此种方法不利于员工身份保密,但能省去录入环节;还可以通过在线问卷调查网站设计互联网调查问卷,通过 QQ、微信、邮件、微博等方式进行填答回收,此种方式的回收率往往不高,但能通过问卷调查网站实现数据的录入和基本的统计分析。

5.2.3 调查过程中的质量控制

数据质量是调查的核心问题,应在问卷、方案设计、实地调研、数据整理和分析阶段严格监控、有效预防。在调查阶段,应设置访问人员和督导人员,并进行认真严格的专门培训,对问卷进行及时复核。

任务 5.3　回收问卷,整理调查数据

工作情境

如期完成问卷调查后,整理调查数据按计划三天完成。时间紧迫,小新事先被安排录入数据,并配合项目组其他成员完成整理调查数据工作。

工作任务

11 月 22 日前完成整理调查数据。

工作流程

回收问卷,整理调查数据[①]的工作流程包括:❶ 数据预处理→❷ 数据分组汇总→❸ 数据汇总结果的图表展示。

5.3.1 数据预处理

数据预处理是数据整理工作的第一个环节,主要包括回收问卷、编码录入、审核数据、排序与筛选等步骤。

(1) 回收问卷。

对于利用网络平台回收的问卷数据,调查数据自动提交保存在服务器中,对于 Excel 调查问卷将以数据文件形式保存。回收问卷的过程是需要从服务器上下载或导出数据或者将 Excel 文件汇总收集。

(2) 编码录入。

编码是对问卷及问卷中的问题及回答设置符号代码的过程,以方便后期录入、查询和审

---

① 问卷调查分析数据共 400 个样本,节选自胡平、崔文田、徐青川编著. 应用统计分析教学实践案例集. 北京:清华大学出版社,2007.

核。以示例的调查问卷为例,问卷编码如表 5-6 所示。

表 5-6 员工满意度调查编码表

编码问题	变量名	编码及取值
性别	xb	1：男；2：女
年龄	nl	
进入公司年限	nx	
学历	xl	1：大专以下；2：大专；3：本科
对目前工作的整体评价	a1	1：非常满意；2：满意；3：一般；4：不满意；5：非常不满意
工作职责的明确程度	a2	1：非常满意；2：满意；3：一般；4：不满意；5：非常不满意
完成工作必需的设备与设施情况	a3	1：非常满意；2：满意；3：一般；4：不满意；5：非常不满意 1：非常满意；2：满意；3：一般；4：不满意；5：非常不满意
工作环境	a4	1：非常满意；2：满意；3：一般；4：不满意；5：非常不满意
工作作息时间	a5	1：非常满意；2：满意；3：一般；4：不满意；5：非常不满意
对工作本身感兴趣	a6	1：非常满意；2：满意；3：一般；4：不满意；5：非常不满意
我的个性与工作的适合性	a7	1：非常满意；2：满意；3：一般；4：不满意；5：非常不满意
工作能够发挥我的专长	a8	1：非常满意；2：满意；3：一般；4：不满意；5：非常不满意
工作给我学习新知识的机会	a9	1：非常满意；2：满意；3：一般；4：不满意；5：非常不满意
独立工作的机会	a10	1：非常满意；2：满意；3：一般；4：不满意；5：非常不满意
从工作中感到的成就感	a11	1：非常满意；2：满意；3：一般；4：不满意；5：非常不满意
工作提供的稳定就业的方式	a12	1：非常满意；2：满意；3：一般；4：不满意；5：非常不满意
工作报酬与我的工作量	a13	1：非常满意；2：满意；3：一般；4：不满意；5：非常不满意
考评制度的公平性	a14	1：非常满意；2：满意；3：一般；4：不满意；5：非常不满意
报酬制度的公平性	a15	1：非常满意；2：满意；3：一般；4：不满意；5：非常不满意
公司福利	a16	1：非常满意；2：满意；3：一般；4：不满意；5：非常不满意
同事关系	a17	1：非常满意；2：满意；3：一般；4：不满意；5：非常不满意
上级对待员工的方式	a18	1：非常满意；2：满意；3：一般；4：不满意；5：非常不满意
上级对我的关心程度	a19	1：非常满意；2：满意；3：一般；4：不满意；5：非常不满意
领导对我的工作指导性	a20	1：非常满意；2：满意；3：一般；4：不满意；5：非常不满意
自己工作的重要性	a21	1：非常满意；2：满意；3：一般；4：不满意；5：非常不满意

续 表

编码问题	变量名	编码及取值
做好工作得到的赞扬	a22	1：非常满意；2：满意；3：一般；4：不满意；5：非常不满意
对相关决策的参与	a23	1：非常满意；2：满意；3：一般；4：不满意；5：非常不满意
别人对我的尊重	a24	1：非常满意；2：满意；3：一般；4：不满意；5：非常不满意

由于示例的调查问卷涉及的问题类型较少，仅有填空题和等级评价题，在此以表5-6中涉及的不同问题为例，假设问卷编号为10的人回答7个问题，如表5-7所示，分别介绍Excel和SPSS软件中的数据录入。

表5-7 不同问卷题型及回答

题型	回答
两项选择题	1．您的性别是？（**B**） A．男　　　　　B．女
多项选择题 单选题	2．您的最高学历是？（**E**） A．初中及以下　　B．高中　　　　C．大专　　　　D．本科　　　　E．研究生及以上
多选题	3．您认为如何提高员工满意度？（**ABCE**） A．促进公平　　　B．加强沟通　　　C．关爱员工　　　D．成果共享　　　E．其他：<u>及时反馈</u>
限选题	4．您希望得到何种方式的培训来提升自己的工作能力？（**ABD**） （限选，不多于三项） A．增加理论知识或技能授课　B．工作岗位轮换与调动　C．开展学历进修 D．外派培训　E．其他：＿＿＿＿＿
排序选择题	5．您选择本公司的原因？（**ABCD**） （请按考虑因素的先后顺序排序） A．薪酬福利　　　　　　　B．培训与晋升空间　　　　　C．工作环境 D．企业管理与文化
等级评定题	6．您对公司整体的满意度？（**B**） A．非常满意　　B．满意　　　C．一般　　　D．不满意　　　E．非常不满意
开放题	7．您认为公司应该如何提高员工满意度？ <u>多与员工沟通，增加人文关怀。</u>

编码说明：A-1；B-2；C-3；D-4；E-5。

① Excel软件录入数据。

每份问卷根据问卷编号按行依次录入。录入问卷答案时，根据答案的选项不同，可以分为单选题、多选题、排序题和开放题四种类型。

单选题：包括两项单项、多项单选和等级评定题，如表5-7中第1题、第2题、第6题，由于答案只有一个选项，在定义时只需要一个变量，录入时按编码方法录入相应数字即可，如用A-1；B-2；C-3；D-4；E-5。

多选题：包括多项多选和限选题，如表 5-7 中第 3 题和第 4 题。有两种录入方式：二分法和多重分类法。二分法把每一个相应选项定义为一个变量，每个变量值有两个，0 表示未选，1 表示已选，如图 5-12 所示。多重分类法是根据选项确定变量个数，若限选三项则需要定义三个变量即可，然后录入相应选项的编码数字即可，如图 5-13 所示。二分法会增加录入工作量，多重分类法录入量较少，适用于问题选项较多的情况。需要注意的是，在多选题中存在其他选项时，属于半开放题，可以增加一个变量，如第 3 题增加变量 T3a，用来录入相应的文字内容。

排序题：如表 5-7 中第 5 题。对于排序题，需要按重要性进行排序，按被调查者填写顺序依次录入选项代表的编码数字即可。

开放题：如表 5-7 中的第 7 题。对于开放性的文字题，可以先全文录入。为了整理分析方便，可以对文字内容进行归纳总结，转换为多选题进行定量分析。如果答案较为丰富、不容易归类，可以直接对此类问题进行定性分析。

图 5-12　Excel 软件录入数据示例 1

图 5-13　Excel 软件录入数据示例 2

② SPSS 软件录入数据。

在 SPSS 软件录入数据前首先要定义变量，包括变量名称和变量属性。变量属性包括数据类型、宽度及小数位、变量标签、值标签、缺失值及度量标准等。设置完毕后再录入数据。仍以表 5-7 中的不同题型为例，假设录入 3 名被调查者的数据。

首先，在 SPSS 软件的变量视图模式下，定义变量名称及变量属性，如图 5-14 所示。

图 5-14　定义变量名称和属性

表 5-8 变量名称及变量属性设置解释

变量名称及属性	解 释 说 明
变量名称	允许汉字作为变量名，有些特殊字符不允许录入，不需要特别记住这些规则，具体在设置时尝试即可
数据类型	从显示方式上包括三种基本类型：数值型、字符串和日期型。例如，问卷编号、第1—6题都可以定义为数值型，第7题为字符型
宽度及小数位	默认宽度为8，小数位数为2。注意在设置字符型数据宽度时，每个汉字占两个字符，应根据文字数量设置足够的数据宽度。字符串数据默认为左对齐，数值型数据默认为右对齐
变量标签	对变量名称的进一步解释说明，该标签会在结果输出中以方便阅读和理解，增强变量名称的可视性和统计分析结果的可读性
值标签	对变量值取值含义的解释说明。在设置时，包括值和标签两个项目。例如，性别数据，1的标签为男，2的标签为女，如果未定义值标签，别人很难弄清楚1表示男还是女
缺失值	用于定义变量缺失值，包括用户自定义缺失值和系统缺失值两类。对于数值型数据，系统缺失值用圆点"."表示，而字符型数据默认为空字符串。另外用户可以自定义缺失值，如在问题选项中设置"不知道/拒答"，相应代码可以用9或99等表示，这里的9或99并不是真实答案，仅仅是对缺失值代码进行标记，以在数据分析时区别对待缺失值和正常的分析数据
度量标准	即数据的测量尺度，包括名义、序号、度量三种，对应前面所介绍的定类数据、定序数据和定量数据
列及对齐	列即列宽，根据变量名可以设置列宽的字符数，对齐可以设置左对齐、居中对齐和右对齐。一般无须设置，默认即可

然后，在数据视图中录入即可。与 Excel 录入多选题相同，SPSS 软件中也分为二分法和多重分类法，图 5-15 是按多重分类法录入的。二分法在此不再赘述，读者可自行练习。

	ID	T1	T2	T3_1	T3_2	T3_3	T3_4	T3a	T4_1	T4_2	T4_3	T5_1	T5_2	T5_3	T5_4	T5_5	T6	T7
1	1	1	3	1	2	3	4		1	2	3	1	2	3		5	1	
2	2	2	5	1	2	3		5 及时反馈	1	2	4	1	2	4	5		3	2 多与员工沟通，增加人文关怀。
3	3	1	2	2	3	4			1	3	4	1	4	5	2		3	3

图 5-15 SPSS 软件数据录入示例

【思考】如何采用二分法在 SPSS 中录入数据？

【思考】如何利用示例的员工满意度调查问卷在 Excel 软件和 SPSS 软件中录入数据？

(3) 审核数据。

为了保证问卷数据分析的质量，需要对回收的问卷和录入的数据进行认真审核。为了保证录入环节的数据质量，可以采用双机录入的形式。审核数据包括对数据准确性、完整性和及时性的审核。

对问卷数据准确性的审核主要包括逻辑检查和计算检查。逻辑检查是从一致性上核对数据是否有错误，是否有非法值，数据是否合理，项目或指标之间是否有重复或矛盾。例如，年龄范围取值在 18—65 岁，性别只有 1、2 两种取值，限选题选项超过规定数目等情况，可以事先在 Excel 软件中通过设置数据有效性条件或者通过函数公式判断，在 SPSS 软件中定义数据验证规则来进行检查。

对问卷数据完整性的审核主要是对问卷的缺失值进行处理。如果问卷中大部分问题没有回答，或者做了无效回答，就会存在大量缺失值，进而污染整个数据，可以摒弃这种问卷。如果问卷中只是存在个别问题漏答或不符合要求，但是整体质量较好，这种情况下可以不摒弃整份问卷，而是针对特定问题进行缺失值处理。一般来说，有四种处理方法：一是用样本平均值代替缺失值；二是用统计模型计算的值代替缺失值；三是删除有缺失值的记录；四是保留缺失值，仅在分析中作必要的剔除。

对文件数据及时性的检查较为简单，主要审核所有问卷是否按时回收。

(4) 排序筛选。

通常录入数据是按问卷编码的先后顺序，有时需要利用排序或筛选查看或选择符合要求的数据记录。例如，按年龄高低进行排序，筛选女性员工的数据等。

数据排序便于数据浏览，有助于了解数据取值、缺失值、异常值情况，能快捷地找到最大值和最小值，初步了解数据离散程度。对于数据排序的操作方法较为简单，在 Excel 软件中可以通过【数据】→【排序】，在 SPSS 软件中通过【数据】→【排序个案】来完成，在此不再给出具体操作步骤。

数据筛选是筛选出符合条件的记录，对部分数据进行分析。操作也较为简单，在 Excel 软件中可以通过【数据】→【筛选】，在 SPSS 软件中通过【数据】→【选择个案】来完成，在此不再给出具体操作步骤。

5.3.2 数据分组汇总

数据分组汇总的方法和步骤在项目一中已介绍，在此不再赘述。根据分组标志和数据类型不同，包括品质标志分组和数量标志分组，数量标志分组又包括单项式分组和组距式分组，分组汇总的方法也不尽相同。例如，对性别分组，对年龄按 20—30 岁、30—40 岁、40—50 岁、50 岁以上分组，对目前工作整体评价按李克特五级量表进行分组。

5.3.3 数据汇总结果的图表展示

数据分组汇总后,通常通过表格和图表的形式予以展示,项目一中已有介绍。在此,根据示例的调查问卷数据给出分组汇总后的图表展示。例如,对性别(定类变量)、年龄(定距变量)、对目前工作整体评价(定序变量)三种不同变量类型利用SPSS软件绘制的表格和图表,操作步骤前文已述,其他变量汇总结果不再展示。

(1) 对性别汇总的表格及图表展示(见表5-9和图5-16)。

表5-9 性别分布

		频率	百分比	有效百分比	累计百分比
有效	男	272	68.0	68.3	68.3
	女	126	31.5	31.7	100.0
	合计	398	99.5	100.0	
缺失	系统	2	0.5		
合计		400	100.0		

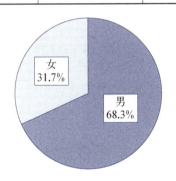

图5-16 性别分布

(2) 对年龄汇总的表格及图表展示。

表5-10为年龄分组情况,图5-17为年龄直方图,图5-18为年龄箱形图,编号397、395、396、400的员工年龄偏大,分别为49岁、50岁、50岁、54岁。

表5-10 年龄分组情况

		频率	百分比	有效百分比	累计百分比
有效	≤29	124	31.0	31.0	31.0
	30—39	218	54.5	54.5	85.5
	40—49	56	14.0	14.0	99.5
	50+	2	0.5	0.5	100.0
	合计	400	100.0	100.0	

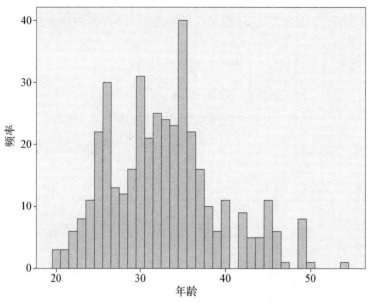

图 5-17 年龄直方图

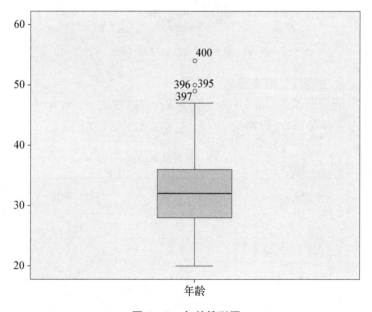

图 5-18 年龄箱形图

(3) 对目前工作整体评价汇总的表格及图表展示(见表 5-11 和图 5-19)。

表 5-11　对目前工作的整体评价分布情况

		频　率	百分比	有效百分比	累计百分比
有效	非常满意	10	2.5	2.5	2.5
	满意	159	39.8	39.8	42.3
	一般	114	28.5	28.5	70.8
	不满意	93	23.3	23.3	94.1
	非常不满意	24	6.0	6.0	100.0
	合计	400	100.0	100.0	

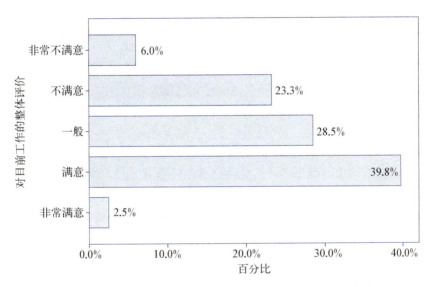

图 5-19　对目前工作的整体评价比例分布

任务 5.4　分析调查数据，撰写分析报告

工作情境

汇总数据如期完成后，接下来的数据分析和撰写报告工作由刘主管亲自上阵带领项目组共同完成。小新在此过程中学到了很多分析方法。

工作任务

11月30日前完成员工满意度调查分析报告。

 工作流程

分析调查数据，撰写分析报告的工作流程包括：❶ 信度和效度分析→❷ 描述统计分析→❸ 推断统计分析→❹ 撰写分析报告。

5.4.1 信度和效度分析

(1) 信度分析。

信度（reliability）又称可靠性，是指问卷的可信度，它主要表现检验结果的一贯性、一致性、再现性和稳定性。一个好的测量工具，对同一事物反复多次测量，其结果应该始终保持不变才可信。例如，我们用一把尺子测量一张桌子的高度，今天测量的高度与明天测量的高度不同，那么我们就会对这把尺子产生怀疑。因此，一张设计合理的调查问卷应该具有它的可靠性和稳定性。调查问卷作为一种测量工具，其结果是否可信，需要进行信度分析。

问卷的信度分析包括内在信度分析和外在信度分析。内在信度重在考察一组评价项目是否测量同一个概念，这些项目之间是否具有较高的内在一致性。一致性程度越高，评价项目就越有意义，其评价结果的可信度就越强。外在信度是指在不同时间对同批被调查者实施重复调查时，评价结果是否具有一致性。如果两次评价结果相关性较强，就说明项目的概念和内容是清晰的，因而评价的结果是可信的。信度分析的方法有多种，有内部一致性信度、重测信度、分半信度等，都是通过不同的方法来计算信度系数，再对信度系数进行分析。

有关李克特量表的信度分析多采用克隆巴赫 α 系数（Cronbach's Alpha）。该系数又称内部一致性 α 系数，取值范围为 0—1，越接近 1，信度越高。一般来说，信度的判断标准如表 5-12 所示。

表 5-12 信度系数的判断标准

信度系数 α 的范围	判　断　标　准
>0.9	很高，十分可信
0.8—0.9	可以接受
0.7—0.8	有一定问题，但仍有参考价值
<0.7	量表设计存在很大问题

Excel 软件中没有信度分析相应功能，在此以 SPSS 软件介绍信度分析的方法和步骤。

❶【分析】→【度量】→【可靠性分析】。

单击"分析"菜单中的"尺度分析"，再在"尺度分析"的子菜单中点击"可靠性"分析，打开

"可靠性分析"的对话框(如图5-20所示),将a1—a24共24个变量选入项目选择框中,系统默认的检验模型即为克隆巴赫α系数。

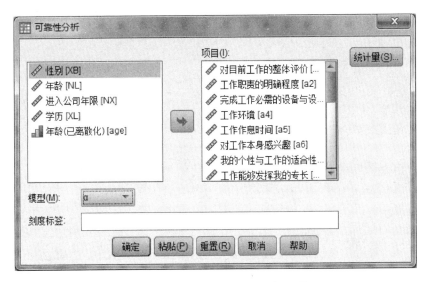

图5-20 【可靠性分析】对话框设置

❷ 设置统计量。

在可靠性分析对话框中,单击统计量按钮,可选择要输出的统计量,系统默认为不选,若只输出问卷总体的信度系数,不想显示其他统计量,则此处可不进行设置。需要说明的是,SPSS软件不仅能考察项目间的一致性,还能够检验出需要修改或删除的项目,可用来对问卷进行测试和修改,从而提高调查问卷的质量。如图5-21所示,选择"如果项已删除则进行度量",若删除某项后信度系数能提高,则说明该项目需要修改或删除。

❸ 单击确定输出结果。

从表5-13的显示结果来看,克隆巴赫α系数为0.895,说明量表的信度很好。从删除项目后的α系数来看,只有a12题删除后系数会提高。但整体信度已较好,说明问卷不需要进行修改,每个题目都可以保留。

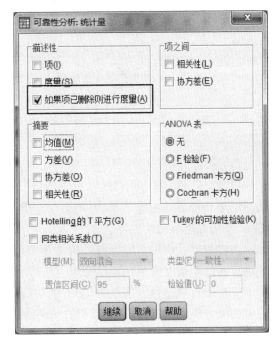

图5-21 可靠性分析:统计量设置

表5-13 可靠性分析

克隆巴赫α系数	项数
0.895	24

项总计统计量

题号	题目	项已删除的克隆巴赫 α 系数	题号	题目	项已删除的克隆巴赫 α 系数
a1	对目前工作的整体评价	0.888	a13	工作报酬与我的工作量	0.887
a2	工作职责的明确程度	0.890	a14	考评制度的公平性	0.888
a3	完成工作必需的设备与设施情况	0.892	a15	报酬制度的公平性	0.891
			a16	公司福利	0.891
a4	工作环境	0.891	a17	同事关系	0.894
a5	工作作息时间	0.891	a18	上级对待员工的方式	0.888
a6	对工作本身感兴趣	0.889	a19	上级对我的关心程度	0.888
a7	我的个性与工作的适合性	0.889	a20	领导对我的工作指导性	0.889
a8	工作能够发挥我的专长	0.889	a21	自己工作的重要性	0.891
a9	工作给我学习新知识的机会	0.888	a22	做好工作得到的赞扬	0.890
a10	独立工作的机会	0.889	a23	对相关决策的参与	0.892
a11	从工作中感到的成就感	0.888	a24	别人对我的尊重	0.889
a12	工作提供的稳定就业的方式	0.926			

(2) 效度分析。

效度(validity)又称有效性,是指测量工具或手段能够准确测出所需测量的事物的程度。测量结果与考察的内容越吻合,则效度越高;反之,则效度越低。效度分为三种类型:内容效度、准则效度和结构效度。

内容效度又称表面效度或逻辑效度,它是指所设计的题项能否代表所要测量的内容或主题。对内容效度常采用逻辑分析与统计分析相结合的方法进行评价。逻辑分析一般由研究者或专家评判所选题项是否"看上去"符合测量的目的和要求。统计分析主要采用单项与总和相关分析法获得评价结果,即计算每个题项得分与题项总分的相关系数,根据相关是否显著判断是否有效;准则效度又称为效标效度或预测效度。

准则效度分析是根据已经得到确定的某种理论,选择一种指标或测量工具作为准则(效标),分析问卷题项与准则的联系,若二者相关显著,或者问卷题项对准则的不同取值、特性表现出显著差异,则为有效的题项。评价准则效度的方法是相关分析或差异显著性检验。在调查问卷的效度分析中,选择一个合适的准则往往十分困难,使这种方法的应用受到一定限制。

结构效度是指测量结果体现出来的某种结构与测量值之间的对应程度。结构效度分析通常所采用的方法是因子分析。因子分析的主要功能是从量表全部变量(题项)中提取一些公因子,各公因子分别与某一群特定变量高度关联,这些公因子即代表了量表的基本结构。通过因子分析可以考察问卷是否能够测量出研究者设计问卷时假设的某种结构。在因子分析的结果中,用于评价结构效度的主要指标有累积贡献率、共同度和因子负荷。累积贡献率反映公因子对量表或问卷的累积有效程度,共同度反映由公因子解释原变量的有效程度,因子负荷反映原变量与某个公因子的相关程度。对于结构效度分析的因子分析在 SPSS 软件中的操作方法和步骤将在后面详细介绍。

(3) 信度与效度的关系。

信度是效度的必要而非充分条件。好的测量工具首先必须具备很好的信度,如果信度不高,就无法获得好的效度。高信度是高效度的基础,但信度高并不能保证效度就一定好。信度和效度的关系如图 5-22 显示:最左侧的图各点比较稳定地出现在某一小范围内,说明测量具有较好的一致性,信度较高;中间的图测量点围绕靶心周围,但出现的区域不够稳定,测量有效度,但信度不好;最右侧的图各点比较一致地出现在靶心,说明具有较好的效度和信度。

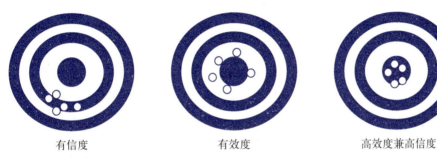

图 5-22 信度与效度的关系

5.4.2 描述统计分析

利用 SPSS 软件对整体满意度(a1 题)和各维度满意度(a2—a24 题)进行描述统计分析,具体分析方法和步骤前文已述,在此直接输出结果。

(1) 整体满意度分析。

员工对公司的整体满意度均值为 2.91,众数为 2,如表 5-14 和图 5-23 所示。可见,从总体上看,员工对公司的整体满意度为一般。结合分组汇总频率统计结果,七成员工对公司的整体满意度在一般及以上,表示满意及以上的员工仅占 42.3%,不到员工人数的一半。

表 5-14 对目前工作的整体评价描述统计量

N	有效	400	N	标准差	0.982
	缺失	0		极小值	1
	均值	2.91		极大值	5
	众数	2			

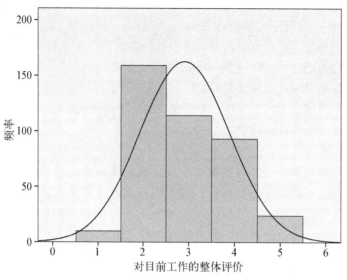

图 5-23　对目前工作的整体评价直方图

(2) 各维度满意度分析。

对员工满意度测量一般包括几个维度，每个维度下面可分为多个题目，可以对各维度和各题目得分进行平均，并与整体满意度均值进行比较，进行强弱项分析。对于测量的维度可以事先设计，也可以通过因子分析进行分类。由于示例的调查问卷并未事先分维度，在此对各题目得分情况进行分析。在后面介绍因子分析后，读者可自行计算各维度的平均得分并进行比较。由表 5-15 可见，a17 同事关系、a2 工作职责的明确程度、a21 自己工作的重要性、a23 对相关决策的参与、a6 对工作本身感兴趣、a20 领导对我的工作指导性、a22 做好工作得到的赞扬、a5 工作作息时间的均值低于整体满意度的均值，说明员工对这些方面的满意度较高；而对于 a14 考评制度的公平性、a16 公司福利、a24 别人对我的尊重、a15 报酬制度的公平性、a13 工作报酬与我的工作量等报酬福利、考评、尊重等方面满意度不高。

表 5-15　各题目描述统计量

题　　目	N	均　值	标准差
a17 同事关系	400	2.45	0.933
a2 工作职责的明确程度	399	2.49	0.918
a21 自己工作的重要性	399	2.59	0.903
a23 对相关决策的参与	400	2.65	0.941
a6 对工作本身感兴趣	399	2.79	1.032
a20 领导对我的工作指导性	398	2.8	0.971
a22 做好工作得到的赞扬	400	2.81	0.981

续表

题 目	N	均值	标准差
a5 工作作息时间	400	2.88	1.091
a1 对目前工作的整体评价	400	2.91	0.982
a7 我的个性与工作的适合性	400	2.91	1.072
a18 上级对待员工的方式	399	2.98	1.037
a19 上级对我的关心程度	400	3.04	1.047
a10 独立工作的机会	396	3.1	0.964
a8 工作能够发挥我的专长	400	3.12	1.123
a11 从工作中感到的成就感	397	3.16	1
a9 工作给我学习新知识的机会	400	3.23	1.007
a12 工作提供的稳定就业的方式	399	3.27	1.072
a3 完成工作必需的设备与设施情况	400	3.29	1.07
a4 工作环境	400	3.32	1.105
a14 考评制度的公平性	400	3.47	1.038
a16 公司福利	400	3.63	1.085
a24 别人对我的尊重	400	3.64	1.059
a15 报酬制度的公平性	400	3.72	0.996
a13 工作报酬与我的工作量	400	3.8	1.035

(3) 不同类别员工满意度的交叉分析。

例如,不同性别、不同学历、不同年龄段员工对目前工作的整体评价进行交叉分析。前文已述操作方法和步骤,此处利用 SPSS 软件【描述统计】→【交叉表分析】的方法直接给出性别与对目前工作的整体评价交叉表分析结果,如表 5-16 所示。

表 5-16 性别与对目前工作的整体评价交叉

			a1 对目前工作的整体评价					合计
			非常满意	满意	一般	不满意	非常不满意	
XB 性别	男	计数	10	109	64	71	18	272
		XB 性别中的比例	3.7%	40.1%	23.5%	26.1%	6.6%	100.0%

续 表

			a1 对目前工作的整体评价					合 计
			非常满意	满意	一般	不满意	非常不满意	
XB 性别	男	a1 对目前工作的整体评价中的比例	100.0%	68.6%	57.1%	76.3%	75.0%	68.3%
		总数的比例	2.5%	27.4%	16.1%	17.8%	4.5%	68.3%
	女	计数	0	50	48	22	6	126
		XB 性别中的比例	0%	39.7%	38.1%	17.5%	4.8%	100.0%
		a1 对目前工作的整体评价中的比例	0%	31.4%	42.9%	23.7%	25.0%	31.7%
		总数的比例	0%	12.6%	12.1%	5.5%	1.5%	31.7%
合 计		计数	10	159	112	93	24	398
		XB 性别中的比例	2.5%	39.9%	28.1%	23.4%	6.0%	100.0%
		a1 对目前工作的整体评价中的比例	100.0%	100.0%	100.0%	100.0%	100.0%	100.0%
		总数的比例	2.5%	39.9%	28.1%	23.4%	6.0%	100.0%

5.4.3 推断统计分析

统计学有两种研究方法：一是描述统计，二是推断统计。描述统计的目的在于归纳数据，研究对象的事实特性；推断统计的目的在于通过对样本的分析，提出命题，如一个估计量、一个置信区间，对一种假设证实或证伪，对个体分类等。描述统计的方法主要包括集中趋势测量、离散趋势测量、分布类型与形状测量等推断统计主要包括差异检验、相关与回归分析、因子分析等。针对员工满意度调查常用分析方法，重点介绍假设检验、因子分析和相关分析。

(1) 假设检验。

假设检验(hypothesis testing)即进行统计显著性检验，包括参数检验和非参数检验。参数检验主要用于检验定量变量，尤其是连续变量；非参数检验主要用于检验定性变量。在此，重点介绍参数检验。例如，总体满意度均值与一般水平(即 3)是否有显著差异？不同性别员工的总体满意度均值是否有显著差异呢？不同学历员工的总体满意度均值是否有显著差异？分别对应单样本 t 检验、独立样本 t 检验、单因素方差分析。在此，总体满意度用各维度(a2—a24)满意度的均值代表，各员工总体满意度(变量名 ztmyd)在 Excel 软件中用均值函数 average 或者在 SPSS 软件中用【转换】→【计算变量】得出。

① Excel 软件操作方法。

方法一：单样本 t 检验。

以总体满意度均值与一般水平（即满意度水平为 3）是否有显著差异为例介绍单样本 t 检验。Excel 软件中没有直接进行单样本 t 检验的选项，可以通过函数方法按照 t 检验统计量的公式进行计算，通过 p 值进行判断。t 检验的公式如下：

$$t = \frac{\bar{x} - \mu}{s/\sqrt{n}} \sim t_{n-1}$$

其中，$\bar{x}$ 为样本均值，μ 为总体均值（即检验值），s 为样本均值，n 为样本量，t 统计量符合自由度为 $n-1$ 的 t 分布。

AF	AG	AH	AI	AJ
ztmyd				
3.26		样本均值	3.09388	=AVERAGE($AF$2:$AF$401)
2.96		总体均值	3	3
2.61		标准差	0.642	=STDEV($AF$2:$AF$401)
3.74		样本量	400.00	400.00
3.39		t值	2.922228665	=(AI2-AI3)/(AI4/SQRT(AI5))
3.26		p值	0.003673066	=TDIST(AI6,399,2)
4.04				
3.39				
2.74				
3.26				
3.26				
3.74				

图 5-24　单样本 t 检验结果

TDIST 函数的功能及参数

功能：

返回学生 t 分布的百分点（概率），其中数值（x）是 t 的计算值（将计算其百分点）。

语法及参数：

=TDIST(x,degrees_freedom,tails)

x：需要计算分布的数值。

Degrees_freedom：一个表示自由度的整数。

Tails：指定返回的分布函数是单尾分布还是双尾分布。如果 tails＝1，则 TDIST 返回单尾分布。如果 tails＝2，则 TDIST 返回双尾分布。

如图 5-24 单样本 t 检验结果所示，AI 列为计算结果，AJ 列为 AI 列的函数和公式，根据 p 值结果 0.004＜α＝0.05，可以判断在 95% 的概率水平下总体满意度均值与 3 有显著差异。进而与 3.1 进行比较，p 值结果为 0.847＞0.05，说明总体满意度均值与 3.1 无显著差异，略高于一般水平。

↘ 方法二：独立样本 t 检验。

以不同性别员工总体满意度均值是否有显著差异为例介绍独立样本 t 检验。

❶ 修改数据显示方式。

首先，将性别和总体满意度数据按不同性别的总体满意度分为两列（即双样本）显示，并剔除缺失值，图 5-25 所示。

❷ 双样本等方差（异方差）F 检验。

在进行独立样本 t 检验前，首先要判断双样本的方差是否相等。若等方差，则选用双样本等方差 t 检验，若异方差，则选用双样本异方差 t 检验。

选择【数据】→【数据分析】，在弹出的数据分析对话框中选择"F-检验 双样本方差"。

然后，在"F 检验 双样本方差"的对话框中按图 5-26 进行变量输入和输出设置，确定输入结果如图 5-27 所示。

由图 5-26 可见，p 值（双尾）$=p$（单尾）$\times 2=7.2673E-07<\alpha=0.05$，表明不同性别员工的总体满意度的方差有显著差异。

	A	B
1	男	女
2	3.26	2.91
3	2.96	2.70
4	2.61	3.09
5	3.74	2.61
6	3.39	2.70
7	3.26	3.09
8	4.04	2.61
9	3.39	3.22
10	2.74	3.43
11	3.26	4.00
12	3.26	3.78
13	3.74	3.43
14	3.39	4.43
15	3.39	3.43
16	3.26	4.00
17	4.04	3.78
18	3.39	3.43
19	2.74	4.43
20	3.26	3.74

图 5-25 不同性别的总体满意度

图 5-26 双样本方差 F 检验设置

	A	B	C
1	F-检验 双样本方差分析		
2			
3		男	女
4	平均	3.081544118	3.119921
5	方差	0.500669932	0.228711
6	观测值	272	126
7	df	271	125
8	F	2.189092382	
9	P(F<=f) 单尾	7.26734E-07	
10	F 单尾临界	1.295734125	
11			

图 5-27 双样本方差 F 检验结果

❸ 双样本等方差（异方差）t 检验。

由双样本方差 F 检验可知，应选用双样本异方差 t 检验。选择【数据】→【数据分析】→

【t 检验：双样本异方差假设】，在弹出的对话框中进行如图 5-28 输入和输出选项设置，确定后显示结果如图 5-29 所示。

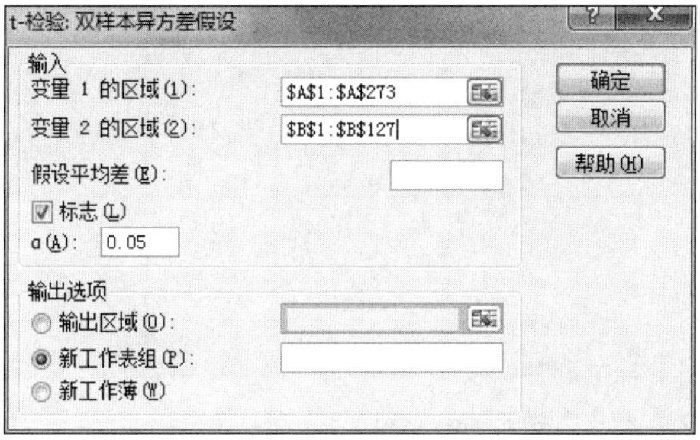

图 5-28　双样本异方差假设 t 检验设置

❹ 输出结果。

	A	B	C
1	t-检验: 双样本异方差假设		
2			
3		男	女
4	平均	3.081544	3.119920635
5	方差	0.50067	0.228711194
6	观测值	272	126
7	假设平均差	0	
8	df	344	
9	t Stat	-0.6347	
10	P(T<=t) 单尾	0.263022	
11	t 单尾临界	1.649295	
12	P(T<=t) 双尾	0.526044	
13	t 双尾临界	1.966884	
14			

图 5-29　双样本异方差假设 t 检验结果

由图 5-29 可知，$p(T \leqslant t)$ 双尾 $=0.526>\alpha=0.05$，说明不同性别之间的总体满意度均值无显著差异。

↘ 方法三：单因素方差分析。

以不同学历员工的总体满意度均值是否有显著差异为例。

❶ 修改数据显示方式。

修改数据为三列显示，分别为不同学历的总体满意度，如图 5-30 所示。

❷ 单因素方差分析。

选择【数据】→【数据分析】→【方差分析：单因素方差分析】，在弹出的对话框中如图 5-31 进行设置。

❸ 输出结果。

由图 5-32 可知，p 值 $=0.07>\alpha=0.05$，说明不同学历员工的总体满意度均值无显著差异。

	A	B	C
1	大专以下	大专	本科
2	3.26	2.61	2.00
3	2.96	3.74	2.74
4	4.04	3.39	2.91
5	3.39	3.26	2.91
6	4.04	2.74	2.78
7	3.39	3.26	2.22
8	4.04	3.26	2.09
9	3.39	3.74	2.96
10	2.52	3.39	2.70
11	2.74	3.39	3.43
12	3.35	3.26	
13	2.52	2.74	
14	2.74	3.26	
15	3.35	3.74	

图 5-30　不同学历的总体满意度

图 5-31　单因素方差分析对话框设置

	A	B	C	D	E	F	G
1	方差分析：单因素方差分析						
2							
3	SUMMARY						
4	组	观测数	求和	平均	方差		
5	大专以下	227	698.31	3.076256	0.40102		
6	大专	159	499.46	3.141258	0.441525		
7	本科	10	26.74	2.674	0.198049		
8							
9							
10	方差分析						
11	差异源	SS	df	MS	F	P-value	F crit
12	组间	2.189283	2	1.094642	2.652672	0.071724	3.018684
13	组内	162.1739	393	0.412656			
14							
15	总计	164.3632	395				
16							

图 5-32　单因素方差分析结果

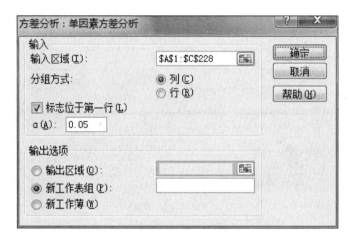

② SPSS 软件操作方法。

↳ 方法一：单样本 t 检验。

❶【分析】→【比较均值】→【单样本 t 检验】。

首先，选择分析菜单比较均值子菜单下的单样本 t 检验。

❷ 设置单样本 t 检验对话框。

将总体满意度变量 ztmyd 选入检验变量，检验值设为 3，如图 5-33 所示，确定后输出结果。

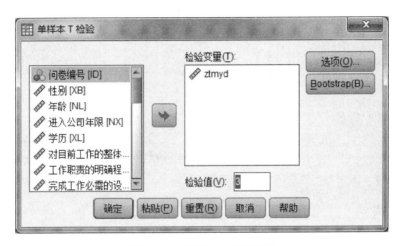

图 5-33 单样本 t 检验设置

❸ 输出结果。

表 5-17 单样本 t 检验统计量及检验值

单个样本统计量

	N	均值	标准差	均值的标准误
zymad	400	3.093 8	0.642 72	0.032 14

单个样本检验

	检验值 = 3				
	t	df	Sig.(双侧)	均值差值	差分的 95% 置信区间	
					下限	上限
ztmyd	2.918	399	0.004	0.093 78	0.030 6	0.157 0

由表 5-17 可见，p 值 = 0.004 < α = 0.05，说明总体满意度均值与 3 有显著差异。

↳ 方法二：独立样本 t 检验。

❶【分析】→【比较均值】→【独立样本 t 检验】。

首先，选择分析菜单比较均值子菜单下的独立样本 t 检验。

❷ 设置独立样本 t 检验对话框。

然后,在独立样本 t 检验对话框中将总体满意度变量 ztmyd 选入检验变量,性别选入分组变量,如图 5-34,并单击"定义组",设置组 1 的值为 1,组 2 的值为 2,如图 5-35 所示。

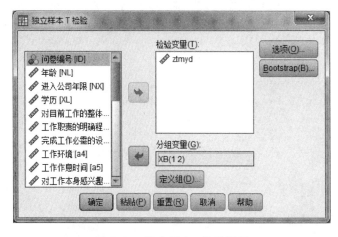

图 5-34 独立样本 t 检验设置

图 5-35 定义组设置

❸ 输出结果。

表 5-18 独立样本统计量及检验

组统计量

	XB 性别	N	均 值	标准差	均值的标准误
ztmyd dimension1	男	272	3.081 5	0.707 66	0.042 91
	女	126	3.119 8	0.478 99	0.042 67

独立样本检验

		方差方程的 Levene 检验		均值方程的 t 检验						
		F	Sig.	t	df	Sig.(双侧)	均值差值	标准误差值	差分的 95% 置信区间	
									下限	上限
ztmyd	假设方差相等	17.595	0	−0.551	396	0.582	−0.038 28	0.069 43	−0.174 78	0.098 23
	假设方差不相等			−0.633	343.560	0.527	−0.038 28	0.060 51	−0.157 30	0.080 75

由表 5-18 可知,F 检验 p 值小于 0.05,说明方差不等,故应看假设方差不相等所在行的检验结果,p 值=0.527>α=0.05,说明不同性别员工的总体满意度均值无显著差异。

↘ 方法三:单因素方差分析。

❶【分析】→【比较均值】→【单因素 ANOVA】。

首先,选择分析菜单比较均值子菜单下的单因素 ANOVA。

❷ 设置单因素方差分析对话框。

然后在单因素方差分析对话框中,将总体满意度选入因变量列表,将学历选作因子。选项按钮中列出相应统计量和均值图,若想输出可进行设置,本例中选项设置如图 5-37 所示。若还想输出两两比较的结果,则可单击"两两比较"按钮,本例中两两比较设置如图 5-38 所示。

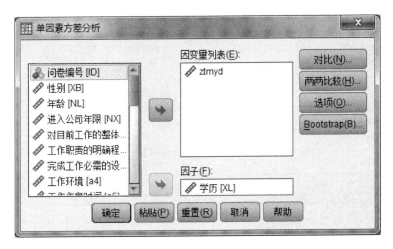

图 5-36　单因素方差分析对话框设置

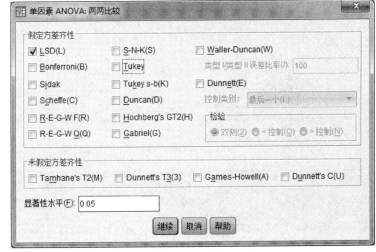

图 5-37　ANOVA 选项设置　　　　图 5-38　ANOVA 两两比较设置

表 1-9 输出不同学历员工总体满意度的描述统计量,表 5-20 方差齐性检验 $p=0.448$,大于 0.05,说明可使用单因素方差分析。

❸ 输出结果。

由表 5-21 中的 ANOVA 表可知,单因素方差分析 F 检验 p 值 $=0.072>\alpha=0.05$,说明不同学历员工的总体满意度均值无显著差异,此后进行的多重比较可见,大专以下与大专和本科学历之间无显著差异,而大专和本科学历之间存在显著差异。由均值图 5-39 可见,大专学历总体满意度均值最高,本科学历总体满意度最低。

表 5-19 描述统计量

	N	均值	标准差	标准误	均值的95%置信区间		极小值	极大值
					下限	上限		
大专以下	227	3.076 2	0.633 74	0.042 06	2.993 3	3.159 1	1.00	5.00
大　专	159	3.141 1	0.664 31	0.052 68	3.037 1	3.245 2	1.39	5.00
本　科	10	2.673 9	0.446 81	0.141 30	2.354 3	2.993 5	2.00	3.43
总　数	396	3.092 1	0.645 30	0.032 43	3.028 3	3.155 8	1.00	5.00

表 5-20 方差齐性检验

Levene 统计量	df1	df2	显著性
0.805	2	393	0.448

表 5-21 ANOVA 单因素方差分析

	平方和	df	均方	F	显著性
组　间	2.189	2	1.094	2.650	0.072
组　内	162.293	393	0.413		
总　数	164.482	395			

表 5-22 LSD 多重比较

(I) XL 学历	(J) XL 学历	均值差 (I−J)	标准误	显著性	95% 置信区间	
					下限	上限
大专以下	大　专	−0.064 95	0.066 46	0.329	−0.195 6	0.065 7
	本　科	0.402 26	0.207 64	0.053	−0.006 0	0.810 5
大　专	大专以下	0.064 95	0.066 46	0.329	−0.065 7	0.195 6
	本　科	0.467 21*	0.209 51	0.026	0.055 3	0.879 1
本　科	大专以下	−0.402 26	0.207 64	0.053	−0.810 5	0.006 0
	大　专	−0.467 21*	0.209 51	0.026	−0.879 1	−0.055 3

*. 均值差的显著性水平为 0.05。

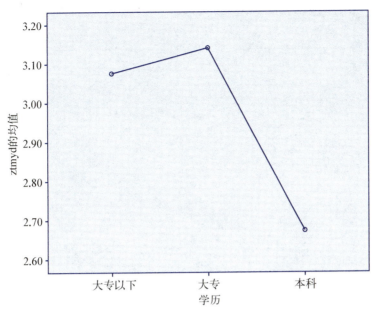

图 5-39 不同学历的均值

知识链接 5-2

参 数 检 验

(1) 应用情形。

参数检验(parametric testing)通常用于检验不同类别的定量变量均值是否有显著差异,自变量通常为定性变量,因变量为定量变量。一般而言,定量变量为连续变量,各样本应符合正态性、独立性假设。

(2) 基本思路。

首先对总体参数提出假设,然后利用样本信息验证假设是否成立。如果样本数据不能够充分证明和支持假设,则在一定的概率条件下(通常为 95%),应拒绝该假设;若样本数据不能充分证明和支持假设不成立,则不能推翻原假设。在推断过程中采用的是小概率事件,即发生概率很小的随机事件,在某一次特定实验中几乎是不可能发生的。

(3) 分析步骤。

参数检验的步骤主要包括四步:

① 提出零假设。

例如,不同性别员工的总体满意度水平是否有显著差异?($H0$:不同性别员工的总体满意度水平无显著差异;$H1$:不同性别员工的总体满意度水平有显著差异。)

② 选择检验统计量。

根据不同假设检验问题选择不同的检验统计量,如表 5-23 给出不同情况的参数检验方法及检验统计量。

③ 计算检验统计量观测值发生的概率。

在选定检验方法和统计量后,计算检验统计量发生的概率,即 p 值,由此判断发生的概率是否为小概率事件。

表 5-23　不同情形下参数检验的基本方法

应用情形	自变量	因变量	参数检验方法	检验统计量	应用情形举例
单样本	—	—	单样本 t 检验	t 检验	如总体满意度均值与一般水平(即3)是否有显著差异
双样本	二分类定性变量	定量变量	独立样本 t 检验 配对样本 t 检验	t 检验	如不同性别员工的总体满意度均值是否有显著差异；如不同培训方式员工培训效果是否有显著差异
多样本	多分类(三个或三个以上)定性变量	定量变量	单因素方差分析	F 检验	如不同学历员工的总体满意度均值是否有显著差异

④ 给定显著性水平 α，做出统计决策。

显著性水平 α 一般为 0.05，得到检验统计量概率 p 值后的决策就是判断应拒绝零假设还是不应拒绝零假设。根据小概率事件的原理，小概率事件在一次实验中几乎不会发生，由此来判断是否拒绝零假设。若 $\alpha < 0.05$，认为小概率事件发生，则认为拒绝零假设；$\alpha > 0.05$，则认为不应拒绝零假设。

(2) 因子分析。

由于事先并未对题目进行维度设置，可以通过因子分析来归纳员工满意度的维度，即对各题目(a2—a24)进行归类。Excel 软件中没有直接进行因子分析的功能模块，在此仅介绍 SPSS 软件中的操作步骤。

❶【分析】→【降维】→【因子分析】。

首先，选择分析菜单下的降维，选择因子分析，在弹出的因子分析对话框中，将需要分析的变量 a2—a24 共 23 个变量选入变量框。

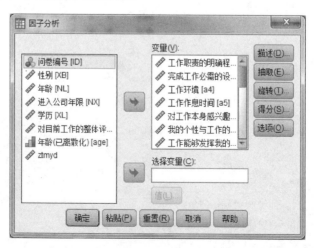

图 5-40　【因子分析】对话框设置

❷ 设置描述、抽取、旋转、得分及选项。

分别单击描述、抽取、旋转、得分及选项按钮,如图 5-41 至图 5-45 中的设置。

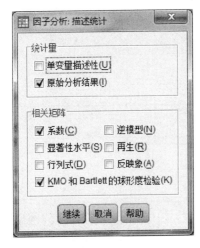

图 5-41　描述统计设置

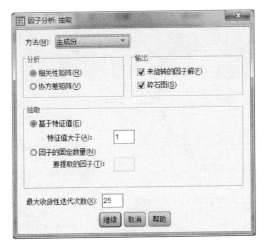

图 5-42　因子抽取方法设置

图 5-43　因子旋转方法设置

图 5-44　因子得分设置

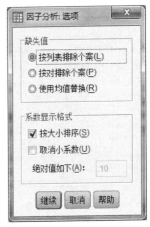

图 5-45　选项设置

❸ 输出结果。

由于输出结果较多,占用篇幅较大,因此在此只显示重要的结果。

相关系数矩阵:由于变量较多,相关系数矩阵较大,在此不再显示。变量间的相关系数大部分为 0.4—0.7。

因子分析检验:表 5-24 中 KMO 的值为 0.918,说明非常适合作因子分析,巴特利特(Bartlett)球形检验的相伴概率为 $0.000 < \alpha = 0.05$,也说明很适合作因子分析。

提取公因子:表 5-25 中根据特征值大于 1 的准则,从"解释的总方差"表中可以看出有 4 个因子特征值大于 1,能解释总方差的 60%,因此选取 4 个公因子来代替原来的 23 个变量。从图 5-46 碎石图中也可以看到,第 1 个因子对解释变量贡献最大,第 4 个因子以后的贡献很小。

因子命名:根据表 5-26 旋转成分矩阵的得分系数,可以看出 4 个因子包含的变量。通过分析,第 1 个因子命名为工作环境因子,第 2 个因子命名为受尊重因子,第 3 个因子命名为物质激励因子,第 4 个因子命名为人际关系因子。

表 5-24 KMO 和 Bartlett 的检验

取样足够度的 Kaiser-Meyer-Olkin 度量	0.918
Bartlett 的球形度近似卡方检验	4 764.981
df	253
Sig.	0.000

表 5-25 解释的总方差

成分	初始特征值			提取平方和载入			旋转平方和载入		
	合计	方差的 %	累计 %	合计	方差的 %	累计 %	合计	方差的 %	累计 %
1	9.302	40.442	40.442	9.302	40.442	40.442	4.495	19.544	19.544
2	1.986	8.633	49.075	1.986	8.633	49.075	4.067	17.680	37.225
3	1.537	6.681	55.756	1.537	6.681	55.756	3.875	16.849	54.074
4	1.087	4.728	60.484	1.087	4.728	60.484	1.474	6.410	60.484
5	0.908	3.947	64.432						
6	0.852	3.703	68.135						
7	0.829	3.605	71.739						
8	0.717	3.117	74.857						
9	0.617	2.683	77.539						
10	0.554	2.408	79.947						
11	0.539	2.342	82.289						
12	0.487	2.117	84.407						
13	0.477	2.072	86.478						
14	0.466	2.025	88.503						
15	0.428	1.861	90.364						
16	0.398	1.730	92.093						
17	0.344	1.494	93.587						

续 表

成分	初始特征值			提取平方和载入			旋转平方和载入		
	合计	方差的 %	累计 %	合计	方差的 %	累计 %	合计	方差的 %	累计 %
18	0.333	1.446	95.033						
19	0.270	1.176	96.209						
20	0.257	1.118	97.327						
21	0.242	1.050	98.377						
22	0.202	0.880	99.257						
23	0.171	0.743	100.000						

提取方法：主成分分析。

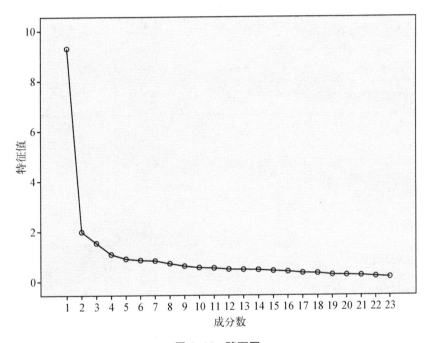

图 5-46 碎石图

表 5-26 旋转成分矩阵

	成 分			
	1	2	3	4
a6 对工作本身感兴趣	0.773	0.201	0.074	0.024
a10 独立工作的机会	0.715	0.307	0.223	−0.128

续 表

	成分			
	1	2	3	4
a9 工作给我学习新知识的机会	0.709	0.094	0.292	0.259
a7 我的个性与工作的适合性	0.695	0.307	0.188	0.089
a11 从工作中感到的成就感	0.641	0.303	0.253	−0.108
a8 工作能够发挥我的专长	0.579	0.122	0.248	0.405
a4 工作环境	0.559	−0.025	0.232	0.467
a5 工作作息时间	0.475	0.129	0.309	0.055
a3 完成工作必需的设备与设施情况	0.471	−0.014	0.280	0.456
a20 领导对我的工作指导性	0.225	0.758	0.257	0.006
a21 自己工作的重要性	0.252	0.752	0.034	0.083
a22 做好工作得到的赞扬	0.194	0.692	0.272	−0.009
a19 上级对我的关心程度	0.135	0.681	0.357	0.179
a18 上级对待员工的方式	0.248	0.659	0.336	0.005
a23 对相关决策的参与	0.017	0.659	0.134	0.289
a2 工作职责的明确程度	0.493	0.507	0.064	0.098
a15 报酬制度的公平性	0.260	0.230	0.821	0.020
a13 工作报酬与我的工作量	0.365	0.090	0.774	0.145
a16 公司福利	0.050	0.205	0.701	0.250
a14 考评制度的公平性	0.299	0.249	0.697	−0.005
a24 别人对我的尊重	0.164	0.402	0.612	0.115
a12 工作提供的稳定就业的方式	0.317	0.269	0.555	0.125
a17 同事关系	0.001	0.313	0.095	0.730

提取方法：主成分。
旋转法：具有 Kaiser 标准化的正交旋转法。
a. 旋转在 7 次迭代后收敛。

知识链接 5-3

因 子 分 析

(1) 应用情形。

因子分析(factor analysis)是将相关的多个变量高度概括,用少数变量代表原有变量。其前提是变量之间具有较强的相关关系。

(2) 基本原理。

其核心是根据变量的相关性寻找共同因子,用较少的互相独立的因子反映原有变量的绝大部分信息,即降低变量的维数。

(3) 分析步骤。

① 计算相关系数矩阵,检验是否适合作因子分析。

计算原有变量的简单相关系数矩阵并进行统计检验。若相关系数矩阵中的大部分相关系数值小于 0.3,即各变量间为弱相关,则不适合进行因子分析。

检验是否适合作因子分析通常使用巴特利特球形检验和 KMO 检验,若巴特利特球形检验 p 值小于给定的显著性水平(通常为 0.05),则认为适合作因子分析。对于 KMO 检验,其值在 0—1。0.9 以上表示非常适合;0.8—0.9 表示适合;0.7—0.8 表示一般;0.6—0.7 表示不太适合;0.5 以下表示极不适合。

② 提取因子。

提取因子是因子分析的关键,提取方法包括主成分分析法、极大似然法、最小二乘法等多种方法,以主成分分析法应用较为广泛。

③ 命名因子。

根据因子载荷矩阵系数高低综合为几个因子,进而对根据各因子所包含的变量对因子进行命名,使命名具有可解释性。

④ 计算因子得分。

因子得分是因子分析的最终体现,即当因子确定后,计算出的各因子在每个样本上的具体数值。在以后的分析中可以因子变量代替原有变量进行数据建模等分析。

(3) 相关矩阵分析(correlation matrix analysis)。

其一,通过计算某一问题得分与总体满意度得分的相关系数,来反映此问题对总体满意度的重要性或贡献程度,若相关系数大,则说明该问题对总体满意度的贡献大。若提升此题的满意度水平,则对总体满意度水平的提高带来较大影响。具体相关分析内容在后面的项目中详述。

其二,将每个问题得分与总体满意度得分的相关系数与该问题的均值结合,绘制散点矩阵图,横坐标为每个问题得分的均值(表示对每个问题评价的优劣),纵坐标为每个问题的相关系数(表示每个问题与总体满意度的密切程度),再以横、纵坐标的中间值为界限划分四个象限。如图 5-27 所示,假设 Q1—Q10 为员工满意度问卷中的 10 个问题,分别用 5、4、3、2、1 表示非常满意、满意、一般、不满意和非常不满意,分别落在不同的象限内。象限Ⅰ为重要性高而评价差的问题,为关键的需要提高的区域,首先均值低但与总体满意度关系密切,如 Q4、Q5;象限Ⅱ为重要性高而评价好的问题,是需保持的区域,均值高且与总体满意度关系密切;象限Ⅲ为重要性低而评价好的问题,为低回报区域,与总体满意度关系不密切,提高它与提高总体满意度关系不大;象限Ⅳ为重要性低而评价差的问题,为暂时可以忽略的区域,尽管均值低,需要改进,但与总体满意度关系不大,提高它对于总体满意度关系不大,可以暂时忽略。这样我们就可以知道:哪些因素对员工满意度来说是最重要的,哪些因素员工感觉最满意,哪些问题需要解决,哪些问题可以暂时搁置。对企业来说,可以通过这种方法找出关键因素,它可以让企业利用有限的资源去解决公司整体和部门最需要解决的问题,从而提高解决问题的效率,这种方法又叫"杠杆分析"。

由于 SPSS 软件中分析较为方便,因此在此以 SPSS 软件为例介绍相关矩阵分析。

❶【分析】→【相关】→【双变量】。

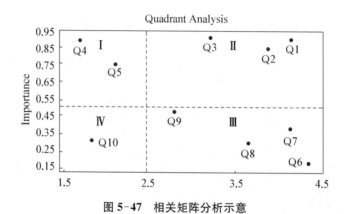

图 5-47 相关矩阵分析示意

通过分析菜单下的相关子菜单,选择双变量,对总体满意度和各题目满意度之间进行双变量相关系数分析。在弹出的双变量相关对话框中,将变量 a2—a24 和总体满意度变量 ztmyd 选入变量框。

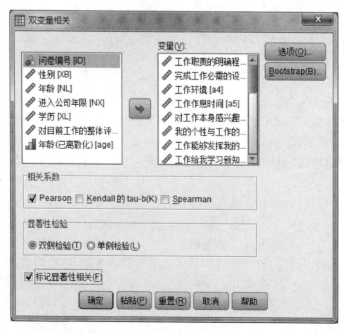

图 5-48 双变量相关分析设置

❷ 输出相关系数结果。

由于输出的是相关系数矩阵，篇幅较长，在此在相关系数矩阵基础上进行修改，仅显示各变量与总体满意度之间的相关系数（如表 5-27 所示）。

表 5-27 各变量与总体满意度的相关系数

变量	ztmyd 总体满意度	变量	ztmyd 总体满意度
a2 工作职责的明确程度	0.625	a14 考评制度的公平性	0.691
a3 完成工作必需的设备与设施情况	0.547	a15 报酬制度的公平性	0.728
a4 工作环境	0.559	a16 公司福利	0.588
a5 工作作息时间	0.536	a17 同事关系	0.388
a6 对工作本身感兴趣	0.617	a18 上级对待员工的方式	0.681
a7 我的个性与工作的适合性	0.702	a19 上级对我的关心程度	0.676
a8 工作能够发挥我的专长	0.644	a20 领导对我的工作指导性	0.676
a9 工作给我学习新知识的机会	0.694	a21 自己工作的重要性	0.592
a10 独立工作的机会	0.676	a22 做好工作得到的赞扬	0.632
a11 从工作中感到的成就感	0.653	a23 对相关决策的参与	0.507
a12 工作提供的稳定就业的方式	0.660	a24 别人对我的尊重	0.669
a13 工作报酬与我的工作量	0.723		

❸ 计算各变量的均值。

各变量均值可以通过描述统计分析方法得到。根据各变量均值和表 5-27 得到的相关系数，可绘制表 5-28。

表 5-28 各变量均值与总体满意度相关系数

变量	均值	相关系数	变量	均值	相关系数
a2 工作职责的明确程度	2.49	0.625	a6 对工作本身感兴趣	2.79	0.617
a3 完成工作必需的设备与设施情况	3.29	0.547	a7 我的个性与工作的适合性	2.91	0.702
a4 工作环境	3.32	0.559	a8 工作能够发挥我的专长	3.12	0.644
a5 工作作息时间	2.88	0.536	a9 工作给我学习新知识的机会	3.23	0.694

续　表

变　量	均值	相关系数	变　量	均值	相关系数
a10 独立工作的机会	3.1	0.676	a18 上级对待员工的方式	2.98	0.681
a11 从工作中感到的成就感	3.16	0.653	a19 上级对我的关心程度	3.04	0.676
a12 工作提供的稳定就业的方式	3.27	0.660	a20 领导对我的工作指导性	2.8	0.676
a13 工作报酬与我的工作量	3.8	0.723	a21 自己工作的重要性	2.59	0.592
a14 考评制度的公平性	3.47	0.691	a22 做好工作得到的赞扬	2.82	0.632
a15 报酬制度的公平性	3.72	0.728	a23 对相关决策的参与	2.65	0.507
a16 公司福利	3.63	0.588	a24 别人对我的尊重	3.64	0.669
a17 同事关系	2.45	0.388			

❹ 制作相关矩阵图。

根据表 5-28 的 23 个变量、均值及相关系数在 SPSS 软件中新建数据文件，如图 5-49 所示。

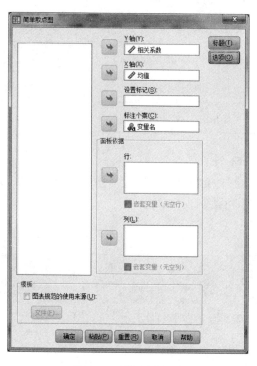

图 5-49　新建数据文件　　　　　　图 5-50　散点图设置

然后，利用均值和相关系数绘制散点图，在此，利用【图形】→【旧对话框】→【散点】，选择简单散点图绘制。在弹出的对话框中，进行如图 5-50 的设置，将相关系数选入 Y 轴列表框，均值选入 X 轴列表框,变量名用来标注个案。

在散点图中显示个案标注并添加 X 轴和 Y 轴参考线,X 轴和 Y 轴的参考线分别为均值和相关系数的中位数,最终显示结果如图 5-51 所示。由于示例的调查问卷是反向计分法,即用 1、2、3、4、5 表示非常满意、满意、一般、不满意、非常不满意,因此,均值越大表示越不满意。从图 5-51 可以看出,均值高且相关系数大的 I 区域为需要迫切提高的,如 a9、a12、a13、a14、a15、a24,由表 5-28 可知,主要是:工作给我学习新知识的机会、工作提供的稳定就业的方式、工作报酬与我的工作量、考评制度的公平性、报酬制度的公平性、别人对我的尊重,主要体现在报酬、公平性、学习机会、稳定就业和他人尊重方面。a7、a18、a19、a20 等为需保持区域,说明是做得比较好的方面,主要是:我的个性与工作的适合性、上级对待员工的方式、上级对我的关心程度、领导对我的工作指导性方面,主要体现在领导与下级的关系方面。

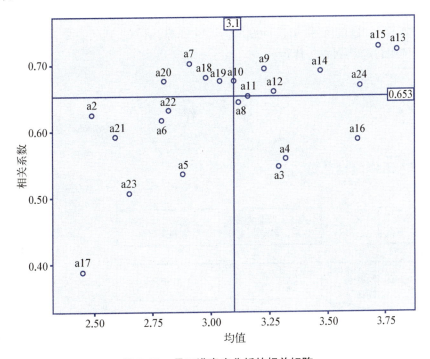

图 5-51　员工满意度分析的相关矩阵

5.4.4　撰写分析报告

调查分析报告是员工满意度调查的结果呈现,能够向企业和员工提供有价值的意见和建议。调查报告的撰写结构依企业要求的内容、深度不同,可以得出不同类型的报告。一般而言,员工满意度调查报告应包括引言(调查背景情况介绍,如公司情况、满意度调查的背景)、调查基本情况说明(如调查样本、调查方法、调查内容、调查时间、调查地点等)、总体满意度水平、各维度和各问题的满意度水平、不同类别的满意度水平、问题及建议几个部分。报告中应重点分析得分高的优势项目与得分低的劣势项目。还可以将 SWOT 分析用于员工满意度调查分析上,根据调查结果分析企业的优势、劣势、机会与威胁,对企业的经营管理有较好的指导意义。

员工满意度调查结束之后,应进行反馈与改进。很多企业在员工满意度调查中犯的最大错误是没有把调查结果传递给公司的管理者和每个员工。对企业来说,如果想通过员工满意度的调查来全面改善公司的生产力,就必须让每个人知道公司的总体情况和他们个人对组织机构的影响力,同时员工也能够感受到他们花费在填写问卷上的时间是非常有价值的。如果企业只是为了拿个数据看看,了解一下员工对公司的反映,而不准备采取任何行动,那么员工满意度调查的意义就不是很大,员工会把满意度调查看成"形式主义",今后调查的效果也会大大削弱,甚至会适得其反。反馈时需要注意营造一个良好的氛围,并集中针对正面的结果进行传递,如有被采纳的员工建议,也要积极宣传,以激励员工。满意度的信息除了作为决策的参考外,也可以循环利用,保留到来年作年度差异分析。

除了反馈外,最后一个步骤是改进,对于企业存在的问题,管理者要提出针对性反馈和改进意见,并组织针对性培训,及时把调查问题提交管理层讨论。然后共同制订行动计划,不断与员工保持沟通,采取一步步的跟进措施以确保改进。对于一个有效的行动计划应包括如下几个要素:问题的陈述、解决问题所需要的资源、期望达到的效果、时间安排、行动步骤、负责人、按照行动计划真正执行。

小　结

项目5　工作流程总览

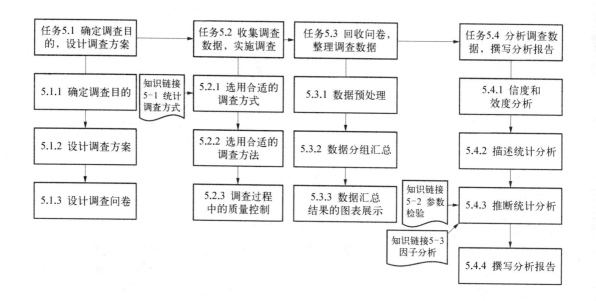

项目 5 理论知识导图

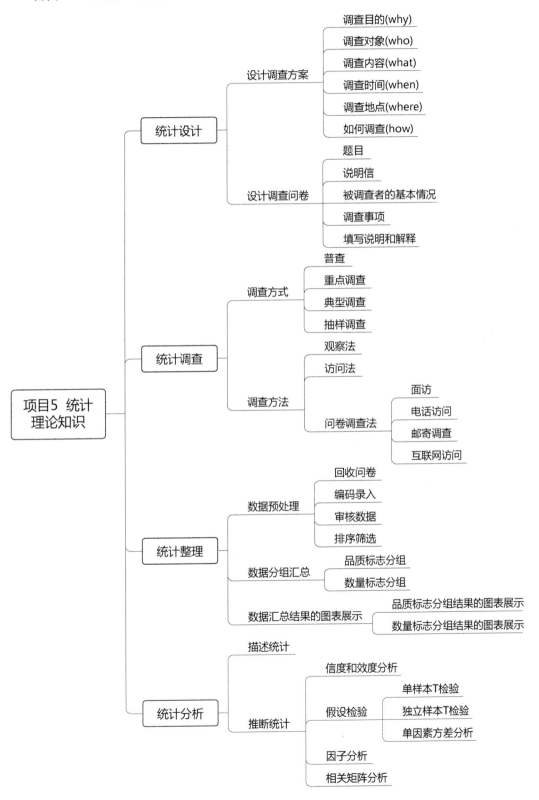

理论知识测试题目

一、判断题

1. 问卷调查是社会科学领域中经常采用的调查方法。（　　）
2. 问卷调查不需要其他调查方法辅助，比如文献调查、访谈等。（　　）
3. 非全面调查只有抽样调查一种。（　　）
4. 重点调查是人为选择的重点单位进行调查，具有主观性。（　　）
5. 普查没有抽样误差。（　　）
6. 问卷调查的题目数量越多越好。（　　）
7. 所有的问卷必须做信度和效度分析。（　　）
8. 普查是经常性的调查。（　　）
9. 典型调查是非全面调查，是具有主观性的。（　　）
10. 抽样调查都是概率抽样。（　　）

二、单选题

1. 对全国大型钢铁企业的满意度进行调查，属于（　　）。
   A. 普查　　　　B. 重点调查　　　　C. 典型调查　　　　D. 抽样调查
2. 按一定比例进行随机抽样的方法是（　　）。
   A. 简单随机抽样　　B. 等距抽样　　　C. 分层抽样　　　　D. 整群抽样
3. 若有意识地选取部分同学调查其学习效果，则此调查是（　　）。
   A. 普查　　　　B. 重点调查　　　　C. 典型调查　　　　D. 抽样调查
4. 若要检验电灯泡的产品质量，则宜采用的调查方法是（　　）。
   A. 普查　　　　B. 重点调查　　　　C. 抽样调查　　　　D. 典型调查
5. 在设计查员工满意度调查问卷时，将年龄设为 30 岁以下、30—40 岁、35—50 岁、50 岁以上，这违反问卷调查的（　　）原则。
   A. 穷尽　　　　B. 互斥　　　　　　C. 随机　　　　　　D. 重复

三、多选题

1. 员工满意度调查的目的有（　　）。
   A. 诊断潜在问题　　　　　　　B. 促进沟通交流
   C. 有效预防监控　　　　　　　D. 预测未来满意度
   E. 诊断敬业程度
2. 调查方式主要包括（　　）。
   A. 普查　　　　B. 重点调查　　　　C. 典型调查　　　　D. 抽样调查
   E. 统计报表
3. 调查方法主要包括（　　）。
   A. 观察法　　　B. 实验法　　　　　C. 访问法　　　　　D. 问卷调查法
   E. 文献收集法
4. 调查问卷从结构上看主要包括（　　）。

A. 题目　　　　　　　　　　　B. 说明信
　　C. 被调查者的基本情况　　　　D. 调查事项
　　E. 填写说明和解释
5. 问卷调查的方法有（　　）。
　　A. 拦截式面访　　B. 入户访问　　C. 电话调查　　D. 邮寄调查
　　E. 网络调查

四、名词解释
1. 普查
2. 抽样调查
3. 重点调查
4. 典型调查
5. 问卷调查

五、简答题
1. 问卷设计时应注意的问题有哪些？
2. 一份调查方案应包括哪些内容？
3. 简要概述概率抽样包括哪些方式。

实践项目综合训练

项目名称：自拟主题开展满意度调查

内容要求：

1. 小组分工合作，自拟主题开展满意度调查，如班级满意度调查、某课程满意度调查、食堂满意度调查、宿舍满意度调查、图书馆满意度调查、学校满意度调查、班主任满意度调查等；

2. 根据调查主题设计调查方案、调查问卷各1份；

3. 开展满意度调查，撰写调查分析报告1份。

人力资源薪酬统计分析

 工作情境

马上到年底了,12月5日,郑主管对小新说,欲全面了解公司员工本年度薪酬的整体情况,并委托咨询公司对本行业进行外部市场薪酬调查,以为下一年调资做准备。她让小新配合她做好薪酬的统计分析工作,并计划12月31日前完成。

学习目标

知识目标

1. 了解外部市场薪酬调查的种类及流程;
2. 掌握内部薪酬数据分析的方法,如描述统计、频率分析、结构分析、对比分析、差异分析。

能力目标

1. 能够设计问卷进行外部市场薪酬调查;
2. 能利用 Excel 或 SPSS 软件对薪酬数据选用合适方法进行分析;
3. 能根据薪酬数据分析结果撰写分析报告并制作汇报 PPT。

素质目标

1. 培养学生尊重劳动、按劳分配的劳动观;
2. 培养学生的整体观,从企业内部和外部两个方面全面调查薪酬状况;
3. 培养学生的薪酬公平性原则,能用数据解读公平性存在的问题。

工作流程

人力资源薪酬统计分析的工作流程包括：❶ 收集薪酬数据→❷ 分析薪酬数据→❸ 撰写薪酬分析报告。

薪酬是从业人员根据所提供的劳动的数量和质量，从为社会所创造的新价值中取得，并归个人占有和支配的那部分价值。薪酬有实物和货币两种形式。工资是获取薪酬的主要形式，这里以此为例进行介绍。

任务 6.1　收集薪酬数据

工作情境

收集薪酬数据的任务郑主管交给了小新，要求她一周内收集整理本年度所有员工的工资数据详细清单，并了解本行业薪酬情况。

工作任务

12 月 12 日前完成收集公司员工薪酬数据和行业薪酬情况。

工作流程

收集薪酬数据的工作流程包括：❶ 收集内部薪酬数据→❷ 收集外部薪酬数据。

6.1.1　收集内部薪酬数据

作为人力资源部，负责设计薪酬方案、薪资计发等工作，收集公司内部薪酬数据较为简单。每月的工资条便是每名员工工资的主要体现。

6.1.2　收集外部薪酬数据

对于外部薪酬数据的收集一般通过外部市场薪酬调查获得。外部市场薪酬调查可以为企业调薪提供依据。目前，绝大多数企业采取薪酬分位数的方法对薪酬水平进行市场定位，企业薪酬水平高的企业注意 75％点甚至 90％点的薪酬水平；薪酬水平低的企业注意 25％点处的薪酬水平；一般企业注意中点即 50％处的薪酬水平。通过外部市场薪酬调查有助于企业了解其他企业薪酬管理的变化和趋势，同时有利于控制人工成本，增强企业竞争力。

（1）外部市场调查的种类。

一般来说，从调查方式看，外部市场薪酬调查分为正式薪酬调查和非正式薪酬调查；正式调查从调查组织者来看，分为商业性薪酬调查、专业性薪酬调查、政府薪酬调查和企业间联合调查。商业性薪酬调查一般由咨询公司完成,专业性薪酬调查由专业协会进行调查,政府薪酬调查由政府部门组织调查,企业间联合调查是相关企业人力资源部门联合调查并共享信息。非正式调查包括企业之间开展不同形式非正式交流或通过面试机会等途径了解行业薪酬数据。

从调查实施主体来看,它分为政府、行业、专业协会或企业家联合会、咨询公司及企业自己组织的市场薪酬调查。

(2) 外部市场薪酬调查的流程。

外部市场薪酬调查的流程主要包括：❶ 确定调查目的→❷ 确定调查范围→❸ 选择调查方式→❹ 统计分析调查数据。

① 确定调查目的。

一般而言,外部市场薪酬调查的目的主要为了调整整体薪酬水平、调整薪酬制度结构、调整薪酬晋升政策或调整岗位薪酬水平。

② 确定调查范围。

确定调查范围包括确定调查的企业、确定调查的岗位、确定调查的薪酬信息及调查的时间。

③ 选择调查方式。

调查方式包括企业间的相互调查,委托商业性、专业性的人力资源咨询中介机构调查,收集政府、行业协会等社会公开的信息调查,这三种方式比较简单易行,但对于大量的、复杂的岗位不太适合,可以采用外部市场薪酬调查问卷的方式。

④ 统计分析调查数据。

对于调查数据通常选用数据排列、频率分析、集中趋势、离散程度分析、回归分析和图表分析法。数据排列是将调查的同类数据由高到低排列,再计算出数据排列中的中间数据。频率分析是将某职位得到的原始薪酬数据进行分组编制频率统计表。集中趋势分析是计算平均值、中位数等。离散程度分析主要包括对标准差、百分位、四分位数进行分析。回归分析通过分析两个或多个变量之间的关系,找出影响薪酬水平、薪酬差距或薪酬结构的主要因素和影响程度,如岗位评价点数与实操薪酬水平之间的关系。图表分析法是在对数据进行汇总和分析的基础上,通过绘制柱形图、饼形图等图表,对调查结果予以直观形象化展示。

任务 6.2 分析薪酬数据

 工作情境

对于外部市场薪酬调查,郑主管要求小新通过查阅社会公开的信息来予以了解,重点对本公司员工的数据进行分析,要求一周内完成。

 工作任务

12 月 19 日前完成对公司内部薪酬数据的分析。

 工作流程

分析公司内部薪酬数据的工作流程按分析方法主要包括：❶ 描述统计分析→❷ 频率分析→❸ 结构分析→❹ 对比分析→❺ 差异分析。

6.2.1 描述统计

对整体的薪酬情况进行描述统计分析，包括对工资总额、员工人数、平均工资、中位数、众数、最大值、最小值、全距、四分位数、标准差等指标的计算。可以通过 Excel 的函数或数据分析工具、SPSS 的描述统计予以计算获得，前文已介绍，在此不再赘述。

6.2.2 频率分析

频率分析即对数据进行分组汇总编制次数分布表，如计算员工的月平均工资后可以将平均工资根据实际分布情况进行分组，以统计每个组的人数分布情况，反映工资的分布情况。操作方法前文已述，在此给出分析结果。例如，假设公司有 100 名员工，通过整理每名员工的月平均工资，然后分组汇总的频率分析如表 6-1 所示。

表 6-1　某公司员工月平均工资分布情况

月平均工资(元)	人数(人)	比例(%)
2 000 元以下	10	10
2 000—3 000	30	30
3 000—4 000	45	45
4 000 元以上	15	15
合　计	100	100

6.2.3 结构分析

结构分析法是研究总体内各部分与总体之间进行对比的分析方法，实质上是计算结构相对指标。在薪酬的结构分析中，可以对员工的工资构成进行分组统计分析。例如，根据工资条的各个项目进行分组归类统计，如基本工资、奖金、社会保险、公积金、个人所得税等来分析工资构成。例如，某单位员工月平均应发工资构成如图 6-1 所示。

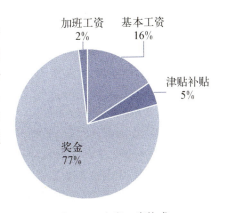

图 6-1　应发工资构成

6.2.4 对比分析

对比分析法是常用的统计分析方法，是把两个或两

个以上相互联系的指标数据进行比较分析差异,从数量上展示和说明研究对象规模的大小、水平的高低、速度的快慢以及各种关系是否协调。对比分析法可以分为静态比较和动态比较两类。静态比较是在同一时间条件下对不同总体指标的比较,如不同性别、不同学历、不同部门、不同公司、不同地区、不同国家的比较,也叫横向对比。动态比较是在同一总体条件下对不同时期指标数值的比较,又叫纵向对比,如同上月、上季度、上年、历年工资水平对比。实践中,又根据实际情况不同选择不同的对比维度。在计算时用到较为简单的除法运算,因此,不再给出软件的操作方法。

(1) 与计划水平对比。

实际完成情况与计划水平对比,以反映计划的完成程度。如 2022 年计划员工平均工资水平为 5 000 元,实际员工工资水平为 5 100 元,则说明超额完成计划。

(2) 与同级部门、单位、地区水平对比。

如同一个公司不同部门的平均工资对比,就属于横向对比;如研发部、财务部、人力资源部等部门之间的对比;再如不同职位、不同学历、不同岗位之间的工资对比。

(3) 与行业及社会水平对比。

如与行业中的标杆企业、竞争对手、行业的平均水平、社会平均水平进行对比,就属于横向比较。通过对比,可以发现本公司与行业及社会工资水平的优势或差距,找出下一步发展的方向和目标。

(4) 与相关指标对比。

如与公司的利润对比,可以计算工资利润率,如可以将工资的增长率与劳动生产率的增长率对比,可以反映工资增长和劳动生产率增长之间的关系。

(5) 与不同时期对比。

选择不同时期的指标数值作为对比标准,属于动态比较。如与上期(上月、上季度、上年)相比,与去年同期相比,与历史最好水平对比。

需要注意的是,以货币来表现的工资叫作名义工资,以这些货币能实际购买到的产品或服务的数量来表示的工资,叫作实际工资。名义工资与实际工资的不同在于物价水平的影响,实际工资=名义工资/CPI。因此,在与上年平均工资水平进行对比时,若反映实际平均工资的变化,应以实际工资与上年工资进行对比。

除了与不同时期的指标数值进行对比分析外,对于随着时间变化的数据可以进行动态分析。动态分析主要包括水平及速度分析、平均水平即平均速度分析及趋势预测。

6.2.5 差异分析

对工资水平的差异分析用来揭示工资分配是否合理公平,是否存在两极分化严重的现象。常用的分析方法包括基本分析法、五等分法、基尼系数法、劳伦茨曲线法。基本分析法可以通过计算全距、四分位数、标准差等描述统计指标或绘制图表予以反映和展现,此方法在描述统计分析中已涉及,在此不再赘述。

(1) 五等分法。

五等分法又称收入不良指数,是将员工人数按工资的高低依次排序分成五等份,用占总人数 20% 的最高工资员工工资与 20% 的最低员工工资之比的倍数来说明工资差距程度,该倍数又称为收入不良指数。此外,还可以进行十等分分析。以表 6-2 为例,说明如何使用五等分法。假设该企业共 20 人,则总人数的 20% 为 4 人,如表 6-3 所示,即最高工资的 4 人与最低工资的 4 人工资之和进行对比。

表 6-2 某企业员工工资

员工编号	月工资(元)	员工编号	月工资(元)
01	2 200	11	7 200
02	2 800	12	3 200
03	2 700	13	3 300
04	3 500	14	2 400
05	3 200	15	7 600
06	4 600	16	3 000
07	7 800	17	2 900
08	7 500	18	3 700
09	2 100	19	6 800
10	3 000	20	3 400

表 6-3 某企业员工工资由高到低排序

员工编号	月工资(元)	员工编号	月工资(元)
07	7 800	05	3 200
15	7 600	12	3 200
08	7 500	10	3 000
11	7 200	16	3 000
19	6 800	17	2 900
06	4 600	02	2 800
18	3 700	03	2 700
04	3 500	14	2 400
20	3 400	01	2 200
13	3 300	09	2 100

表 6-4 某企业工资结构

月工资(元)	人数(人)	组工资合计(元)	组占累计百分比(%)
7 800	1	30 100	36.31
7 600	1		
7 500	1		
7 200	1		
6 800	1	18 600	22.44
4 600	1		
3 700	1		
3 500	1		
3 400	1	13 100	15.80
3 300	1		
3 200	2		
3 000	2	11 700	14.11
2 900	1		
2 800	1		
2 700	1	9 400	11.34
2 400	1		
2 200	1		
2 100	1		
合 计	20	82 900	100.0

从表 6-4 可以看出,工资最高的 20% 占总工资的 36.3%,工资最低的 20% 占总工资的 11.3%,则收入不良指数=36.3%/11.3%=3.2。一般收入不良指数在 1—3,表示分配比较平均,不存在较大的差距。从结果来看,该公司工资有一定差距。

(2) 劳伦茨曲线。

劳伦茨曲线是 1905 年由经济学家马克斯·劳伦茨所提出的表示收入分配的曲线,意大利经济学家基尼在此基础上定义了基尼系数。如图 6-2 所示,横轴表示人数累计的百分比,纵轴表示工资收入累计的百分比。

其判断收入差距的标准是:若为第一种情况,则是一条 45 度的对角线,此时绝对平均,此

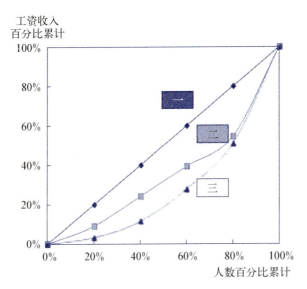

图6-2 劳伦茨曲线示意图

线又称为绝对平均线;曲线弯度越大,则工资收入越大,第三种情况则比第二种情况的工资差异大。每条曲线和绝对平均线所形成的面积大小,叫作不平等面积,表明收入差距的大小。

下面以表6-5数据为例,介绍三种情况下在Excel软件中绘制劳伦茨曲线的方法。

❶ 将员工工资由低到高排序。

表6-5 员工月工资情况

员工编号	第一种情况	第二种情况	第三种情况
01	1 000	600	400
02	1 000	1 000	1 000
03	1 000	1 000	2 000
04	1 000	1 000	2 800
05	1 000	3 000	6 000

❷ 计算人数累计的百分比和工资收入累计的百分比。

❸ 绘制折线图。

选择人数百分比累计、月工资百分比累计的数据,如表6-6灰色区域,选择散点图类型里面的折现图绘制图表。需要注意的是,以此数据做出来的图表折现并未过原点,可通过添加一行数据,即人数百分比累计为0,月工资百分比累计为0,则绘制的图表便可过原点。此外,图表默认的坐标刻度可能大于1,可通过右键单击相应的坐标轴,更改坐标轴的最大值为1即可。最后,对图表进行调整,如调整图表大小使得图表呈现正方形,再添加相应的坐标轴标签即可。最终,经过调整和修饰后的图表如图6-2所示。

表 6-6　人数百分比累计及月工资累计计算

员工编号	人数百分比累计(%)	第一种情况			第二种情况			第三种情况		
		月工资(元)	月工资累计(元)	月工资百分比累计(%)	月工资(元)	月工资累计(元)	月工资百分比累计(%)	月工资(元)	月工资累计(元)	月工资百分比累计(%)
01	20	1 000	1 000	20	600	600	9	400	400	3%
02	40	1 000	2 000	40	1 000	1 600	24	1 000	1 400	11%
03	60	1 000	3 000	60	1 000	2 600	39	2 000	3 400	28%
04	80	1 000	4 000	80	1 000	3 600	55	2 800	6 200	51%
05	100	1 000	5 000	100	3 000	6 600	100	6 000	12 200	100%

(3) 基尼系数。

基尼系数是意大利经济学家基尼于1922年根据劳伦茨曲线的性质提出的判断收入分配差异程度的定量指标,即用具体的数值来反映收入分配的差异大小。

其判断原理及标准是:基尼系数取值在0—1,数值为1,表示收入集中在一个人手里,数值为0,表示收入分配绝对公平。国际上,用来判断基尼系数的标准如表6-7所示。

表 6-7　基尼系数判断标准

基 尼 系 数	判 断 标 准	基 尼 系 数	判 断 标 准
0	绝对平均	0.4	警戒线
0.2 以下	高度平均	0.4—0.6	差距偏大
0.2—0.3	相对平均	0.6 以上	高度不平均
0.3—0.4	比较合理	1	绝对不平均

下面以表6-5的数据为例,介绍基尼系数的计算方法。基尼系数的计算通常是通过计算劳伦茨曲线与对角线之间的面积以及对角线右下角的直角三角形面积,将这两块面积相除而求得。但实际操作时,并不具有操作性,目前基尼系数的计算公式有多种,下面介绍其中较为简单的一种。在用Excel软件计算时,只需要准备好数据再按公式输入即可,这里不再给出具体的操作过程,读者可自行计算。

$$G = 1 + \frac{1}{n} - \frac{2}{n^2 Y}[nY_1 + (n-1)Y_2 + (n-2)Y_3 + \cdots + 2Y_{n-1} + Y_n]$$

其中:G 为基尼系数;

　　　n 为被调查人数;

　　　Y 为被调查人员的平均收入;

Y_i 为第 n 个被调查者的个人收入;

$Y_1, Y_2, \cdots, Y_n$ 为自低到高排列的每一位被调查者的收入。

表 6-8 人数百分比累计及月工资累计计算

员工编号	第一种情况			第二种情况			第三种情况		
	月工资(元)Y_i	$n-i+1$	$(n-i+1)y$	月工资(元)Y_i	$n-i+1$	$(n-i+1)y$	月工资(元)Y_i	$n-i+1$	$(n-i+1)y$
01	1 000	5	5 000	600	5	3 000	400	5	2 000
02	1 000	4	4 000	1 000	4	4 000	1 000	4	4 000
03	1 000	3	3 000	1 000	3	3 000	2 000	3	6 000
04	1 000	2	2 000	1 000	2	2 000	2 800	2	5 600
05	1 000	1	1 000	3 000	1	3 000	6 000	1	6 000
合计	5 000	—	15 000	6 600	—	15 000	12 200	—	23 600
平均值	1 000	—	—	1 220	—	—	2 440	—	—

由上表计算三种情况的基尼系数如下:

第一种情况: $G = 1 + 1/5 - 2 \times 15\,000/(5^2 \times 1\,000) = 0$

第二种情况: $G = 1 + 1/5 - 2 \times 15\,000/(5^2 \times 1\,220) = 0.29$

第三种情况: $G = 1 + 1/5 - 2 \times 23\,600/(5^2 \times 2\,440) = 0.43$

可见,第一种情况的基尼系数为 0,表示所有人的工资相同,绝对平均;第二种情况的基尼系数为 0.29,相对平均;第三种情况的基尼系数超过警戒线 0.4,差距偏大。

任务 6.3 撰写薪酬分析报告

工作情境

经过一周的数据整理和分析,最终要撰写分析报告来呈现薪酬分析结果,此次公司内部薪酬报告由郑主管亲自完成并向公司高层汇报,小新辅助配合进行图表制作、格式排版、完成汇报 PPT 等,外部市场薪酬调查报告也已由咨询公司完成以供参考。

工作任务

12 月 26 日前完成对公司的内部薪酬分析报告,12 月 31 日前结合外部市场薪酬调查报告内容整理为一份分析报告。

 工作流程

撰写薪酬分析报告主要包括：❶ 撰写内部薪酬分析报告描述统计分析→❷ 撰写外部薪酬调查报告。

6.3.1 内部薪酬分析报告

为了了解公司内部薪酬的基本情况，可以首先交代调查分析背景和目的、公司概况及薪酬制度基本情况，说明薪酬数据的情况，然后根据选用的不同分析方法（如描述统计、频率分析、结构分析、对比分析、差异分析）撰写分析结论，针对分析结论发现问题，最后提出建议。具体报告内容需根据公司情况和数据分析结论有针对性地进行撰写，在此不再详述。在此，简要介绍如何制作分析报告的 PPT。PPT 是 Microsoft PowerPoint 软件的简称，是一个演示软件，在汇报中经常用到，通常在撰写完分析报告后从中总结提炼，进行制作。从结构上看，它包括标题页、目录、前言、主要内容、结论与建议、致谢。在具体设计过程中，我们应注意内容的结构化表达与展示的形象化相结合。

(1) 标题。

写明报告的主题、报告部门或报告人、报告日期。主题要简洁准确，如某公司薪酬调查分析报告。此外标题可以力求新鲜活泼、独具特色，根据报告内容提炼有创意的副标题，以增强标题的艺术性。

(2) 目录。

目录相当于汇报的大纲，可以方便读者或听众快捷方便地找到相应内容，也可以展现汇报思路和主要内容。

(3) 前言。

前言包括分析的背景、目的、分析思路等，是分析报告重要的组成部分。

(4) 主要内容。

主要内容是汇报的核心，系统全面展现分析过程和结果。可以通过图表与文字相结合的图文并茂形式进行可视化展示。

(5) 结论与建议。

报告的结尾是对整个报告的总结、提炼，是得出结论、提出建议的关键。好的结尾能帮助读者或观众加深认识、明确主题、启发思考。

(6) 致谢。

通常在汇报的最后一页对观众表达谢意或恳请批评指正。

6.3.2 外部薪酬调查报告

一份完整的外部市场薪酬调查报告，主要包括三部分内容。

(1) 基本情况概述。

基本情况概述包括所调查企业的基本情况、调查方式方法、职位的简要说明、报告概览等。

(2) 职位薪酬水平。

职位薪酬水平包括所调查职位按职级、职能、地区、岗位等分类的薪酬范围，即最高值和最低值，以平均数或百分数来分类的薪资数额等。

(3) 福利与人力资源实务。

福利与人力资源实务包括薪酬管理、绩效管理、招聘、员工培训、人工成本管理等。

拓展材料 1

某行业薪酬调查分析报告大纲示例[①]

第一部分　薪酬福利调研简介

1.1　名称解释

1.2　调研方法介绍

1.3　数据环境介绍

第二部分　市场薪酬福利情况

2.1　市场薪酬福利水平

2.2　各职能序列薪酬福利水平

2.3　各职能序列薪酬结构

2.4　各岗位薪酬福利水平

第三部分　本公司薪酬福利分析

3.1　公司薪酬福利水平分析

3.2　员工薪酬福利水平分析

3.3　岗位薪酬内部公平性与外部竞争力分析

拓展材料 2

薪酬调查报告中常见的数据分析术语

分位值：表示被调查群体中有 $n\%$ 的数据小于此数值。n 的大小反应市场的不同水平，通常使用 10 分位、25 分位、50 分位、75 分位、90 分位来表示市场的不同水平。

10 分位值：表示有 10% 的数据小于此数值，反映市场的低端水平。

25 分位值：表示有 25% 的数据小于此数值，反映市场的较低端水平。

50 分位值（中位值）：表示有 50% 的数据小于此数值，反映市场的中等水平。

75 分位值：表示有 75% 的数据小于此数值，反映市场的较高端水平。

90 分位值：表示有 90% 的数据小于此数值，反映市场的高端水平。

平均值：所有数据的平均值，反映市场的平均水平。

偏离度：偏离度用于反映数据偏离某个标准的程度，其计算公式为：（实际值－标准值）/标志值×100%

[①] 示例来源于中国薪酬调研网。

小　结

项目6　工作流程总览

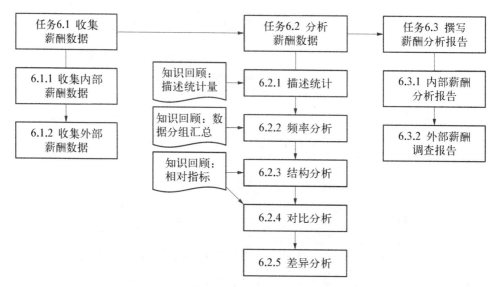

项目6　理论知识导图

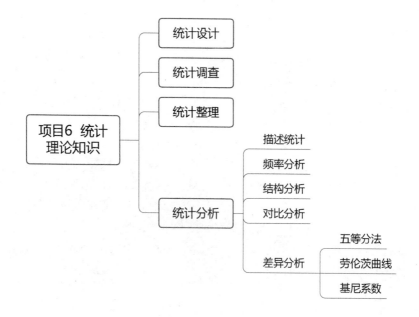

理论知识测试题目

一、判断题
1. 通过外部市场薪酬调查有助于了解其他企业薪酬管理的变化和趋势,同时也有利于控制人工成本,增强企业竞争力。（ ）
2. 收入不良指数是将员工人数按工资的高低依次排序分成十等份,用占总人数10%的最高工资员工工资与10%的最低员工工资之比的倍数。（ ）
3. 劳伦茨曲线为45度的对角线时表示绝对不平均。（ ）
4. 基尼系数是反映收入分配差异程度的指标。（ ）
5. 基尼系数的取值范围为[-1,1]。（ ）

二、单选题
1. 如下选项中,反映收入分配公平的指标是(   )。
   A. 恩格尔系数　　　　　　　　B. CPI居民消费价格指数
   C. 基尼系数　　　　　　　　　D. PPI生产者物价指数
2. 基尼系数为0时表示(   )。
   A. 收入分配绝对公平　　　　　B. 收入分配绝对不公平
   C. 收入分配比较合理　　　　　D. 收入分配警戒线
3. 绝大多数公司采取什么指标为薪酬水平进行市场定位?(   )
   A. 平均数　　　B. 中位数　　　C. 众数　　　D. 分位数
4. 将本公司的薪酬水平与同行业最高水平进行对比的方法是(   )。
   A. 横向对比　　B. 纵向对比　　C. 同比　　　D. 环比
5. 将本公司近十年的平均工资进行分析,属于(   )。
   A. 横向对比　　B. 纵向对比　　C. 同比　　　D. 环比

三、多选题
1. 在对薪酬进行对比分析时,有哪些情形?(   )
   A. 与计划水平对比　　　　　　B. 与同级部门、单位、地区水平对比
   C. 与行业及社会水平对比　　　D. 与相关指标对比
   E. 与不同时期对比
2. 反映工资水平差异分析的方法有(   )。
   A. 五等分法　　B. 劳伦茨曲线法　　C. 基尼系数法　　D. 恩格尔系数法
   E. 因素分析法
3. 反映公司内部工资差异的指标有(   )。
   A. 平均值　　　B. 全距　　　C. 标准差　　　D. 中位数
   E. 众数
4. 外部薪酬调查从调查组织者来看包括(   )。
   A. 商业性薪酬调查　　　　　　B. 专业性薪酬调查
   C. 政府薪酬调查　　　　　　　D. 企业间联合薪酬调查

E. 企业内部薪酬调查
5. 一般的薪酬调查分析报告主要包括（　　）。
   A. 调研简介
   B. 市场薪酬福利情况
   C. 本公司薪酬福利情况分析
   D. 本公司绩效考核情况分析
   E. 本公司薪酬设计方案

四、名词解释
1. 收入不良指数
2. 劳伦茨曲线
3. 基尼系数

五、简答题
1. 薪酬数据分析常用的分析方法有哪些？
2. 薪酬差异分析方法有哪些？
3. 如何利用基尼系数判断薪酬差异程度？

实践项目综合训练

项目名称一：开展本专业毕业生或从业者市场薪酬调查
内容要求：
1. 小组分工合作，对本专业毕业生或从业者薪酬进行调查，调查样本不少于30人；
2. 制作访谈提纲一份、调查问卷一份；
3. 撰写调查分析报告1份。

项目名称二：对某公司30名员工工资数据进行分析
内容要求：
1. 个人独立完成。
2. 要求采用描述统计、频率分析、结构分析、差异分析等数据分析方法对工资数据进行分析，工资数据如表6-9所示。
3. 制作汇报PPT。

表6-9　某公司4月份员工工资条

工号	基本工资	加班工资	其它补贴	奖金	应发工资	伙食	水电	社保	罚款	实发工资
001	8 594				8 594				5	8 589
002	8 525	52			8 577				5	8 572
003	8 113		50		8 163					8 163
004	9 209		100		9 309					9 309
005	7 519				7 519				45	7 474

续 表

工号	基本工资	加班工资	其它补贴	奖金	应发工资	伙食	水电	社保	罚款	实发工资
006	9 071				9 071					9 071
007	7 618		100		7 718				5	7 713
008	7 511				7 511	222		178	5	7 106
009	9 170				9 170		37		5	9 128
010	9 391	52	50		9 493				5	9 488
011	7 128				7 128	222	23		20	6 863
012	8 390				8 390				10	8 380
013	7 702				7 702		20			7 682
014	9 303		400		9 703	222	20		10	9 451
015	8 629				8 629	222	45	178		8 184
016	7 270				7 270	222			5	7 043
017	8 330				8 330		21			8 309
018	8 213				8 213				15	8 198
019	8 525				8 525				10	8 515
020	7 385			50	7 435	192				7 243
021	8 557				8 557		23		15	8 519
022	7 734		50		7 784					7 784
023	7 742				7 742	222	23		10	7 487
024	9 378				9 378	222	20			9 136
025	7 877				7 877					7 877
026	7 119				7 119	222	45			6 852
027	7 119				7 119	222				6 897
028	6 688				6 688	222	23			6 443
029	7 351				7 351					7 351
030	6 401				6 401	222	60		15	6 104

项目 7

人力资源产出效率分析

 工作情境

临近年底,人力资源部需要进行部门总结。李经理要求郑主管对人力资源产出效率进行分析,郑主管拿出公司人力资源分析指标体系的文件,让小新先根据指标将人力资源产出效率计算出来提供给她,她再进一步分析。

学习目标

知识目标

① 理解劳动生产率的含义,掌握劳动生产率的计算公式;
② 理解劳动生产率指数体系,并能进行因素分析;
③ 理解统计指数的含义,了解统计指数的分类。

能力目标

① 能根据劳动生产率公式和公司实际数据,计算按价值量指标的劳动生产率;
② 能根据公司实际数据,利用 Excel 软件进行劳动生产率指数体系的因素分析。

素质目标

① 培养学生劳动创造财富的观念;
② 培养学生利用统计方法探究原因、解决问题的能力;
③ 培养学生世界普遍联系的哲学思维,通过指数体系分解,培养系统论的思想。

工作流程

人力资源产出效率是用来反映人力资源投入和产出对比的指标,可以比较直观地反映人力资源利用的效率,对其统计分析的工作流程包括:❶ 计算人力资源产出效率指标→❷ 人力资源产出效率变动的指数分析。

任务 7.1 计算人力资源产出效率指标

工作情境

小新根据人力资源产出效率指标要求开始收集公司的年度数据,认真学习指标含义和计算公式,发现人力资源产出效率指标还真是内涵丰富。

工作任务

计算人力资源产出效率指标。

工作流程

计算人力资源产出效率指标的工作流程包括:❶ 掌握人力资源产出效率指标的含义→❷ 计算人力资源产出效率指标数值。

人力资源产出效率是衡量企业效益的重要体现,也是确定劳动报酬的重要依据,是人力资源管理过程中的重要指标。

7.1.1 掌握人力资源产出效率指标的含义

人力资源产出效率又称劳动生产率,是劳动者在社会生产过程中,在一定时期内从事生产劳动的效率,是劳动者的生产成果和相应的劳动耗用量之间的比率,是反映一个国家或企业经济发展水平的重要标志。劳动生产率的计算公式分为正指标和逆指标。正指标表示单位劳动耗用量的生产成果,其值越大越好;逆指标表示单位生产成果的劳动耗用量,其值越小越好。一般以正指标应用较多。

$$劳动生产率 = \frac{生产成果}{劳动耗用量}(正指标)$$

$$劳动生产率 = \frac{劳动耗用量}{生产成果}(逆指标)$$

7.1.2　计算人力资源产出效率指标数值

根据劳动生产率指标的含义,生产成果又可以用实物量(如产量)和价值量(如总产值或增加值)表示,劳动耗用量又可以用耗用的人数和工作时间表示。因此,以正指标为例,劳动生产率指标的计算分为如下几种情况。

(1) 生产成果按实物量指标计算的劳动生产率。

① 劳动耗用量按人数计算。

$$劳动生产率 = \frac{产量}{人数}$$

对于人数可以按不同人员范围进行计算。例如,在生产性企业中,有基本生产工人、生产工人和全部员工,经常使用的是所有人员,又称全员劳动生产率。需要注意的是,劳动生产率是一定时期内生产的效率,因此,人数应用报告期内的平均人数表示。

例如,某电视机生产企业 2022 年产量为 100 万台,平均人数为 10 000 人,则劳动生产率 $= 100 \times 10^4 / 10\ 000 = 100$(台/人)。

② 劳动耗用量按工作时间计算。

按工作时间计算的劳动生产率,一般采用小时、日、月等时间单位进行计算。

- 小时劳动生产率。

$$劳动生产率 = \frac{产量}{耗用工时}$$

所谓耗用工时,即项目 4 中工作时间核算指标的全部实际工作工时。

- 日劳动生产率。

$$劳动生产率 = \frac{产量}{耗用工日}$$

所谓耗用工日,即项目 4 中工作时间核算指标的全部实际工作工日。

- 月劳动生产率。

$$劳动生产率 = \frac{月产量}{月平均人数}$$

(2) 生产成果按价值量计算的劳动生产率。

实物量指标由于计量单位不同而不利于不同企业间进行比较,价值量指标可以进行相互比较,在实际中应用较多。价值量指标可以用总产值表示,也可以用增加值表示。总产值计算的劳动生产率能反映综合生产效率,但没有扣除中间投入价值,不能正确反映企业的经济效益状况。按增加值计算的劳动生产率指标是企业劳动创造的价值和固定资产的转移价值,能够客观、公正地评价劳动效率。除了总产值和增加值之外,还可以用利润等指标反映劳动效益情况。

① 劳动耗用量按人数计算。

$$劳动生产率 = \frac{总产值或增加值}{人数}$$

此指标在实际中应用较为广泛,又称人均产值。

例如,某电视机生产企业 2022 年产量为 100 万台,总产值为 40 亿元,平均人数为 10 000 人,则劳动生产率 $=40\times 10^8/10\,000=40$(万元/人)。

② 劳动耗用量按工作时间计算。

按工作时间计算的劳动生产率,一般采用小时、日、月等时间单位进行计算。

- 小时劳动生产率。

$$劳动生产率 = \frac{总产值或增加值}{耗用工时}$$

- 日劳动生产率

$$劳动生产率 = \frac{总产值或增加值}{耗用工日}$$

- 月劳动生产率

$$劳动生产率 = \frac{月总产值或增加值}{月平均人数}$$

任务 7.2 人力资源产出效率变动的指数分析

 工作情境

经过计算,小新发现今年劳动生产率比去年有了很大提高。该公司有两个分公司,究竟如何影响的呢,需要做进一步分析。

工作任务

分析人力资源产出效率变动的影响因素。

工作流程

人力资源产出效率变动的指数分析的工作流程包括:❶ 建立劳动生产率的指数体系→❷ 劳动生产率指数体系的因素分析。

劳动生产率不仅要从静态上观察各个时期的水平,而且要研究其变动幅度和趋势,分析各单位劳动生产率水平及人员构成变化对劳动生产率的影响程度。例如,总公司劳动生产率的提高,是下属单位劳动生产率水平提高的结果呢?还是下属单位人员结构调整的结果?为此,要计算和分析劳动生产率的变动程度和影响因素。

拓展材料

什么是 CPI？

"我身边的人从来没有像今天这样关心宏观经济，上午，无数的人在等两个数据，上半年 GDP 和 CPI，投资人士在等，他们想判断投资机会是否来到；老百姓也在等，他们希望自己心里的一块石头落地"，这是中央电视台经济半小时栏目《他们眼中的中国经济》主持人的开场白。"养老金缩水跑输 CPI 中国养老两大支柱临挑战"，这是财经国家周刊的文章标题。的确，国家统计局每月定期公布的 CPI 及相关内容，越来越成为人们关注的焦点。"今天的蔬菜又涨价了！""这个月的 CPI 是涨了？还是下跌了？""CPI 涨了，股市下跌了"等等，经常听到人们这样的议论。CPI 已经成为各级政府关注的宏观经济指标，成为媒体、民众街议巷谈最热门的词汇之一。

但是，可能很多人都把 CPI 理解为商品价格的代名词了。其实，商品价格和 CPI 有着密切的联系，但是不能完全画等号。那么商品价格又与 CPI 有怎样的联系呢？

商品的价格是商品价值的货币表现。商品价格的表现形式如：电视机每台 2 800 元，白菜每千克 1.8 元，西瓜每千克 1.6 元等。而 CPI（Consumer Price Index）指消费者价格指数，我国称之为居民消费价格指数，它是反映城乡居民家庭购买并用于日常生活消费的一篮子商品和服务项目价格水平随时间而变动的相对数，在一定程度上反映了通货膨胀（或紧缩）的程度。可见，CPI 不是商品价格，是一组商品和服务项目价格变动的相对数，是平均综合指标。CPI 是在居民消费价格统计的基础上编制计算出来的。

资料来源：国家统计局网站。

知识链接 7-1

统 计 指 数

（1）含义。

统计指数简称指数（index），广义上讲，任何两个数值对比形成的相对数都可以称为指数；狭义地讲，为了反映某一社会经济现象而产生的两组有关联的数值对比形成的相对数称为指数。

（2）分类。

① 按研究范围不同，分为个体指数和总指数。

个体指数表明个别事物变动情况的相对数。例如，某种商品销售量指数、价格指数等。

总指数是表明复杂经济现象中多种不同度量的事物综合变动情况的相对数。例如，居民消费价格指数（CPI）、商品零售价格指数等。

② 按指标性质不同，分为数量指标指数和质量指标指数。

数量指标指数，是用来反映社会经济现象的数量或规模变动方向和程度的指数，如产品产量指数、商品销售量指数等。

质量指标指数,是用以反映社会经济现象的质量或内涵变动情况的指数,如价格指数、成本指数、劳动生产率指数等。

③ 按反映时间状态不同,分为动态指数和静态指数。

动态指数,是表明某种事物在不同时间上发展变化的指数,如股票价格指数、商品零售价格指数等,实际中以动态指数应用较多。

静态指数,是反映某种事物在同时期不同空间对比情况的指数,如计划完成情况指数等。

7.2.1 建立劳动生产率的指数体系

由表 7-1 可见,总公司劳动生产率由去年的 1 120 元提高至今年的 1 291 元,但为什么提高呢?是因为一公司、二公司劳动生产率提高,还是一公司、二公司人员结构变动影响的呢?哪个因素影响的比重大?需要建立指数体系进行因素分析,即对总公司劳动生产率指数的变化进行原因分析。劳动生产率的指数体系为:

劳动生产率可变构成指数＝劳动生产率固定构成指数×劳动生产率结构变动影响指数

表 7-1 某公司下属两个分公司劳动生产率及人数变化

分公司	平均人数（人）		劳动生产率（元/人）		劳动生产率个体指数
	去年 T_0	今年 T_1	去年 q_0	今年 q_1	q_1/q_0 (%)
一公司	400	600	1 000	1 200	120.0
二公司	600	500	1 200	1 400	116.7
总公司	1 000	1 100	1 120	1 291	115.3

(1) 劳动生产率可变构成指数。

劳动生产率可变构成指数是指两个不同时期的总平均劳动生产率对比的指数,说明劳动生产率总变动水平的情况。其计算公式为:

$$K_{可} = \frac{\overline{q_1}}{\overline{q_0}} = \frac{\frac{\sum q_1 T_1}{\sum T_1}}{\frac{\sum q_0 T_0}{\sum T_0}} = \frac{\sum q_1 \frac{T_1}{\sum T_1}}{\sum q_0 \frac{T_0}{\sum T_0}}$$

由计算公式可知,总的劳动生产率变动是各组劳动生产率水平变动以及各组人员结构比重变动两个因素的综合影响。

(2) 劳动生产率固定构成指数。

劳动生产率固定构成指数是将总体各组人员结构固定在报告期(在编制质量指标指数时,将数量指标固定在报告期),以消除人员结构变动的影响,只反映各组劳动生产率水平的变动程度。由于它将各组人员结构固定,因此称之为劳动生产率固定构成指数。其计算公式为:

$$K_{固} = \frac{\dfrac{\sum q_1 T_1}{\sum T_1}}{\dfrac{\sum q_0 T_1}{\sum T_1}} = \frac{\sum q_1 \dfrac{T_1}{\sum T_1}}{\sum q_0 \dfrac{T_1}{\sum T_1}}$$

(3) 劳动生产率结构变动影响指数。

劳动生产率结构变动影响指数是将总体内各组劳动生产率水平固定在基期(在编制数量指标指数时,将质量指标固定在基期),仅仅反映各组人员结构比重变动对总体劳动生产率水平变动影响程度的指数。这是为了反映人员结构变动的影响,故称之为劳动生产率结构变动影响指数。其计算公式为:

$$K_{结} = \frac{\dfrac{\sum q_0 T_1}{\sum T_1}}{\dfrac{\sum q_0 T_0}{\sum T_0}} = \frac{\sum q_0 \dfrac{T_1}{\sum T_1}}{\sum q_0 \dfrac{T_0}{\sum T_0}}$$

7.2.2 劳动生产率指数体系的因素分析

对劳动生产率指数体系的因素分析包括相对数和绝对数分析。相对数分析即计算指数数值,绝对数分析即分析分子与分母的差额,以反映由于某因素变化导致劳动生产率增加或减少的绝对数。

(1) 劳动生产率可变构成指数分析。

$$K_{可} = \frac{\overline{q_1}}{\overline{q_0}} = \frac{\dfrac{\sum q_1 T_1}{\sum T_1}}{\dfrac{\sum q_0 T_0}{\sum T_0}} = \frac{\dfrac{1\,200 \times 600 + 1\,400 \times 500}{600 + 500}}{\dfrac{1\,000 \times 400 + 1\,200 \times 600}{400 + 600}} = \frac{1\,291}{1\,120} = 115.3\%$$

$$\frac{\sum q_1 T_1}{\sum T_1} - \frac{\sum q_0 T_0}{\sum T_0} = 1\,291 - 1\,120 = 171(元/人)$$

（2）劳动生产率固定构成指数分析。

$$K_{固} = \frac{\frac{\sum q_1 T_1}{\sum T_1}}{\frac{\sum q_0 T_1}{\sum T_1}} = \frac{1\,291}{\frac{1\,000 \times 600 + 1\,200 \times 500}{1\,100}} = \frac{1\,291}{1\,091} = 118.3\%$$

$$\frac{\sum q_1 T_1}{\sum T_1} - \frac{\sum q_0 T_1}{\sum T_1} = 1\,291 - 1\,091 = 200(元/人)$$

（3）劳动生产率结构变动影响指数分析。

$$K_{结} = \frac{\frac{\sum q_0 T_1}{\sum T_1}}{\frac{\sum q_0 T_0}{\sum T_0}} = \frac{1\,091}{1\,120} = 97.4\%$$

$$\frac{\sum q_0 T_1}{\sum T_1} - \frac{\sum q_0 T_0}{\sum T_0} = 1\,091 - 1\,120 = -29(元/人)$$

结论：总公司的劳动生产率由 1 120 元提高到 1 291 元，提高了 15.3%，人均增加产值 171 元。其中，由于一公司、二公司劳动生产率的变化，一公司劳动生产率由去年的 1 000 元提高到 1 200 元，二公司劳动生产率由去年的 1 200 元提高到 1 400 元，使得总公司的劳动生产率提高了 18.3%，人均增加产值 200 元；由于一公司、二公司人员结构比重的变化，劳动生产率较低的一公司人员比由去年的 40% 增加至今年的 55%，劳动生产率较高的二公司人员比重由去年的 60% 减少至今年的 45%，使得总公司的劳动生产率降低了 2.6%，人均产值减少 29 元。

小　　结

项目 7　工作流程总览

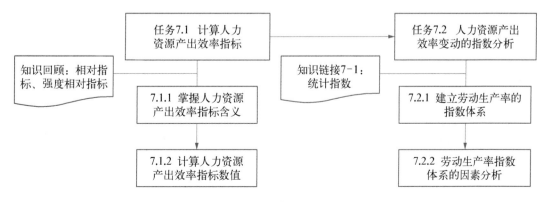

项目7 理论知识导图

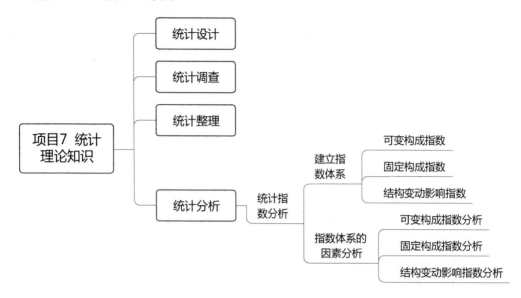

理论知识测试题目

一、判断题
1. 劳动生产率是劳动耗用量和劳动者的生产成果之比。（ ）
2. 生产成果除以劳动耗用量计算的劳动生产率是正指标。（ ）
3. 统计指数仅表示不同时间发展变化的指数。（ ）
4. 数量指标指数是反映社会经济现象的数量或规模变动方向和程度的指数。（ ）
5. 质量指标指数是反映社会经济现象的质量或内涵变动情况的指数。（ ）

二、单选题
1. 反映复杂经济现象中多种不同度量的事物综合变动的相对数称为（   ）。
   A. 个体指数　　　　　　　　　B. 总指数
   C. 综合指数　　　　　　　　　D. 平均指数
2. 某企业今年总人数比去年增加5%，产值提高10%，则人均产值提高了（   ）。
   A. 2.8%　　　　B. 3.8%　　　　C. 4.8%　　　　D. 5.8%
3. 若平均人数增加，产值不变，则劳动生产率指数（   ）。
   A. 增长　　　　B. 降低　　　　C. 不变　　　　D. 无法判断
4. 编制总指数的两种形式是（   ）。
   A. 个体指数和综合指数　　　　B. 动态指数和静态指数
   C. 综合指数和平均指数　　　　D. 数量指标指数和质量指标指数
5. 在计算劳动生产率固定构成指数时，在编制质量指标指数时，应将数量指标固定在（   ）。
   A. 基期　　　　　　　　　　　B. 报告期

C. 基期和报告期均可
D. 不需固定

三、多选题

1. 综合指数（　　）。
   A. 是总指数的一种形式
   B. 可变形为平均指数
   C. 由两个平均指标对比而得到的指数
   D. 由两个总量指标对比而得到的指数
   E. 是对个体指数进行加权平均而得到的指数

2. 劳动生产率的指数体系包括（　　）。
   A. 劳动生产率可变构成指数
   B. 劳动生产率固定构成指数
   C. 劳动生产率结构变动影响指数
   D. 劳动生产率数量指数
   E. 劳动生产率质量指数

3. 统计指数按指标性质不同分为（　　）。
   A. 个体指数
   B. 总指数
   C. 数量指标指数
   D. 质量指标指数
   E. 综合指数

4. 编制总指数的方法有（　　）。
   A. 综合指数法
   B. 平均指数法
   C. 数量指标指数法
   D. 质量指标指数法
   E. 因素指数法

5. 编制综合指数首先必须明确的概念有（　　）。
   A. 指数化指标
   B. 同度量因素
   C. 数量化指标
   D. 权数
   E. 指标间的数量关系

四、名词解释

1. 指数
2. 总指数
3. 劳动生产率

五、简答题

1. 简述劳动生产率的指数体系。
2. 举例说明数量指标指数和质量指标指数。
3. 如何进行劳动生产率指数体系的因素分析？

实践项目综合训练

项目名称：对劳动生产率指数进行因素分析
内容要求：
 1. 个人独立完成；
 2. 根据表7-2中的数据，利用指数体系因素分析方法，对总公司劳动生产率的变化进行因素分析。

表 7-2　某公司劳动生产率及人员变化

分公司	平均人数(人)		劳动生产率(元/人)	
	去年 T_0	今年 T_1	去年 q_0	今年 q_1
一公司	1 200	2 000	9	12
二公司	1 800	2 000	15	16

主要参考文献

1. [美]基恩·泽拉兹尼著.用图表说话：麦肯锡商务沟通完全工具箱.马晓路,马洪德,译.北京：清华大学出版社,2008.
2. [美]戴维·R.安德森,丹尼斯·J.斯威尼,托马斯·A.威廉斯.商务与经济统计.张建华,王健,冯燕奇等,译.北京：机械工业出版社,2010.
3. [美]埃维森等著.统计学基本概念和方法.吴喜之等,译.北京：高等教育出版社,2000.
4. 王静,陈红编著.企业人力资源管理量化分析.北京：中国劳动社会保障出版社,2007.
5. 王琪延,韦佳佳主编.人力资源统计学.北京：中国人民大学出版社,2021.
6. 陈嗣成主编.企业人力资源管理统计学.北京：中国劳动社会保障出版社,2005.
7. 童丽,王贵军,丁雯编著.人力资源市场调查.大连：东北财经大学出版社,2010.
8. 贾俊平,何晓群,金勇进编著.统计学.北京：中国人民大学出版社,2023.
9. 鲜祖德主编.统计基础知识与统计实务.北京：中国财政经济出版社,2012.
10. 粟方忠主编.统计学原理.辽宁：东北财经大学出版社,2010.
11. 郑振华主编.统计学基础与应用.北京：北京交通大学出版社,2011.
12. 宋廷山,葛金田主编.统计学：以 Excel 为分析工具.北京：北京大学出版社,2009.
13. 贾俊平,郝静编著.统计学案例与分析.北京：中国人民大学出版社,2010.
14. 胡平,崔文田,徐青川编著.应用统计分析教学实践案例集.北京：清华大学出版社,2007.
15. 贾俊平主编.应用统计学.北京：高等教育出版社,2014.
16. 吴喜之编著.统计学：从概念到数据分析.北京：高等教育出版社,2008.
17. 张文霖,刘夏璐,狄松著.谁说菜鸟不会数据分析.北京：电子工业出版社,2011.
18. 郑宗成,张文双,黄龙,张章新著.市场研究中的统计分析方法(基础篇).广东：广东经济出版社,2012.
19. 简明,金勇进,蒋妍等编著.市场调查方法与技术(第 4 版).北京：中国人民大学出版社,2018.
20. 于莉,邓恩远主编.社会调查方法与实务(第 2 版).北京：北京大学出版社,2015.
21. 方向阳主编.应用统计和 Excel 运用.北京：中国人民大学出版社,2010.
22. 黄崑,骆方,刘晓娟,陈翀编著.Excel 统计分析基础教程.北京：清华大学出版社,2011.
23. 伍云辉编著.Excel 也可以很好玩.北京：电子工业出版社,2012.
24. 薛薇编著.SPSS 统计分析方法及应用(第 5 版).北京：电子工业出版社,2022.
25. 张文彤,邝春伟编著.SPSS 统计分析基础教程.北京：高等教育出版社,2017.
26. 吴明隆著.问卷统计分析实务：SPSS 操作与应用.重庆：重庆大学出版社,2010.
27. 卢纹岱,朱红兵主编.SPSS 统计分析(第 5 版).北京：电子工业出版社,2015.

课堂笔记

⊙ 标题：　　　　　　　　　　　　　　　　　　　　🕐 日期：

线索：	笔记：
疑问：	总结：

课堂笔记

标题： 日期：

线索：	笔记：
疑问：	总结：

📖 课堂笔记 ✍

⊙ **标题:**　　　　　　　　　　　　　　　　　　　🕐 **日期:**

线索:	笔记:
疑问:	总结:

课堂笔记

标题:　　　　　　　　　　　　　　　　　　　　　　　**日期:**

线索:	笔记:
疑问:	总结:

📖 课堂笔记 ✍

⊙ 标题：　　　　　　　　　　　　　　　　　　　🕐 日期：

线索：	笔记：
疑问：	总结：

📖 课堂笔记 ✍

⊙ 标题：　　　　　　　　　　　　　　　　　　　🕐 日期：

线索：	笔记：
疑问：	总结：

图书在版编目(CIP)数据

人力资源统计实务/郑振华编著. —2版. —上海：复旦大学出版社,2024.7
(复旦卓越. 人力资源管理和社会保障系列教材)
ISBN 978-7-309-17303-1

Ⅰ.①人… Ⅱ.①郑… Ⅲ.①人力资源-劳动统计学-高等职业教育-教材 Ⅳ.①F241

中国国家版本馆 CIP 数据核字(2024)第 042105 号

人力资源统计实务（第二版）
RENLI ZIYUAN TONGJI SHIWU
郑振华　编著
责任编辑/张美芳

复旦大学出版社有限公司出版发行
上海市国权路 579 号　邮编：200433
网址：fupnet@fudanpress.com　http://www.fudanpress.com
门市零售：86-21-65102580　团体订购：86-21-65104505
出版部电话：86-21-65642845
上海四维数字图文有限公司

开本 787 毫米×1092 毫米　1/16　印张 16.75　字数 408 千字
2024 年 7 月第 2 版第 1 次印刷

ISBN 978-7-309-17303-1/F・3041
定价：69.00 元

如有印装质量问题,请向复旦大学出版社有限公司出版部调换。
版权所有　侵权必究

复旦卓越·人力资源管理和社会保障系列教材

人力资源管理基础技能训练	李　琦　石玉峰
人力资源管理综合技能训练	李　琦
人际关系管理实务（第二版）	许晓青
社会工作实务	孙　林
员工关系管理	田　辉
劳动经济基础（第二版）	田　辉
招聘管理实务	田　辉
薪酬管理业务综合训练	肖红梅　康　锋
绩效管理技能训练	李宝莹
人事档案管理实务（第二版）	李晓婷
培训能力开发及管理实务	王江涛
集体劳动关系管理	彭　黎　曹　洋
劳动关系管理理论与实务	曹　洋
商业保险理论与实务	杨俊峰
职业指导实务	杨俊峰
人力资源统计实务（第二版）	郑振华
人力资源大数据分析	郑振华　杨　平
人力资源市场服务业务经办实务（第二版）	朱莉莉
劳动法原理与实务	邓万里
社保业务经办实务（第二版）	张慧霞
社会保障经办实务	赵巍巍
劳动关系管理实训	孙立如
社保会计综合实训	刘红霞　许东黎
管理学：基础与实训	张奇峰　张海容

责任编辑　张美芳
责任美编　叶霜红

ISBN 978-7-309-17303-1

定价：69.00元

www.fudanpress.com.cn